Norbert Walter-Borjans
STEUERN
DER GROSSE BLUFF

Norbert Walter-Borjans

STEUERN
DER GROSSE BLUFF

Der frühere NRW-Finanzminister berichtet von seinem Kampf gegen Steuerhinterziehung und widerlegt die Mythen, die über unser Steuersystem verbreitet werden

Kiepenheuer & Witsch

Verlag Kiepenheuer & Witsch, FSC® N001512

2. Auflage 2018

© 2018, Verlag Kiepenheuer & Witsch, Köln
Alle Rechte vorbehalten. Kein Teil des Werkes darf in irgendeiner
Form (durch Fotografie, Mikrofilm oder ein anderes Verfahren)
ohne schriftliche Genehmigung des Verlages reproduziert
oder unter Verwendung elektronischer Systeme verarbeitet,
vervielfältigt oder verbreitet werden.
Umschlaggestaltung: Rudolf Linn, Köln
Autorenfoto: © A. Anhalt/Juve Verlag GmbH
Gesetzt aus der Minion und der Gotham Condensed
Satz: Buch-Werkstatt, Bad Aibling
Druck und Bindung: CPI books GmbH, Leck
ISBN 978-3-462-05176-6

Meinen Kindern Hannah, Niko, Dinah und Felix

Inhalt

Vorwort	9
Einleitung	13

I. Warum wir handeln müssen — 21

1. Etwas läuft schief in Deutschland — 23
2. Von »Pflichterfüllern« bis zu »Steuerräubern« – die vier Typen von Steuer(nicht)zahlern — 46
3. Das Kapital – ein scheues Reh und seine Beschützer — 65

II. Was wir schon getan haben — 71

1. Mit Kreativität und Konsequenz gegen Milliardenbetrug — 73
2. Das Ringen um die Aufmerksamkeit der Öffentlichkeit — 83
3. Die Verhinderung eines folgenschweren Ablasshandels mit der Schweiz — 92
4. Neuartige Ermittlungstechniken und internationale Vernetzung — 109

III. Wem nicht gefiel, was wir taten — 119

1. Der schwierige Kampf gegen die Verteufelung von Steuern — 121

2. Die Einflussnahme auf die Verwaltung 140

3. Allgemeine Stimmungsmache gegen Steuern: einschlägige Lobby-Organisationen in Deutschland.... 149

IV. Zerrbild und Wirklichkeit 167

1. Progression, Grenzsteuer und Durchschnittssteuer..... 169

2. Mehrwertsteuer und Sozialabgaben.................... 193

3. Steuergerechtigkeit – wachsende Lücke zwischen Anspruch und Wirklichkeit................. 201

V. Zeit zu handeln: klare Kante und offene Karten 215

1. Global agierende Konzerne brauchen global geltende Regeln.. 217

2. Deutschland muss mehr tun 227

3. Verteilungsgerechtigkeit im deutschen Steuerrecht stärken................................... 235

4. Steuerpolitik in einer sich ändernden Welt 261

VI. Steuergerechtigkeit braucht eine starke Lobby 267

1. Mangelnde Sattelfestigkeit macht geschmeidig 269

2. Ohne gerechte Einnahmen keine gerechten Ausgaben... 276

3. Plädoyer für mehr steuerpolitisches Basiswissen 279

4. Eine Lobby für das Gemeinwesen gegen die Lobby der Gruppeninteressen............................... 284

Vorwort

Es gibt weniges, was jede und jeden von uns so unmittelbar betrifft, womit wir uns aber so ungern beschäftigen wie mit unseren Steuern. Das gilt nicht nur für Otto Normalverbraucher, sondern auch für viele Politiker und Journalisten. Steuern sind für die allermeisten ein Buch mit sieben Siegeln. Nicht alle bedauern das. Mangelnder Durchblick der einen ist die Grundlage für enorme Profite anderer – zulasten der Allgemeinheit. Und mangelnder Durchblick macht empfänglich für Legenden über ständig steigende Belastungen und ein Abgabensystem, das aus einer Lohnerhöhung am Ende sogar ein Minus macht. So entsteht ein Klima der Verdrossenheit, das die Gesellschaft nicht zusammenführt, sondern auseinandertreibt. Gewinner sind dabei nicht die »kleinen Leute«, sondern die, die sich im Dickicht des Steuersystems am besten auskennen. Sie können sich einer angemessenen finanziellen Beteiligung an unserem Gemeinwesen besonders gut entziehen – auch weil sie über Mittel und Wege für die Beeinflussung von Politik und Öffentlichkeit verfügen. Dass die große Mehrheit einen handlungsfähigen Staat will und dass es die Sicherung unserer Zukunft nicht für lau gibt, gerät dabei oft aus dem Blick.

Alternative Fakten gibt es nicht erst seit Kurzem. Gebluft wurde schon vorher. Das beginnt mit dem Selbstbetrug der Gesellschaft, dass es allen gut geht, wenn es im Durchschnitt gut läuft. Der Bluff setzt sich fort, wenn vermögende Gönner sich für großzügige Gesten feiern lassen, der Allgemeinheit aber zugleich ein Vielfaches an Steuern vorenthalten. Aber auch Regierungen und Parlamente beteiligen sich daran, wenn sie die Entlastung der Mitte ankündigen, dann aber vor allem die Steuern auf hohe

Einkommen senken. Und nicht zuletzt bluffen auch die Parteien, wenn sie vor Wahlen grundlegende Korrekturen hin zu einer gerechteren Besteuerung ankündigen, danach aber nur Spurenelemente umsetzen.

Ich möchte mit diesem Buch zu einem besseren Durchblick beitragen und Interesse wecken, das Thema Steuern nicht denen zu überlassen, die vorgeben, unser aller Interessen zu vertreten, die am Ende aber vor allem ihre eigenen Privilegien sichern und ausbauen wollen. Mir geht es nicht darum, alle Steuerarten, Besteuerungsansätze und Umgehungstricks lückenlos zu beschreiben. Es geht mir vielmehr darum, zu zeigen, wie wichtig solide Staatseinnahmen für Zukunftssicherung und gesellschaftlichen Zusammenhalt sind, und wie wichtig es ist, dass sich alle angemessen an der Finanzierung unseres Gemeinwesens beteiligen. An Beispielen und beispielhaften Berechnungen mit allgemein zugänglichen Daten werde ich darstellen, unter welchem Einfluss unser Steuersystem vom Weg einer gerechten Verteilung der Abgabenlast abgekommen ist und was wir unternehmen können, um wieder für mehr Steuergerechtigkeit zu sorgen.

Ich war sieben Jahre Finanzminister im bevölkerungsreichsten deutschen Bundesland. Von 2010 bis 2017. Es waren sieben Jahre, in denen ich Gelegenheit hatte, einen tiefen Einblick in eine große und leistungsfähige Steuerverwaltung mit 120 Finanzämtern und ihre Arbeitsweise zu gewinnen. Zehn dieser Behörden beschäftigen sich als sogenannte STRAFA-Ämter ausschließlich mit Steuerstrafsachen und Steuerfahndung und haben, wie in den letzten Jahren deutlich wurde, Meilensteine im Einsatz für mehr Steuergerechtigkeit gesetzt. In der Zusammenarbeit mit den Finanzämtern, den Betriebsprüfern, der Oberfinanzdirektion und der Steuerabteilung des Finanzministeriums ging es mir in diesen Jahren um zwei Dinge: besseren Service für die überwiegende Mehrheit der Privatpersonen und Unternehmen, die ihre Steuern zahlen, zu ermöglichen und gleichzeitig konsequent gegen Steuerhinterziehung und Steuertrickserei vorzugehen. Dazu haben alle

Teile der nordrhein-westfälischen Finanzverwaltung viel beigetragen. Dafür bedanke ich mich ausdrücklich.

*

Danken möchte ich auch meiner Lektorin Stephanie Kratz, die mit ihrer ganzen Erfahrung und aus der Sicht der Nichtexpertin immer wieder nachgefragt hat, aber auch Josef Rick, der sich so wunderbar darüber echauffiert, dass er sein Millioneneinkommen ganz legal viel zu klein rechnen kann. Außerdem danke ich Ingrid, Rita, Peter und Reiner für die kritische Durchsicht des Manuskripts und hilfreiche Hinweise.

Es ist nun einmal eine nicht ganz unkomplizierte Materie, aber – so hat es mein Lehrmeister Johannes Rau gesagt – »Wer nicht selber handelt, wird behandelt«. Meistens mit eher unvorteilhaftem Ausgang. Grund genug, etwas zu tun.

Norbert Walter-Borjans im Juli 2018

Einleitung

Die öffentliche Aufmerksamkeit in Sachen Steuerhinterziehung hat lange auf sich warten lassen. Betrug am Staat war jahrzehntelang kein Aufregerthema. Mit der Finanzkrise am Ende des vergangenen Jahrzehnts hat sich das spürbar verändert. Der überwältigenden Mehrheit der Menschen ist klar geworden, dass Steuerhinterziehung oder die geschickte Umgehung von Steuern durch allerlei Tricks sie direkt etwas angeht. Erst recht, wenn es sich nicht um kleine Summen handelt, sondern um Milliardenbeträge, die sich bestimmte Kreise in die ohnehin schon vollen Taschen wirtschaften. Beträge, die auf der anderen Seite Riesenlöcher in die Haushalte von Bund, Ländern und Gemeinden reißen – mit fatalen Folgen für den gesellschaftlichen Zusammenhalt. Alles, was dem Staat an Einnahmen entgeht, weil sich einige der angemessenen finanziellen Beteiligung an der Aufrechterhaltung unseres Gemeinwesens entziehen, bleibt am Ende bei denen hängen, die vielleicht zähneknirschend, aber pflichtbewusst ihre Abgaben entrichten oder gar nicht die Möglichkeit zum Mogeln haben. Sie bezahlen am Ende die Rechnung der anderen mit. Entweder, weil sie mehr zahlen müssen als nötig wäre, wenn sich auch die Drückeberger beteiligen würden, oder weil der Staat dringend Nötiges nicht finanzieren kann. Oder aber, weil er diese Leistungen dann mit Krediten finanzieren muss. Denn Zins und Tilgung zahlen schließlich ebenfalls die Bürgerinnen und Bürger, die sich nicht vom Acker machen können, weil die Steuer bei ihnen schon mit der Gehaltsabrechnung einbehalten wird. Wie man es dreht und wendet: Die Ehrlichen sind die Dummen.

Der Staat war dagegen lange machtlos, weil die Szene der Steuerhinterzieher und ihrer Helfer hermetisch abgeriegelt war. Das änderte sich erst mit dem Auftauchen von Whistleblowern – also von Insidern mit den unterschiedlichsten Motiven, auszupacken. Für sie wurde Nordrhein-Westfalen schnell zur ersten Adresse und damit in Deutschland zum Vorreiter in einem durchaus erfolgreichen Einsatz gegen Steuerbetrug. Warum gerade Nordrhein-Westfalen? Lag es, wie die damalige Landtagsopposition behauptete, daran, dass ich als Finanzminister händeringend nach Einnahmequellen suchte, um einen maroden Landeshaushalt in den Griff zu bekommen? Ja, auch das! Wer die Verantwortung für das Budget eines Landes trägt, das mit seiner Wirtschaftskraft die Nachkriegsbundesrepublik aufgebaut hat und dann einen so tief greifenden Wandel durchlebte und immer noch durchlebt, der reagiert besonders empfindlich, wenn es Menschen gibt, die hier gute Geschäfte machen, aber mit der Finanzierung der Voraussetzungen, die dazu nötig sind, nichts zu tun haben wollen.

*

Finanzminister haben zugegebenermaßen eine spezielle Sicht auf Steuern. Sie finden sie gut. Alles in allem zumindest. Dieser Blickwinkel ist den meisten Steuerzahlern fremd. Das ist absolut nachvollziehbar. Steuern sind auch für die Einsichtigen ein Übel. Steuern machen keinen Spaß, aber Sinn. Die Kassenwarte von Bund, Ländern und Gemeinden sind auf sprudelnde Steuereinnahmen angewiesen. Sie bewegen sich auf einem schmalen Grat. Fast jeden Tag stehen sie den Forderungen nach mehr Geld gegenüber – von Menschen und Institutionen, die unseren Staat am Laufen halten. Dazu kommen regelmäßig Artikel in Zeitungen und Magazinen, die die Defizite der Politik beschreiben: zu wenig Lehrer und Polizisten, marode Schulen und Straßen, bröckelnde Brücken, miserable Verbindungsqualitäten bei Mobilfunk und Internet, vom wachsenden Gefühl der Verunsicherung und mangelndem staatlichen Durchgriff ganz zu schweigen. Jeder kann sich leicht vorstellen, was das für die Gespräche bedeutet, die ein Finanzminister alljährlich bei der Haushaltsaufstellung, aber auch zwischendurch mit seinen Kabinettskolleginnen und -kollegen führen muss: Er ist regelmäßig mit massiven Wünschen nach mehr Geld für Bildung, Betreuung, Verkehr, Sicherheit und gesellschaftlichen Zusammenhalt konfrontiert.

Es war eines dieser Gespräche, in dem ich der Schulministerin den Titel verlieh, mit dem ich sie danach immer ansprach, wenn es um mehr Geld für Schulen und Lehrpersonal ging: »Meine Teuerste!« Der Haushalt des Schulministeriums ist nämlich immer der mit Abstand größte. 2017 umfasste er allein in Nordrhein-Westfalen ein Volumen von 17,8 Milliarden Euro und damit rund 40 Prozent der Steuereinnahmen, die dem Land nach Abzug des Gemeindeanteils an den Landeseinnahmen zur Verfügung standen. Die Gespräche mit dem Innenminister über mehr Unterstützung für die Kommunen, eine bessere Bezahlung und Ausstattung der Polizei verliefen nicht minder ambitioniert. Die Reihe lässt sich beliebig fortsetzen: Der Justizminister brauchte mehr Richter und Staatsanwälte, die Hochschulministerin mehr Forschungsmittel und Geld für die Hochschulen und Unikliniken, die Familienministerin mehr für Kitas, die Gesundheitsministerin mehr für die Sanierung der Krankenhäuser. Fast alle brauchten mehr und besser bezahltes Personal. Und auch Finanzminister brauchen Geld für eine leistungsfähige Finanzverwaltung. Die Verhandlungen mit mir selbst waren besonders schwierig, weil alle anderen mit Argwohn auf das blickten, was sich der Kassenwart für sein eigenes Haus genehmigte. Obwohl Finanzbeamte, Betriebsprüfer und Steuerfahnder der Allgemeinheit nachweislich wesentlich mehr einbringen, als sie kosten.

Das meiste von dem, was in solchen Verhandlungen gefordert wird, ist nicht nur wünschenswert, vieles ist sogar absolut notwendig. Es gibt nur ein Problem: Die Summe all dessen, was nötig wäre, ist viel größer als das, was auf der Einnahmenseite hereinkommt.

Steuern machen keinen Spaß – aber Sinn!

Finanzminister und Kämmerer klemmen in einem Schraubstock. Hier die Ausgabenwünsche der Fachpolitiker, dort der Gegendruck, der sich aus den ebenso lautstark vorgetragenen Ansprüchen ergibt: nämlich, ohne neue Schulden auszukommen und gleichzeitig endlich die Steuerlast zu senken.

Ohne konjunkturelle Bestbedingungen eine unlösbare Aufgabe, sagen die allermeisten Haushälter. Nur eine Frage der Haushaltsdisziplin, sagen andere. Es ist wie beim Fußball. Der vielstimmige Chor am Spielfeldrand hat immer eine ganz einfache Lösung parat, an die sich die handelnden Akteure einfach nur halten müssten.

Eilen wir nicht von Jahr zu Jahr von Rekordsteuereinnahmen zu Rekordsteuereinnahmen? Wird nicht viel zu viel davon in unsinnige Projekte gesteckt und werden sinnvolle Projekte nicht viel zu oft dilettantisch umgesetzt und damit viele Steuergelder verschwendet?

Also könnte doch alles ganz einfach sein: Die Politik müsste nur sorgsamer mit Steuergeld umgehen und die sprudelnden Steuerquellen nutzen, dann wäre auch für alles Wichtige genügend Geld da. Der Staat brauchte keine Kredite und die Steuerlast könnte ganz nebenbei auch noch gesenkt werden.

Wie schön die Welt doch sein könnte.

*

Ja, Bund, Länder und Gemeinden eilen Jahr für Jahr von Rekordeinnahme zu Rekordeinnahme. Es mag seltsam klingen: Jährlich wachsende Steuereinnahmen sind kein außergewöhnlicher Glücksfall – sie sind der notwendige Normalfall. Selbst wenn wir nur das aktuelle Niveau staatlicher Leistungen halten wollen, müssen die Steuereinnahmen von Jahr zu Jahr um den Betrag anwachsen, um den Löhne und Gehälter, Mieten und Preise steigen. Eine wachsende Wirtschaft – höhere Gewinne, bessere Beschäftigungslage – führt normalerweise auch zu wachsenden Steuereinnahmen. Deshalb hat es in den zurückliegenden 67 Jahren auch nur fünf Jahre gegeben, in denen die Steuereinnahmen sanken. Die Gründe dafür waren entweder Steuersenkungen wie in der Zeit der rot-grünen Bundesregierung unter Gerhard Schröder oder wirtschaftliche Einbrüche wie während der Finanzkrise 2008/2009. Die Steuersenkungen des Jahres 2001 wirkten sich in der damaligen Konjunktur so stark aus, dass die Einnahmen trotz kontinuierlichen Anstiegs erst 2006 wieder das Niveau von 2001 überschritten. So gesehen gab es in 67 Jahren insgesamt neunmal keine Rekordsteuereinnahmen. Oder andersherum: 58 Rekordjahre. In den Jahren ohne Rekordeinnahmen musste der Staat zwangsläufig entsprechend mehr Schulden machen.

Jährliche »Rekordsteuereinnahmen« sind Voraussetzung für einen funktionierenden Staat – deshalb gab es sie in 67 Jahren auch 58 Mal!

Der Schuldenstand des Gesamtstaates ist im Zeitverlauf dreimal sprunghaft angewachsen, zweimal als Folge von Steuerausfällen. Der erste der drei Schuldenschübe hatte andere Gründe. Da waren es die exorbitanten Zusatzausgaben im Zuge der deutschen Vereinigung. Zwischen 1989 und 1995 stiegen die Staatsschulden von bis dahin 475 um weitere 544 Milliarden Euro auf mehr als das Doppelte an. Der zweite Schub war aber auch eine Folge der Steuersenkungen des Jahres 2001. Bis zum Jahr 2006, als die Einnahme-Delle wieder ausgeglichen war, war der Gesamtschuldenstand um 322 Milliarden Euro angewachsen. Der dritte Schub kam mit der Finanzkrise 2008, den in der Folge einbrechenden Steuereinnahmen und den dagegengesetzten Konjunkturpaketen. 2009 und 2010 stieg die Staatsverschuldung um 317 Milliarden Euro an. Fast 1,2 Billionen Euro der rund 2 Billionen Gesamtschulden von Bund, Ländern und Kommunen sind in diesen drei Phasen entstanden, davon 640 Milliarden Euro in den beiden Zeitabschnitten drastisch sinkender Steuereinnahmen.

Mit der seit 2009 im Grundgesetz verankerten Schuldenbremse ist der Ausgleich fehlender Steuereinnahmen durch Kredite in Zukunft aber weitgehend versperrt. Stagnierende oder sinkende

Steuereinnahmen können künftig nur noch durch die Einschränkung der staatlichen Handlungsmöglichkeiten ausgeglichen werden. Das sollte man im Hinterkopf behalten, wenn man in einer Phase guter Konjunkturdaten nach dauerhaften Steuersenkungen ruft. Trotzdem wollen das einige. Aber die Kürzungsvorschläge, die sie lauthals fordern, haben alle eine Gemeinsamkeit: Sie betreffen immer die anderen und nie die staatlichen Leistungen und Subventionen, von denen sie selbst profitieren. Wirklich zählbare Einsparvorschläge sind Mangelware. Dagegen stehen sehr konkrete Forderungen an den Staat nach mehr Geld, die im Volumen weit über mögliche Einsparungen hinausgehen.

Wer also den Menschen verspricht, die Steuereinnahmen ohne Mehreinnahmen an anderer Stelle spürbar abzusenken, sollte so ehrlich sein und gleich miterklären, welche staatlichen Leistungen er abbauen oder auf welche wichtigen Investitionen er konkret verzichten will. Und wer über Jahre beklagt hat, der öffentliche Schuldenstand sei zu hoch und ein Anstieg der Zinsen werde eines Tages zu einer nicht verkraftbaren Belastung der öffentlichen Haushalte führen, der kann nicht jeden Haushaltsüberschuss in Steuersenkungen stecken wollen. Der müsste dann auch bereit sein, Überschüsse für die Schuldentilgung zu verwenden. Etwa der Städte und Gemeinden, die vom Bund zwar viele Aufgaben zugewiesen bekommen, die dafür notwendigen Gelder aber nicht.

*

Es lohnt sich also, genauer hinzusehen. Ist bei uns tatsächlich alles im Lot? Brauchen wir wirklich nur noch darüber zu streiten, wer in welchem Umfang von welchen Abgaben an den Staat entlastet wird? Oder sollten wir uns nicht besser zunächst einmal ansehen, was auch in der reichen Bundesrepublik Deutschland im Argen liegt und wofür der Staat eine solide Finanzausstattung braucht?

Wo ist mehr staatliches Engagement dringend geboten, wenn wir unser Land fit für eine Zukunft machen wollen, die allen Chancen eröffnet? Mit dieser Frage beschäftige ich mich im ersten Teil dieses Buches. Allen die Chance zu gewährleisten, etwas aus ihren Talenten zu machen, setzt voraus, dass sich auch alle angemessen an den Kosten beteiligen, die ein hoch entwickeltes Gemeinwesen mit sich bringt. Das ist erkennbar nicht der Fall, und auch darum wird es im ersten Kapitel gehen.

Um was es geht

Der Staat ist gefordert, für eine *gerechte* Lastenverteilung zu sorgen. Da ist zweifellos noch viel zu tun. Aber es ist auch zweifellos einiges in Bewegung geraten. Die konsequentere Verfolgung von Steuerbetrug und Steuerumgehung und die gewachsene Aufmerksamkeit der Öffentlichkeit haben Unruhe in die jahrzehntelang ungestört agierende Szene der Steuerbetrüger und Steuertrickser gebracht. Das wird Gegenstand des zweiten Kapitels sein.

Nicht jedem gefällt es, wenn der Staat sich in Wahrnehmung seiner Verantwortung für die Allgemeinheit wehrt. Die größten Nutznießer von Steuerhinterziehung und Steuerumgehung sind finanziell hoch potent. Sie haben Macht, und die üben sie auch auf allen Ebenen aus. Um die gezielte Einflussnahme wird es im dritten Kapitel gehen.

Bürger und Politik sind umso empfänglicher für plausibel klingende, aber tatsachenwidrige Botschaften, je weniger sie mit der Funktionsweise unseres Steuersystems vertraut sind. Die Unsicherheit gegenüber denen, die die Vertretung ihrer eigenen Interessen als Gemeinwohlorientierung ausgeben, hat in der Vergangenheit dazu geführt, dass unser Steuersystem immer ungerechter geworden ist. Zerrbild und Wirklichkeit stehen deshalb im Mittelpunkt des vierten Kapitels. Die Wirklichkeit ist oft komplizierter, als einfache Zerrbilder es sind. Gerade deshalb macht es Sinn, sich in diesem vierten Kapitel etwas eingehender mit ein paar Begriffen auseinanderzusetzen, die uns in der Steuerdebatte immer wieder begegnen. Zudem zeigt das Kapitel exemplarisch auf, wie unser gut gedachtes Steuersystem, das bei steigendem Wohlstand zu einem überproportional steigenden Steuerbeitrag führen soll, im

Zeitablauf immer weiter ausgehöhlt wurde und im Ergebnis zu einer Umverteilung von unten nach oben geführt hat.

Wo die internationalen, aber auch die nationalen Stellschrauben für eine Rückkehr zu mehr Steuergerechtigkeit liegen, steht im Mittelpunkt des fünften Kapitels. Dabei geht es mir nicht um eine abschließende Aufzählung der vielen Ansätze, die in den letzten Jahren ins Gespräch gebracht wurden. Es geht vielmehr um die Frage, was nur in einem besseren internationalen Miteinander geht und was Deutschland als bedeutende Wirtschaftsnation selbst in die Hand nehmen oder beherzter als bisher anstoßen könnte.

Im sechsten und letzten Kapitel geht es schließlich um die Frage, warum viele Lösungsansätze entgegen vieler Ankündigungen – vor allem vor Wahlen – immer wieder im Sande verlaufen und was nötig ist, damit sich das ändert.

I. Warum wir handeln müssen

1. Etwas läuft schief in Deutschland

Umfragen zufolge sind die Deutschen in der Mehrheit zufrieden mit den Verhältnissen im Land. Die eigene wirtschaftliche Lage finden die meisten gut oder sehr gut. Zumindest sagen das seit Jahrzehnten rund zwei Drittel der Befragten. Es gab aber auch immer das andere Drittel, das diese Einschätzung für sich selbst nicht teilen konnte. Demgegenüber schätzten die Menschen im Land die allgemeine Lage lange Zeit verhaltener ein als die eigene. Darin drückte sich gleichsam eine Art Mitgefühl aus. Man spürte, dass es noch andere gab, denen es schlechter ging.

Das hat sich seit einigen Jahren geändert. Die Deutschen sind mittlerweile mit überwältigender Mehrheit davon überzeugt, dass es nicht nur für sie selbst, sondern auch insgesamt gut läuft in Deutschland.

Ist das ein Wunder bei Gewinnrekorden der Wirtschaft, Minusrekorden bei der Arbeitslosigkeit und Rekordsteuereinnahmen? Bestätigen nicht auch die Wachstumsraten des Bruttoinlandsprodukts ebenso wie die des Privatvermögens den grundsoliden Lebensstandard in Deutschland – zumal, wenn wir gleichzeitig von den Krisen in anderen Ländern erfahren? Zeigt uns das alles nicht, wie gut es uns in Deutschland geht? Kann man vor so einer Kulisse ernsthaft über Gerechtigkeitsdefizite reden? Und gibt es überhaupt noch ein Wir-Gefühl, an das man appellieren könnte, oder ist unsere Gesellschaft inzwischen auf ein Gruppendenken reduziert, in dem das »Gemeinwesen als Ganzes« weit in den Hintergrund getreten ist? Demoskopische Analysen legen den Schluss

Es herrscht eine Hochstimmung im Land, die die Sorgen der Minderheit übertönt

nahe. Deshalb gibt es – auch in den eigenen Reihen – nicht wenige, die einem nach Wahlen mit einem wenig zufriedenstellenden Ausgang für die SPD auf die Schulter klopfen und sagen: »Man kann in dieser guten Gesamtstimmung nun mal mit dem Thema ›soziale Gerechtigkeit‹ allein keine Wahlen gewinnen.«

Allein mit der Forderung nach Gerechtigkeit gewinnt man in der Tat keine Wahlen. Das behauptet aber auch niemand ernsthaft. Die Menschen wissen, dass die Welt nicht besser wird, wenn man versucht, sie anzuhalten, und sich nur noch auf die Umverteilung des Erreichten konzentriert. Der Aufbruch zu neuen Ufern gelingt aber am besten, wenn die Menschen wissen, dass die Gemeinschaft sie hält, dass sie eine kalkulierbare Zukunft haben und dass es gerecht zugeht. Dazu gehört die alte Lebensweisheit jeder funktionierenden Gemeinschaft, dass starke Schultern mehr tragen müssen als schwache. Auch finanziell.

Die auf der Sonnenseite weisen in diesem Zusammenhang gern darauf hin, dass auch für die sogenannten kleinen Leute mehr herauszuholen sei, wenn man es den Großen nicht abnehme, sondern stattdessen für Wachstum sorge. Dann könne man den einen etwas geben, ohne es den anderen zu nehmen. Klingt überzeugend. Aber so läuft es in Wirklichkeit nicht. Seit Jahren brummt die Wirtschaft, seit Jahren wächst das private Geld- und Sachvermögen, seit Jahren steigen die Durchschnittseinkommen, aber das alles hat nicht dazu beigetragen, dass sich die Schere in der Einkommens- und Vermögensverteilung schließt. Im Gegenteil: Der Abstand zwischen oben und unten ist gewachsen. Nicht nur, weil die Top-Verdiener mehr vom Zuwachs erhalten als die Kleinverdiener. Die kleinen Einkommen sind real sogar gefallen. Die Kleinen haben an die Großen abgegeben. Umverteilung von unten nach oben nennt man das.

*

Außerdem sind oben und unten zunehmend getrennte Welten. Und es sieht nicht danach aus, dass sich die Kluft von selber schließen würde. Auch nicht in Zeiten guter Konjunktur und explodierender Gewinne. Die gern erhobene Behauptung, dass es jede und jeder bei uns schaffen kann, wenn er oder sie nur will, ist ein Märchen. Wer in einem Hartz-IV-Haushalt aufwächst, hat nur geringe Chancen, einmal frei von finanziellen Sorgen leben zu können. Wer oben dazugehört, hat mehr als nur bessere Ausgangsvoraussetzungen. Im Zweifel kann er oder sie sogar mit einer hohen Erbschaft oder einer vorgezogenen Schenkung rechnen.

Auch die Mittelschicht selbst ist gespalten. Vieles erinnert an ein gigantisches Radrennen. Die im vorderen Mittelfeld hecheln dem Ideal hinterher, einmal ganz vorn dazuzugehören. Das Interesse, sich hin und wieder umzudrehen und die mitzunehmen, die sich weiter hinten abstrampeln, hält sich im Pulk zwischen den Ausreißern ganz vorn und denjenigen hinten, die den Anschluss verloren haben, in Grenzen. Einen großen Teil des Mittelfeldes treibt aber auch die Sorge um, trotz größter Anstrengung irgendwann nicht mehr mithalten zu können und ans Ende durchgereicht zu werden. Viele denken darüber nach, was sein wird, wenn sie älter werden oder wenn es aus anderen Gründen einmal nicht mehr so glattläuft.

Das alles hat zu einer Entfremdung der gesellschaftlichen Schichten geführt. Damit sinkt auch die Bereitschaft, einen finanziellen Beitrag für das Gemeinwesen als Ganzes zu leisten. Die Sozialwissenschaftler sprechen vom Milieu-Egoismus. Ein Wir-Gefühl gibt es höchstens innerhalb ein und derselben sozialen Schicht. Wie bei den Teams der Tour de France. Wenn überhaupt.

Statt für Ausgleich zu sorgen, hat das Wachstum die Spaltung vertieft

Langsam, aber sicher zieht sich das Gesamtfeld immer weiter auseinander. Im wahren Leben ist das allerdings folgenschwerer als bei einem Radrennen.

Das Deutsche Institut für Wirtschaftsforschung (DIW) und der Internationale Währungsfonds (IWF) haben die wachsende Kluft zwischen oben und unten mit Zahlen belegt. Seit 1991 vergrößert sich die Spreizung in der Einkommensentwicklung fast von Jahr zu Jahr. Anders als das Mantra, dass man nur Wachstum brauche, um die kleinen Einkommen ohne Belastung der großen nach und nach besserzustellen und den Abstand zu verkleinern, belegt besonders die seit der Finanzkrise anhaltend gute Konjunktur das Gegenteil. Ein Gutverdiener am Beginn des oberen Zehntels der Einkommensskala hatte 2015 rund 30,8 Prozent mehr an verfügbarem Einkommen als 1991. Haushalte mit mittlerem Einkommen standen um 8 Prozent besser da, Kleinverdienerhaushalte im unteren Zehntel treten dagegen nicht einmal auf der Stelle. Sie haben im Aufschwung rund 10 Prozent eingebüßt. Und nach der Finanzkrise 2009, also in der Phase des stabilsten Wachstums, hat sich die Schere keineswegs geschlossen.

*

Die Statistik zeichnet nur nach, was wir trotz bester Wirtschaftsdaten inzwischen regelmäßig in der Zeitung lesen. Es ist die Konsequenz aus dem hinreichend widerlegten Glauben, die Maximierung des betriebswirtschaftlichen Erfolgs durch jedes einzelne Unternehmen sei automatisch das Beste für alle. Wie sollen die Menschen das glauben, wenn zum Beispiel Siemens 2017 trotz sprudelnder Unternehmensgewinne ankündigte, Tausende von Arbeitsplätzen abzubauen, noch dazu in strukturschwachen Regionen? Andere Global Player machen es genauso. Je globaler, desto anonymer; je anonymer, desto stärker fokussiert auf die Rendite als einzigem Erfolgsmaßstab. Für ein Unternehmensverständnis, Teil eines großen Ganzen zu sein, ist in diesem Wettlauf kein Platz. »Soziale« Marktwirtschaft ist das nicht. Eher eine entfesselte.

Je globaler, desto anonymer; je anonymer, desto stärker fokussiert auf die Rendite

In dieser entfesselten Marktwirtschaft sind Steuern nicht etwa ein Beitrag, um die Voraussetzungen für den zukünftigen Unternehmenserfolg zu schaffen. Steuern senken nach dieser Lesart le-

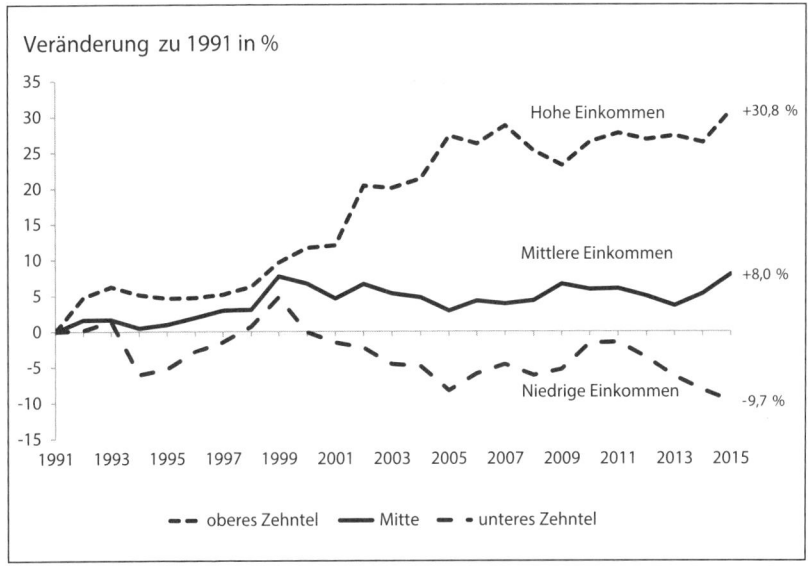

Abb. 1 Veränderung des verfügbaren Haushaltseinkommens gegenüber 1991 Quelle: DIW

diglich die kurzfristige Rendite. Deshalb gilt es, sie mit allen Mitteln zu vermeiden.

Ohne Wettbewerbsfähigkeit gibt es keine Arbeitsplätze, und Wettbewerbsfähigkeit bedeutet nun einmal, keine Belastungen tragen zu müssen, die es anderswo nicht gibt. Das gilt für die Höhe der Löhne ebenso wie für die staatlichen Abgaben. Die politischen und sozialen Verwerfungen, die durch das Gegeneinander-Ausspielen von Staaten verursacht werden, werden geflissentlich verdrängt. Die Wahrnehmung unternehmerischer Verantwortung für Standorte und Beschäftigte endet da, wo gute zweistellige Renditen gefährdet sind. »Rentabilitätsextremismus« nennt der Wirtschaftsethiker Ulrich Thielemann die Ausrichtung auf nur noch eine Kenngröße wirtschaftlichen Erfolgs.[1]

---

1 »Rendite um jeden Preis?« in Deutschlandfunk Kultur, 2.8.2017

Sparer müssen indessen mit Nullzinsen über die Runden kommen. Wenn es denn überhaupt Ersparnisse gibt. Für die meisten Kleinverdiener bleibt nämlich nichts übrig, das sie auf die hohe Kante legen könnten. Im Gegenteil: Sie »entsparen«. Das heißt: Solange noch Restvermögen da ist, leben diese Haushalte von der Substanz, wenn nicht, bleibt nur der Weg in die private Verschuldung. Ersparnisse sind erst bei mittleren Einkommen möglich, und auch da in meistens sehr bescheidenem Umfang. Auf welche Einkommensgruppe sich das rasant wachsende Geldvermögen der Deutschen von zurzeit fast 6 Billionen Euro konzentriert, ist also nicht schwer zu erraten: auf die ganz oben im Reichtums-Ranking. Währenddessen gelten über 20 Prozent der Arbeitnehmerinnen und Arbeitnehmer als Geringverdiener mit einem Stundenlohn unter 9,60 Euro. Zwei Millionen Kinder leben von Hartz IV. Für 16 Prozent der Deutschen gehen allein für die Miete über 40 Prozent des bescheidenen Einkommens drauf. Die größte »Zwangsabgabe« besteht für die meisten Bürgerinnen und Bürger nicht aus Steuern und Gebühren für ein funktionierendes Gemeinwesen, sondern aus der monatlichen Miete.

Die allgemeine Zufriedenheit mit den wirtschaftlichen Verhältnissen in Deutschland wird davon kaum getrübt. Die »Abgehängten« sind eine Minderheit. Auch wenn in der Mitte der Gesellschaft die Sorge wächst, selbst abrutschen zu können, ist es oft nur ein Lippenbekenntnis, dass die Zukunftssicherung eine gerechte Beteiligung aller an der Finanzierung unseres Gemeinwesens voraussetzt. Ein Fundament für eine dauerhaft stabile Gesellschaft ist das nicht.

*

Den Kontrast zu den Alltagssorgen von Klein- und Mittelverdienern bilden die Berichte über Millioneneinkommen von Top-Verdienern. Die kommen in der Öffentlichkeit meistens dann zur Sprache, wenn unternehmerische Misserfolge Zweifel daran wecken, ob die Empfänger wirklich verdienen, was sie verdienen. Zweifel daran, dass es überhaupt eine Rechtfertigung dafür geben kann, dass ein Unternehmensvorstand das Einhundertfünfzigfache eines Durchschnittsbeschäftigten verdient, werden gern als Ausdruck von Neid abgetan und mit dem Argument beiseitegeschoben, dass der Markt das so will. Andernfalls würden Top-Manager massenhaft aus Deutschland in andere Länder abwandern, und unsere Wirtschaft müsste sich aus der zweiten oder dritten Liga der Wirtschaftslenker bedienen. Beweise gibt es dafür nicht. Auch nicht dafür, dass es in anderen Staaten eine derart große Nachfrage nach Spitzenkräften der deutschen Wirtschaft gäbe, die hier zu einem Aderlass führen würde. Nicht zuletzt wissen auch Top-Verdiener die Lebensqualität hierzulande zu schätzen – insbesondere in Bereichen, die man nicht einfach mit Geld kaufen kann.

Für die, die davon profitieren, hat der ungezügelte Markt einen besonderen Reiz. Er vermittelt die Illusion, dass ihre Gewinne frei von menschlicher, erst recht politischer Einflussnahme durch die »unsichtbare Hand des Marktes« zustande kommen und am besten ohne politische »Fesseln« wirksam werden sollten. Wer verliert, hat etwas falsch gemacht. Wenn überhaupt jemand dafür verantwortlich ist, dann **Der »anonyme« Markt als Alibi** der anonyme Markt – oder die Politik, die nicht zulässt, dass sich die Marktkräfte ungehindert austoben können. Dass Staat und Politik ihre grundlegende Aufgabe darin haben, dem freien Spiel der Kräfte einen Rahmen zu setzen, damit es zum Nutzen einer Gesellschaft als Ganzes zum Tragen kommt, ist für einige ein geradezu verpönter Standpunkt. Je weniger Staat, desto besser – außer wenn die Abgehängten zum Sicherheitsrisiko werden. Dann erschallt der Ruf nach dem Staat.

In Wahrheit sind nämlich auch die Gewinner nur so lange an staatlicher Abstinenz und ungezügeltem Wettbewerb interessiert, wie ihnen Vorteile winken. Die ins Kraut schießenden Gehälter einiger Konzernvorstände sind alles andere als Ergebnisse transparenten Wettbewerbs. Sie sind Resultate gegenseitiger Preistreiberei. Die meisten Aufsichtsräte, die über die Vergütung des Top-Managements entscheiden, sind oder waren selbst Unternehmenslenker. Aufsichtsratsmitglieder sind zur Verschwiegenheit verpflichtet. Aus gutem Grund. Denn da gesteht man hinter verschlossenen Türen seinesgleichen gern schon mal 10 Prozent mehr plus satter Boni zu, während man die Arbeitnehmerschaft aus Kostengründen zu Lohnzugeständnissen drängt. Das Ergebnis ist dann eine Einkommensentwicklung, wie sie die oben gezeigte Grafik wiedergibt. Marktergebnis ist sie nur zum Teil. Sie ist vor allem ein Ergebnis von Intransparenz, ausgeprägtem Corpsgeist und der Zaghaftigkeit der Politik, die Rahmenbedingungen dafür zu schaffen, dass der Markt zu angemessenem Wohlstand und Stabilität für alle führt.

In Deutschland erzielt das obere Prozent der Einkommensbezieher inzwischen 13 Prozent der gesamten Lohn- und Gehaltssumme. Wenn das das unbeeinflussbare Ergebnis der Globalisierung sein soll, dürfen wir uns nicht wundern, wenn sich die Menschen gegen diese Globalisierung wenden und denen folgen, die ihnen erzählen, dass nur nationaler Egoismus und Abschottung Abhilfe schaffen. Was wir derzeit an politischen Veränderungen erleben, ist mehr als nur ein Vorbote. Das wissen auch diejenigen, die jeden Versuch des Gegensteuerns – etwa durch einen höheren Beitrag von Top-Vermögen und Top-Einkommen zur Finanzierung des Staates – als wohlstandsgefährdendes Experiment brandmarken. Zur Beschwichtigung weisen sie gern darauf hin, dass die Einkommensschere zuletzt doch nicht noch weiter aufgegangen sei. In Zeiten steigender Unternehmensgewinne ist das ein dürftiges Argument. Wenn sie sich jetzt nicht schließt – wann dann? Wenn wir in Zeiten globalen Wirtschaftswachstums nicht in der Lage sind, uns auch international auf Fairness und Nachhaltigkeit zu verständigen – wann dann?

*

Die Ungleichheit in Deutschland ist größer denn je. Sie ist, was die Verteilung des privaten Geldvermögens angeht – von Litauen abgesehen –, größer als in jedem anderen Land der Eurozone.

Es ist nicht die oft beschworene notwendige Ungleichheit, die erst dazu animiert, sich am eigenen Schopf aus dem Sumpf zu ziehen. Dazu ist die gesellschaftliche Spaltung schon viel zu verfestigt. Oben bleibt oben und unten bleibt unten. Schlimmer noch: Die stabilisierende Mitte droht abzurutschen. Die Chance der Ärmeren, nach oben zu kommen, ist in kaum einem Industriestaat kleiner als bei uns. Trotzdem gilt jedes Gegensteuern mit dem Ziel, die Hochvermögenden stärker an der Finanzierung des Gemeinwesens zu beteiligen, als kalte Enteignung der Erfolgreichen und unverdienter Geldsegen für jene, die nichts zum Reichtum der Gesellschaft beitragen. »Umverteilung« durch einen höheren Finanzierungsbeitrag der Reichen, verbunden mit einer Entlastung der tatsächlichen Mitte der Gesellschaft und derer, die weniger als die Mitte haben, ist nachgerade ein Unwort. Das Standardargument dagegen lautet: »Man kann nur verteilen, was vorher erwirtschaftet wurde.« Dieses Argument klingt überzeugend. In seiner Allgemeinheit trifft es ja auch zu. Aber wer sich die Entwicklung des Reichtums in Deutschland und seine immer schiefere Verteilung ansieht, kann nur zu dem Schluss kommen: Es ist erwirtschaftet – von vielen, allerdings vor allem für wenige!

Es ist erwirtschaftet. Von vielen. Für wenige

Dieser Zustand widerstrebt nicht nur dem Gerechtigkeitsempfinden vieler Menschen, er droht auf die Dauer zum Sprengsatz für die Stabilität der Gesellschaft zu werden – wirtschaftlich, sozial, menschlich. Nicht das Streben nach Gerechtigkeit ist eine Fortschrittsbremse, sondern die Inkaufnahme von Ungerechtigkeit, zumal die sprunghaft steigenden Gewinne nicht mit einem entsprechenden Wachstum der privaten Investitionen korrespondieren. Das, so heißt es, scheitere unter anderem daran, dass der Staat die Steuern nicht weiter senke. Wenn der Staat aber die Steuern für Unternehmensgewinne senken und gleichzeitig eine schwarze Null erreichen soll, dann geht das nur auf zwei Wegen: entweder durch eine Kürzung staatlicher Leistungen für den schwächeren Teil der Gesellschaft oder durch den Verzicht auf öffentliche Güter.

*

Wenn eine Gesellschaft auseinanderdriftet, wenn für wirklich gelingende Integration zu wenig Geld da ist, wenn vieles von dem, was unstrittig zu guter Bildung als zentralem Baustein unserer Gesellschaft gehört, in einem reichen Land aus Geldmangel nicht geleistet werden kann, wenn klassische Infrastrukturen zerfallen und der ländliche Raum beim Ausbau von schnellem Internet und Mobilfunk weiter ins Hintertreffen gerät, ist das ein Drama. Das alles darf sich eine führende Industrienation nicht leisten, wenn sie auch in Zukunft vorn dabei sein will. Sie tut es aber, wenn Steuersenkungen auch für höchste Einkommen und die schwarze Null alleinige Erfolgsmaßstäbe der Haushalts- und Finanzpolitik sind.

Denn trotz eines seit Jahren stabilen Wirtschaftsaufschwungs, trotz einer Arbeitslosenzahl auf historischem Tiefststand und trotz immer wieder gern verbreiteter Berichte über das hohe Wohlstandsniveau eines großen Teils der Bevölkerung ist unser Land nicht im Gleichgewicht. In vielen Regionen ist der Verfall der öffentlichen Infrastruktur mit Händen zu greifen. Die Verkehrswege sind besonders im Westen vier, fünf Jahrzehnte nach dem großen Infrastruktur-Bauboom in die Jahre gekommen und brechen unter der weiter wachsenden Inanspruchnahme schier zusammen. Mein damaliger Kabinettskollege und Verkehrsminister in Nordrhein-Westfalen, Michael Groschek, hat mir noch 2017 vorgerechnet, dass der sogenannte nachholende Sanierungsbedarf für Straße, Schiene und Wasserwege in Bund, Ländern und Gemeinden deutschlandweit bei 43,5 Milliarden Euro liegt. Und dieser Bedarf nimmt eher zu als ab. Dazu kommen noch rund anderthalb Milliarden für die Sanierung bestehender Flughäfen. Ein schnelles Internet in allen Re-

Schulen und Straßen verrotten

gionen, das gerade der Entwicklung des ländlichen Raums neue Möglichkeiten verschaffen und in seiner Qualität dem Niveau in anderen Staaten Paroli bieten kann, erfordert weitere Milliarden. Investitionen in den ländlichen Raum zu vernachlässigen, verstärkt die Tendenz zur Ungleichheit. In dem Maß, in dem Entwicklungschancen des ländlichen Raums verpasst werden, steigt der Druck auf die Städte, verbunden mit Wohnungsmangel und steigenden Mieten, die besonders Klein- und Mittelverdienern zu schaffen machen.

Internet: Blinde Flecken auf dem Land verschärfen regionale Ungleichheit

Auch die Förderung des wissenschaftlichen Nachwuchses und der Forschung ist ein unverzichtbarer, aber überaus kostspieliger Auftrag. Für die Gewährleistung flächendeckender, verlässlicher und qualifizierter Kinder- und Altenbetreuung fehlt es ebenfalls an Geld. Dabei entscheidet sich gerade hier sowohl die menschliche Qualität unserer Gesellschaft als auch die Chance für viele, Beruf, Familie, Betreuung und Pflege miteinander in Einklang zu bringen.

In vielen Städten sind Schulen in einem so schlechten Zustand, dass manche Eltern sich scheuen, Austauschschülerinnen und Austauschschüler aufzunehmen, weil es ihnen peinlich ist, das Bild vom hoch entwickelten Deutschland auf so krasse Art infrage zu stellen. Die Frage, ob es in Deutschland No-go-Areas gibt, ist auf der Schwelle zu vielen Schultoiletten streitfrei zu beantworten. Die KfW, die Förderbank des Bundes, rechnet vor, dass in Deutschland allein 48 Milliarden Euro fehlen, um nicht nur die Toiletten unserer Schulen in einen Zustand zu bringen, der einer reichen Wirtschaftsnation würdig ist und der die Voraussetzungen bietet, dass unsere Kinder das Wohlstandsniveau eines Tages ihrerseits sichern können.

In den größten Schatz, unsere Kinder, wird aber insgesamt unzureichend investiert, nicht nur bezogen auf die baulichen und technischen Voraussetzungen. Viel zu viele Talente – besonders da, wo der Bildungsabschluss der Eltern unter dem Durchschnitt liegt – bleiben so unentdeckt und werden folglich auch nicht gefördert. Oben und unten, Reich und Arm entfernen sich immer weiter voneinander. Längst weisen wissenschaftliche Studien darauf hin, dass diese Entwicklung nicht nur enormen sozialen Sprengstoff birgt und das Gefühl zunehmender Verunsicherung mit sich bringt, sondern auch zur Wachstumsbremse wird. So oder so, am Ende profitieren weder die oberen Zehntausend noch die breite Masse der Bevölkerung von dieser zunehmenden Unwucht.

Wachsende Ungleichheit bremst Wachstum

Ein Blick über die Grenzen in unsere Nachbarländer reicht aus, um sich vorzustellen, wie labil das ist, was wir bei uns heute noch als Selbstverständlichkeit wahrnehmen, besonders in unseren Metropolen. In vielen Zentren Europas, erst recht weltweit, ist lange schon nicht mehr möglich, was bei uns noch gang und gäbe ist. Wer in Berlin, Hamburg, München oder Köln Freunde oder Geschäftspartner im vierten Stock eines innerstädtischen Wohnblocks oder Geschäftshauses besuchen will, braucht in den meisten Fällen einfach nur zu klingeln. Nach kurzem Kontakt über die Gegensprechanlage geht der Türöffner und man macht sich auf den Weg ins Innere des Hauses. Das ist anderswo längst nicht mehr vorstellbar. In Paris und Brüssel etwa gehören wie in vielen anderen Metropolen auf der Welt Zugangscodes und Securitys zum Alltag. Das Auseinanderdriften von gesellschaftlichen Gruppen und Stadtteilen hat das Leben aller verändert, nicht nur der Menschen in den Banlieues, den Randstädten, die oft auch der Rand der Gesellschaft geworden sind, sondern auch jene in den wohlhabenden Stadtteilen.

Diese Entwicklung steht symbolisch für die Gefahren, die aus wachsender Ungleichheit resultieren. Der tiefer werdende Riss durch die Gesellschaft hat gravierende Folgen für viele Lebensbereiche, vor allem für den Zusammenhalt eines Gemeinwesens insgesamt.

Keine Frage: Die Verteilung des Reichtums in Deutschland unterscheidet sich deutlich von der Schieflage in anderen Kontinenten. Weltweit besitzen 42 Personen mehr als die ärmere Hälfte der Weltbevölkerung, also von siebeneinhalb Milliarden Menschen.[2] Da klingt es geradezu bescheiden, wenn die 45 reichsten Bundesbürger »nur« so viel besitzen wie die ärmere Hälfte der 80 Millionen Bürgerinnen und Bürger der Bundesrepublik. Für ein europäisches Land ist das trotzdem eine unglaublich krasse Ungleichverteilung der Vermögen. Die 5 Prozent reichsten Deutschen verfügen über mehr Vermögen als die übrigen 95 Prozent.[3] Im Zuge der fortschreitenden Arbeitsverlagerung von Menschen auf Roboter und künstliche Intelligenz wird die Vermögenskonzentration fortschreiten. Wenn wir nicht entschieden gegensteuern, wird daraus ein Sprengsatz für den gesellschaftlichen Zusammenhalt, an dem weder Arm noch Reich Interesse haben können.

*

Schon mit dem wirtschaftlichen Strukturwandel der letzten Jahrzehnte sind Brüche in Biografien einhergegangen, die längst nicht verarbeitet sind. Unternehmen, die Generationen von Arbeitnehmerinnen und Arbeitnehmern Beschäftigung geboten hatten, existieren nicht mehr. Aber nicht nur das: Es gibt auch die Nachfrage nach der Art der Arbeit nicht mehr, wie sie über Jahrzehnte bestand. So wandelte sich zwar die Wirtschaft erfolgreich, aber viele der ehemals dort Beschäftigten wandelten sich nicht im selben Maß mit. Besonders die geringer Qualifizierten hielten mit dem Wandel nicht Schritt.

Dieser Bruch betrifft mehr als eine Generation. Er setzt sich bei

---

2 Oxfam: Reward Work, Not Wealth, Report 2018
3 Zahlen für Deutschland aus: Stefan, Bach, Andreas Thiemann, Aline Zucco: Looking for the Missing Rich – Tracing the top Tail of the Wealth Distribution, DIW Discussion Papers 1717, 2018

vielen, die herausgefallen sind, auch in den Folgegenerationen fort. Die Abkopplung eines Teils der Gesellschaft unterscheidet Regionen im Umbau von Regionen im Aufbau. Es gibt in vom industriellen Strukturwandel geprägten Gegenden einen deutlich höheren Anteil von sogenannten Transferempfängern. Die einmal entstandene Unwucht wird vom freien Spiel der Marktkräfte nicht aufgehoben – im Gegenteil: Sie nimmt zu. Kinder von Transferempfängern werden mit einer deutlich höheren Wahrscheinlichkeit als ihre Altersgenossen aus Beschäftigtenfamilien auch wieder Transferempfänger. In seinem Buch »Das gespaltene Land«[4] hat der Journalist Alexander Hagelüken am Beispiel von Pirmasens, der einstigen Metropole der Schuhproduktion in Deutschland, und des Reichendomizils Starnberg plastisch beschrieben, wie unterschiedlich die Erfolgschancen von Kindern innerhalb Deutschlands sind und wo die Gründe dafür liegen.

Der Strukturwandel hat Menschen abgehängt

Umbrüche dieser Art treffen aber längst nicht mehr nur Standorte der Grundstoff- und Schwerindustrie, der Werften oder jener Konsumgüter, deren Produktion in Billiglohnländer abgewandert ist. Was gestern Kohle und Stahl waren, können schon morgen der Verbrennungsmotor und die darauf zugeschnittene Zulieferindustrie sein, ganz zu schweigen von den radikalen Umbrüchen, die Digitalisierung und künstliche Intelligenz mit sich bringen werden. Tätigkeiten mit hohen Routineanteilen fallen nicht nur in der Industrie weg, sondern auch im Dienstleistungsbereich. Und die Digitalisierung, das wissen wir längst, wird nicht bei einfacher Routinearbeit ohne hohe Qualifikation haltmachen. Software verknüpft Wissen, Roboter lernen denken. Schon lange erledigen Roboter und Softwarelösungen auch anspruchsvolle Dienstleistungen. Als Valerie Holsboer, Vorstand Ressourcen bei

---

4 Alexander Hagelüken: Das gespaltene Land. Wie Ungleichheit unsere Gesellschaft zerstört – und was die Politik ändern muss, München 2017

der Bundesagentur für Arbeit, beim Kölner Arbeitgebertag 2017 beschrieb, dass auch Steuerberatung zu den Tätigkeiten gehöre, die schon bald zu einem großen Teil digital ohne Steuerberater zu erledigen seien, ging ein Raunen durch das Publikum. Das hatte bis dahin anscheinend noch gar nicht realisiert, womöglich selbst zu den potenziellen Opfern der Digitalisierung zu gehören – wenn auch mit besseren Chancen für eine Anschlussbeschäftigung, als sie Geringqualifizierte haben.

Natürlich hat es immer Wandel gegeben. Aber der derzeitige Wandel stellt besonders hohe Anforderungen an neue Infrastrukturen und Kenntnisse, für die nur mit öffentlichem Geld in allen Teilen des Landes gesorgt werden kann. Auch das Ziel, mit Bildung und Qualifizierung wenigstens in der Folgegeneration dafür zu sorgen, dass aus Transferempfängern wieder Steuerzahler werden, erreichen wir nicht durch die Senkung staatlicher Ausgaben. Im Gegenteil: Auch dazu sind massive finanzielle Anstrengungen notwendig.

Dass aus dem Wandel in der Vergangenheit kein unbeherrschbarer sozialer Sprengstoff geworden ist, liegt zu einem Gutteil daran, dass staatliche Investitionen in Bildung, Infrastruktur und Zusammenhalt von der Politik immer als Verpflichtung angenommen wurden. Die Aufgabe, die das Grundgesetz der Politik aufgibt, nämlich die Schaffung gleichwertiger Lebensverhältnisse, hat jahrzehntelang getragen. Sie hat bei allen Unterschieden in Deutschland zu einer weit ausgewogeneren Entwicklung beigetragen als in vielen anderen Industriestaaten – auch in Europa. Staaten mit einem zentralistischen Aufbau – meistens mit der Hauptstadtregion als einziger Wirtschaftsmetropole, an deren Tropf der Rest des Landes hängt – haben gesellschaftliche Verwerfungen viel früher zu spüren bekommen als wir. Es macht Sinn, das Ziel einer ausgewogenen dezentralen Entwicklung nicht auf dem Altar des freien Spiels der Kräfte zu opfern.

Wandel kommt von allein. Seine Sozialverträglichkeit nicht

Das Mantra von »Privat vor Staat« aber, mit einer schwarzen Null bei gleichzeitiger Senkung von Ausgaben und Einnahmen, denen alles andere untergeordnet wird, führt zwangsläufig zu einer wachsenden Entsolidarisierung von Regionen und Bevölkerungsgruppen. Damit ist die im positiven Sinne deutsche Besonderheit nicht zu halten. Zunehmende soziale und regionale Fliehkräfte produzieren Verlierer ohne Perspektive. Das spielt auch in Deutschland denen in die Hände, die in der nationalen Abschottung die Lösung der Probleme sehen.

*

Ohne korrigierende Eingriffe der Politik wird sich weder die Infrastruktur von selbst erneuern noch wird sich das Auseinanderdriften der Gesellschaft verlangsamen oder gar umkehren. Ein gesellschaftliches und ökonomisches Gleichgewicht ist die Voraussetzung für die Zukunftsfähigkeit Deutschlands und für die Sicherung unserer hohen Lebensqualität. Massive Investitionen in Infrastruktur, Bildung und sozialen Zusammenhalt sind kein Schnickschnack, sondern ein Muss. Sie sind im Interesse aller, ganz gleich, in welcher Region sie leben, und ganz gleich, welcher Einkommenskategorie sie angehören.

Massive Zukunftsinvestitionen: kein Schnickschnack, sondern ein Muss

Dabei sollten wir uns nichts vormachen: Die dringend nötigen Zukunftsinvestitionen in Stahl, Beton, Asphalt, Glasfaser und Köpfe sind selbst in der gegenwärtigen Wirtschaftslage nur mit Einschränkungen aus »sprudelnden« Steuerquellen zu finanzieren. Auf Dauer reicht es ganz sicher nicht aus, wenn nur ein Teil der Gesellschaft seinen Beitrag an Steuern leistet, während andere meinen, sich davonstehlen zu können. Von einer gerechten Verteilung der finanziellen Lasten ganz zu schweigen. Was an Steuereinnahmen fehlt, muss dann zwangsläufig durch Kredite aufgefangen werden. Das wäre sogar in Ordnung, solange damit Werte geschaffen würden, die künftigen Steuerzahlergenerationen mehr Nutzen brächten, als Zins und Tilgung kosten, und solange Zins und Tilgung aus den laufenden Einnahmen zu stemmen wären. Jede Familie, die sich zum Kauf einer Immobilie entschließt, macht das so. Eine Unternehmerin oder ein Unternehmer, der eine kostspielige Maschine anschafft, handhabt es nicht anders. Nicht wenige Finanzvorstände von Unternehmen schütteln denn auch ungläubig mit dem Kopf, dass der Staat seine Handlungsfähigkeit durch die Verpflichtung zu einer dauerhaft sinkenden Kreditquote dermaßen eingeschränkt hat. Wie auch immer: Mit der Aufnahme einer Schuldenregel in das Grundgesetz – der sogenannten Schuldenbremse – hat der Deutsche Bundestag 2008 beschlossen, die Aufnahme neuer Kredite durch den Bund strikt zu begrenzen und den Ländern ab 2020 überhaupt keine Nettoneuverschuldung mehr zu erlauben. Populär war diese Entscheidung allemal. Wie klug sie wirklich war, wird sich noch zeigen.

Jedenfalls fordert selbst die Schuldenbremse, wie sie im Grundgesetz verankert wurde, nicht den Verzicht auf jegliche Kreditfinanzierung. Der Bund darf anders als die Länder auch in Zukunft jedes Jahr neue Kredite in Höhe von 0,35 Prozent des Bruttoinlandsprodukts aufnehmen. Das sind zurzeit rund 11,5 Milliarden Euro. Tendenz zunehmend. Immerhin hat der Gesetzgeber mit diesem bescheidenen Fenster erkennen lassen, dass die schwarze Null bezogen auf einen einzelnen Jahreshaushalt in normalen Zeiten keinen Sinn hat. Eine schwarze Null ist in einer wachsenden Wirtschaft mit wachsenden Ansprüchen an den Staat – besonders bei Bildung und Infrastruktur, aber auch bei der sozialen Sicherung – nur möglich, wenn die konjunkturelle Lage überaus günstig ist und/oder wenn Investitionen in die Zukunft sträflich vernachlässigt werden. Der Sinn des Ausgleichs von Ausgaben und Einnahmen liegt in der Gesamtsicht. Das, was der Staat an Werten für die Zukunft schafft,

> **Die schwarze Null ist bestenfalls Folge glücklicher Umstände**

muss in einer Balance sein mit dem, was dafür in der Zukunft an Lasten anfällt. Wie im richtigen Leben. Wenn der Haushaltsausgleich in einzelnen Jahren ohne zusätzliche Kreditaufnahme möglich ist, ist das bestenfalls außergewöhnlich günstigen Umständen zu verdanken.

Im Augenblick haben wir in Deutschland solche günstigen Umstände – auch wegen der Schwäche anderer Staaten der Eurozone, die den Kurs der gemeinsamen Währung drücken und damit unsere Exporte beflügeln. Das bringt Gewinne und Arbeitsplätze und ganz nebenbei auch Steuermehreinnahmen. Die Tatsache, dass Kapitalanleger die weltweit explodierenden Geldvermögen wenigstens teilweise in sicheren Häfen anlegen wollen und bereit sind, dafür Minimalzinsen bei extrem langen Kreditlaufzeiten in Kauf zu nehmen, tut ein Übriges.

Denn Deutschland ist nach Ansicht weltweiter Kapitalanleger als einer der wenigen sicheren Häfen übrig geblieben. Damit spart der Staat jedes Jahr Zinsen im mittleren zweistelligen Milliardenbereich. Im Augenblick gibt es keinen Grund, die schwarze Null zu verteufeln – weil gerade alles Deutschland in die Karten zu spielen scheint. Es gibt aber auch keinen Grund, sie wie eine Monstranz vor sich herzutragen und zu einem Ziel an sich zu erheben, weil es auf Dauer auch aus unserer eigenen Sicht nicht vernünftig sein kann, dass uns weltweite ökonomische Verwerfungen so extrem in die Karten spielen. Ganz abgesehen davon, dass das die anderen auf Dauer nicht hinnehmen werden. Die schon erfolgten Reaktionen und im Raum stehenden Drohungen sind daher äußerst ernst zu nehmen.

Mit weniger günstigen Rahmenbedingungen ist also zu rechnen. Spätestens dann bedeutet die Verpflichtung zu einem jährlichen Haushaltsausgleich den Verzicht auf wichtige Investitionen in die Zukunft. Schon jetzt – in durchaus guten Zeiten – wird erkennbar, dass die Finanzminister von Bund und Ländern nach Wegen suchen, die Kosten dringend notwendiger Investitionen mit dem Kreditaufnahmeverbot in Einklang zu bringen. Sie werden sich noch manchen Vorwurf der Verschiebung in Neben- oder Schattenhaushalte gefallen lassen müssen.

*

Ganz unabhängig vom Sinn oder Unsinn der schwarzen Null als Erfolgsmaßstab für solide Finanzpolitik kommen wir an einer Schlussfolgerung nicht vorbei: Wer eine schwarze Null will, ohne die staatliche Handlungsfähigkeit sträflich verkümmern zu lassen, muss sich für die dazu notwendigen Steuereinnahmen starkmachen.

Wirtschaftliche und soziale Stabilität gibt es nicht zum Nulltarif, und es gibt sie nicht ohne einen starken und handlungsfähigen Staat. So nötig dafür massive Investitionen in die »harte« Infrastruktur sind, so nötig ist auch die Wahrung des sozialen Friedens. Er gehört zu den weltweit geschätzten Vorzügen des Standorts Deutschland. Die Forderung nach Rücksichtnahme auf die Minderheit der heute schon Abgehängten und auf die noch viel größere Zahl derer, die befürchten, eines Tages in die Armut zu rutschen, ist nicht Teil einer Neid-Debatte, sondern im Interesse aller.

Null Ausgaben und null Einnahmen wären auch ein ausgeglichener Haushalt – aber kein Gemeinwesen!

Die meisten Vermögenden sehen das insgeheim genauso. Sie wissen, dass nicht alles, was auf den ersten Blick profitabel ist, dauerhaft die Voraussetzungen dafür sichert, weiteres Vermögen zu schaffen und es genießen zu können. Gerechtigkeit ist nicht nur etwas für Arme. Gerechtigkeit entsteht auch nicht aus der Summe von Charity-Events. Die mögen hier und da eine wichtige Ergänzung sein. Das Grundgerüst aber ist und bleibt ein solide finanzierter Staat, zu dem die Leistungsstarken und erst recht die leistungslos Vermögenden einen größeren Beitrag leisten müssen als die Leistungsschwachen – vor allem mit Steuern. Und nicht nur in Worten, sondern auch in Taten. Richtig laut vernehmbar bekennen sich dazu allerdings nur wenige. Einer davon ist der Immobilien-Unternehmer Josef Rick.

Herr Rick hat ein stattliches Millionenvermögen – und findet, dass er viel zu viele Möglichkeiten hat, sein steuerpflichtiges Einkommen kleinzurechnen. Im Ergebnis, so rechnet er vor, bekommt das Finanzamt gerade einmal 15 Prozent von dem, was er verdient. Er fände eine höhere Steuerlast für sich und seinesgleichen angemessen. Wohlgemerkt: Es geht ihm tatsächlich um Steuern. Er reagiert nämlich allergisch, wenn Menschen, die das anders sehen und sich daran stören, dass er das offen ausspricht, ihm entgegnen: »Wenn du schon dem Staat mehr Geld geben willst, dann spende doch!«

Menschen wie Josef Rick wissen, dass eine Gemeinschaft ganz ohne Einnahmen und ohne Ausgaben zwar auch einen ausgeglichenen Staatshaushalt hätte, aber keine Gemeinschaft mehr wäre. Klar, dass auch er lieber weniger als mehr bezahlen würde, wenn es dafür die gleiche Leistung gäbe. Er weiß aber auch, dass Leistung ihren Preis hat. Es geht ihm deshalb nicht um Almosen für das Gemeinwesen. Es geht ihm um Regeln, wie die Bürgerinnen und Bürger eines Staates angemessen an den Kosten beteiligt werden, die Verkehrswege, ein gutes Bildungswesen und die Gewährleistung von Sicherheit und Zusammenhalt mit sich bringen. Nicht nach Gutdünken, bei dem jede und jeder selbst entscheiden kann, was für sie oder ihn angemessen ist, sondern so, dass sichergestellt ist, dass nicht die einen zahlen müssen, während sich andere dünnemachen. Die globale Wirklichkeit – Deutschland ausdrücklich eingeschlossen – ist eine andere. Viele Konzerne und Topverdiener praktizieren Steuervermeidung geradezu obsessiv, wie die ernüchternden Erkenntnisse aus den Luxemburg Leaks, den Panama oder den Paradise Papers zeigen, die Informanten dem internationalen Recherchenetzwerk investigativer Journalisten zugespielt haben.

Josef Rick ist Unternehmer und war viele Jahre Unternehmensberater. Deshalb wird er besonders unwirsch, wenn man ihn damit konfrontiert, dass manche Steuerverweigerer ihre Haltung damit rechtfertigen, dass der Staat mit den Abgaben seiner Bürgerinnen und Bürger zu fahrlässig umgehe. Dann rechnet er vor, wie viel Steuergeld in Deutschland von Bund, Ländern und Gemeinden verwaltet wird: über 730 Milliarden Euro jährlich. »Das, was der Bund der Steuerzahler Jahr für Jahr mit allerlei spekulativer Hochrechnung vorrechnet, ist natürlich ärgerlich. Aber es ist ein Prozentsatz, der auch in Privatbetrieben verschwendet wird. Oder glauben Sie, man könne in einem noch so gut geführten Unternehmen sicherstellen, dass es null Prozent Fehlinvestitionen gibt? Denken Sie doch nur an das Stahlwerk von ThyssenKrupp in Brasilien – ein Milliarden-Flop. Noch teurer war das Abenteuer der Fusion von Daimler und Chrysler, die mittlerweile wieder rückabgewickelt wurde. Das sind alles private Entscheidungen, für die am Ende auch die Allgemeinheit bluten muss!«, erklärt Rick.

Dafür, dass auch in Privatunternehmen sträfliche Fehler gemacht werden, gibt es in der Tat viele Beispiele. Inakzeptabel sind sie dort wie bei der öffentlichen Hand, weil die Folgen am Ende immer die Bürger treffen. Wie oft ist von selbstverschuldeten Schieflagen und Pleiten privater Unternehmen die Rede – nicht selten verbunden mit Hilferufen an den Staat, mit Steuergeldern das Schlimmste für die Beschäftigten zu vermeiden. Privat gleich gut geführt, staatlich gleich Misswirtschaft, das gehört zu den gepflegten Vorurteilen, die von interessierter Seite ungeachtet aller Lebenswirklichkeit behauptet, verbreitet und von vielen gern geglaubt werden. Dabei wage ich aus eigener Erfahrung die unpopuläre Behauptung, dass in wenigen Staaten der Welt Rechnungshöfe und Prüfungsämter so akribisch auf das Finanzgebaren des Staates gucken wie bei uns. Dass wir so heftige Diskussionen über tatsächliche und vermeintliche Fehlentscheidungen diskutieren, liegt auch daran, dass geprüft und publiziert wird. Ich selbst habe Erfahrungen in sehr gut geführten Betrieben der Privatwirtschaft sammeln können. Selbst in Musterbetrieben findet die Unternehmensrevision immer Ansatzpunkte für Kritik. Prozentual gemessen am

Umsatz geht es dabei um keine kleineren Zahlen als beim Unternehmen Staat. Die Ergebnisse werden nur nicht veröffentlicht.

»Aber das kann man doch nicht vergleichen!«, heißt es dann. »Was das Unternehmen mit seinem Geld macht, ist Privatsache der Eigentümer. Beim Staat geht es um das Geld der Bürger.« Als ob wir mit dem Produktpreis nicht auch den Aufwand für oft üppige, unsinnige (und noch dazu steuerlich absetzbare) Betriebsausgaben zu bezahlen hätten.

Ich habe stundenlang mit Josef Rick debattiert. Mit dem Erfahrungshorizont des Unternehmensberaters ging er an den Vorwurf der Steuerverschwendung viel nüchterner heran, als sich Politiker das je trauen würden. Selbstverständlich hat eine Bundes-, Landes- oder Kommunalverwaltung die Pflicht, sorgsam mit den Steuereinnahmen umzugehen. Selbstverständlich gibt es immer Verbesserungsbedarf. Jeder fehlgeleitete Euro ist einer zu viel. Aber Fehler beim Einsatz von Steuergeld oder gar einfach ein aus persönlicher Sicht falscher Verwendungszweck sind eine mehr als fadenscheinige Rechtfertigung für Steuerhinterziehung und -umgehung. Weder Apple noch Nike, aber auch die inländischen Steuerpflichtigen, die sich verkrümeln, wenn es darum geht, sich angemessen an der Rechnung für die Leistungen unseres Gemeinwesens zu beteiligen, können denn auch bessere Begründungen anbieten als die bekannten plakativen Beispiele. Wirklich eingehend beschäftigt haben sie und ihresgleichen sich damit nie. Es reicht doch, dass das eigene Steuergeld gefühlt in voller Höhe in die Baufehler eines Berliner Flughafens fließt, um die eigene Steuerlast für zu hoch zu halten. In Wahrheit geht es immer nur um das eine: nicht zahlen zu wollen und die Zeche denen zu überlassen, die keine Ausweichmöglichkeit haben.

> **Sich vom Acker machen und die Rechnung anderen überlassen, ist kein seriöses Unternehmertum**

Es gibt sie aber wirklich, die Unternehmer und Gutverdienenden wie Josef Rick, die sagen: »Eine hohe Rechnung vom Finanzamt ist ein gutes Zeichen. Steuern, das bedeutet, dass ich gute Gewinne gemacht und eine Menge verdient habe. Damit das so bleibt, muss ich mit dafür sorgen, dass der Staat, in dem ich lebe und arbeite, auch künftig die Voraussetzungen dafür bieten kann, dass Menschen wie ich zu Einkommen und Vermögen kommen.«

Das sind die, die wissen, warum Steuern nötig sind. Aber sie wollen verständlicherweise auch nicht mehr bezahlen als andere in vergleichbarer Situation. Auch aus ihrer Sicht machen Steuern nicht wirklich Spaß, aber sie erkennen an, dass Steuern Sinn machen. Und nicht wenige der wirklich Reichen gestehen ein – die einen laut vernehmbar, die anderen hinter vorgehaltener Hand –, dass die Chancen Hochvermögender, den Steuerbeitrag weit unter das Niveau eines Durchschnittsverdieners zu senken, zu einer alles andere als fairen Verteilung der Steuerlast führen.

De facto werden Durchschnittsverdiener höher besteuert als Superreiche

Ähnlich wie der US-Investor Warren Buffett prangert Rick das Steuersystem nicht deshalb an, weil er Steuern zahlen muss, sondern weil ein Durchschnittsverdiener im Ergebnis höher besteuert wird als ein Superreicher. Letzterer könne die Höhe seines Steuersatzes durch geschickte Auslegung der gesetzlichen Regeln in großem Umfang selbst herunterrechnen (im Extremfall bis auf null Prozent!). Ein Durchschnittsverdiener habe nicht einmal die Chance, Steuern zu umgehen. Rick findet es auch »leistungsfeindlich«, dass von den rund 400 Milliarden Euro, die in Deutschland Jahr für Jahr vererbt werden, ein großer Teil steuerfrei an die nächste Generation geht – vor allem bei Großerbschaften im hohen zweistelligen Millionenbereich. Schließlich erhalten die Erben ein Riesenvermögen, ohne dafür einen Finger krumm gemacht zu haben. Das Argument, dass der Erblasser doch Steuern bezahlt habe, lässt Rick nicht gelten. Die Erben, um die es hier geht, erben steuerfrei. Brutto gleich netto.

2. Von »Pflichterfüllern« bis zu »Steuerräubern« – die vier Typen von Steuer(nicht)zahlern

An der Bereitschaft, seinen persönlichen Obolus zum Steueraufkommen beizutragen, scheiden sich also die Geister. Während die überwältigende Mehrheit ihre Verantwortung für die finanzielle Ausstattung unseres Gemeinwesens wahrnimmt, pflegen andere einen ganz eigenen Umgang mit ihrer Steuerpflicht. Das reicht von ihrem trickreichen Umgehen bis zum Ausrauben öffentlicher Kassen.

Die ganz große Mehrheit der Steuerpflichtigen in Deutschland findet unser Steuersystem gewiss nicht perfekt. Sie weiß aber, dass es all das, was wir vom Staat erwarten, nicht für lau gibt. Nennen wir sie die »Pflichterfüller«. Bei ihnen gelten Einsicht und Ausweglosigkeit gleichermaßen, denn bei den meisten wird die Gehaltshöhe dem Finanzamt schon vom Arbeitgeber mitgeteilt und gleich an der Quelle versteuert. Für den Großteil der arbeitenden Bevölkerung ist dieser automatische Informationsaustausch zwischen dem Arbeitgeber und den Steuerbehörden eine Selbstverständlichkeit. Das schreiben die Gesetze vor, und das wird in Deutschland auch sehr genau kontrolliert. Es gibt gesetzlich festgelegte Abzugsmöglichkeiten, etwa für die Ausgaben, die entstehen, um der Berufstätigkeit überhaupt nachgehen und Steuern zahlen zu können. Auch abzugsfähige Ausgaben, zum Beispiel für Vorsorgeaufwendungen (Renten-, Krankenversicherung) und für andere förderwürdige Ziele, gehören dazu. Zu tricksen gibt es für Otto Normalverbraucher aber we-

> »Pflichterfüller« wissen, dass Leistung ihren Preis hat

nig. Das Netz der Besteuerung von Normalverdienern ist engmaschig und für die Auslegung der gesetzlichen Regeln zum eigenen Vorteil besteht für die große Mehrheit wenig Spielraum. Wenn Besteuerung in allen Fällen so gehandhabt werden könnte, wäre vieles besser.

*

Dann gäbe es jedenfalls nicht das gigantische Ausmaß an »aggressiver Steuergestaltung«, wie die Praktiken der »Steuertrickser« im Fachjargon heißen. Mindestens 130 Milliarden Euro entgehen der Allgemeinheit jedes Jahr allein in Deutschland dadurch, dass gut beratene Firmen – zumeist internationale Konzerne, aber auch Top-Verdiener – die gesetzlichen Möglichkeiten – oder sagen wir besser: die Gesetzeslücken – so ausnutzen, dass sie sich ihrer Mitverantwortung für ein solide finanziertes Gemeinwesen entziehen. Dabei geht es nicht nur darum, in zumeist kleinere und/oder abseits von großen Produktionsstandorten liegende Staaten auszuweichen, die sich ein Stück des weltweiten Steuerkuchens sichern, indem sie Großverdiener mit Billigsteuertarifen anlocken. Es geht auch um das eigene nationale Steuerrecht, das von vielen Ausnahmen durchlöchert ist.

»Steuertrickser« – Kaffee rösten als förderwürdige Innovation

Für viele Ausnahmeregelungen gibt es ein durchaus sinnvolles Motiv. Das Problem ist nur, dass auch diejenigen von den Sonderkonditionen Gebrauch machen, für die sie gar nicht gedacht sind. So kam etwa ein Kaffeeanbieter auf die Idee, das Rezept zum Rösten des Kaffees in eine Gesellschaft auszulagern, die ihren Sitz in den Niederlanden hat. Der Umsatz wird in Deutschland erwirtschaftet, der Gewinn aber fließt als Lizenzgebühr für die Nutzung des Röstrezepts in die Niederlande.

Wurde die Steuer dann im Nachbarland entrichtet? Mitnichten! Die Niederlande haben eine Sondersteuer von lediglich 5 Prozent für förderwürdige innovative Produktionsverfahren. Kaffee rösten gehöre zweifelsfrei dazu, sagt mancher Beobachter mit unüberhörbar sarkastischem Unterton. Deshalb wird der ins Nachbarland übertragene Gewinn nicht mit etwa 30 Prozent in Deutschland versteuert, wo er erwirtschaftet wurde, sondern mit 5 Prozent in den Niederlanden – eben wegen der förderwürdigen Innovation. Das Resultat: Deutschland verliert 30 Prozent, die Niederlande gewinnen 5, der Kaffeekonzern 25 Prozent vom erzielten Gewinn. Weil die Niederlande bei solchen oder ähnlichen Umgehungstricks aber immerhin mehr abbekommen als bei einer Versteuerung in dem Staat, in dem der Kaffee tatsächlich geröstet und der Umsatz erzielt wurde, ist unser Nachbarland nicht übermäßig eifrig, diesen Zustand zu beenden.

Die Paradise Papers, 13,4 Millionen Datensätze, die Whistleblower einer internationalen Gruppe investigativer Journalisten zugespielt haben, haben viele weitere solcher Praktiken offengelegt. Der Satz von Georg Mascolo, dem Leiter des Rechercheverbundes von *WDR*, *NDR* und *Süddeutscher Zeitung,* dass »Nike Geld an Nike zahlt, damit es einen Schuh verkaufen darf, der Nike heißt«[1], bringt es auf den Punkt. Er beschreibt den Schachzug, das Recht am eigenen Namen in eine Tochtergesellschaft mit Sitz in einem Niedrigsteuerland zu übertragen. Dorthin sind dann Gebühren für die Namensnutzung bis zur Höhe der bei uns erwirtschafteten Gewinne zu zahlen. Die Konsequenz: fast null Gewinn in Deutschland. Der fließt stattdessen in ein anderes Land, in dem darauf keine oder nur ganz niedrige Steuern erhoben werden. Auch im Fall von Nike sind es übrigens die Niederlande.

Nicht nur Kaffeeanbieter und Sportartikelhersteller nutzen diese Möglichkeiten, und nicht nur die Holländer gewähren Sonderkonditionen. Auch mancher Schneider feiner Anzüge, der Wert auf die Feststellung legt, dass er in Deutschland produziert, nutzt dieses Schlupfloch. Das Schnittmuster wandert in eine Toch-

---

1 In der Sendung »Hart aber fair« vom 6.11.2017

tergesellschaft mit Sitz in einem Niedrigsteuerland. Als Preis für das Recht zur Nutzung des Schnittmusters wird der in Deutschland erzielte Gewinn festgesetzt. Auch in diesem Fall gibt es bei uns keinen Gewinn, folglich sind auch hier Steuern Fehlanzeige. Den Reibach teilen sich Steueroase und Unternehmen. Von einem großen schwedischen Möbelhaus kennen wir Ähnliches.

Diesem Trick mit der Lizenzgebühr an eigene Tochterunternehmen im Ausland ist in Deutschland seit dem 1. Januar 2018 ein Riegel vorgeschoben worden. Das ist ein achtbarer Erfolg. Ob er Früchte trägt, muss sich aber erst zeigen. Doch dazu später mehr.

Besonders die global agierenden Software-Giganten und IT-Dienstleister, die ihren Sitz ohne großen Aufwand dahin verlegen können, wo keine oder nur minimale Steuern zu bezahlen sind, haben die Steuerminimierung auf die Spitze getrieben. Allen gemeinsam ist, dass Deutschland mit der Kaufkraft der hier

In Deutschland verdienen und sich dann in Steueroasen verkrümeln

lebenden Menschen ein attraktiver Markt ist, auf den sie nicht verzichten wollen. Sie wollen sich nur nicht an die Spielregeln halten, Gewinne da zu versteuern, wo sie tatsächlich entstehen. Anständig ist das nicht, aber was heißt hier schon Anstand? Es geht um Geld, und es ist ja ganz legal. Die Gesetze geben es her. Den allermeisten Normalbürgern sind diese Wege allerdings versperrt. Die Umgehungsmöglichkeiten werden nämlich umso lukrativer, je höher der Einsatz in diesem dubiosen Spiel ist und je besser man von den Unstimmigkeiten zwischen den Steuergesetzen verschiedener Staaten profitieren kann.

Auch innerhalb Deutschlands gibt es übrigens Spielarten der Gewinnverschiebung in Steueroasen. Und das wird zunächst auch so bleiben, weil das neue Gesetz vom Januar 2018, das versucht, zumindest einige Lücken zu schließen, nur für das internationale Geschäft gilt. Die rheinische Gemeinde Monheim ist ein Beispiel. Sie wirbt mit einem Mini-Satz bei der Gewerbesteuer. Auch das ist ganz legal. Niedrige Hebesätze auf Gewerbe- oder Grundsteuer waren immer auch ein Standortargument beim Werben um Unternehmensansiedlungen. Daran war so lange nichts auszusetzen, wie es vorwiegend um Neuansiedlungen und um materielle Investitionen ging. Bestehende Unternehmen hätten wohl kaum wegen eines niedrigeren Hebesatzes ganze Produktionsstandorte verlagert. Schließlich hätte ein Ratsbeschluss der neuen Standortgemeinde die Verhältnisse von heute auf morgen wieder umkehren können.

Der Geist des Gewerbesteuerwettbewerbs wurde erst ausgehöhlt, als die Kommunen damit begannen, genauso zu verfahren wie die Steueroasen in der Karibik und anderswo. Die schwerfällige Verlagerung eines Unternehmens wird umschifft, indem am Billigstandort nur eine kleine Firma für die Verwaltung der Rechte für die Nutzung von Markennamen oder Produktionsverfahren etabliert wird. Danach läuft alles wie mit den Jungferninseln oder den Niederlanden. Auf diese Weise verloren die klammen Städte Oberhausen und Leverkusen 40 bis 50 Millionen jährlicher Gewerbesteuereinnahmen. Ortsansässige Unternehmen überweisen nämlich seit einiger Zeit große Teile ihrer Gewinne an Tochterfirmen in Monheim. Die machen nichts anderes, als Rechte oder Patente zu verwalten und dafür den Gewinn der Produktionsstandorte zu beanspruchen. In Monheim, wo der Gewinn schließlich landet, ist der Gewerbesteuerhebesatz nur etwa halb so hoch wie in Oberhausen oder Leverkusen. Das Ergebnis: Monheim und das Unternehmen stehen jeweils um 20 bis 25 Millionen Euro pro Jahr besser da – Oberhausen und Leverkusen verlieren die besagten 40 bis 50 Millionen. Produziert wird unverändert am alten Standort.

So wie die internationalen Steueroasen keine Neigung zeigen, das Spiel zu beenden, ist es auch innerhalb der Bundesrepublik Deutschland. Vorstöße Nordrhein-Westfalens im Bundesrat mit dem Ziel, das Gewerbesteuerschlupfloch zu schließen, stießen auf wenig Gegenliebe bei den Ländern und Gemeinden, die durch Tricks dieser Art wenig zu verlieren, aber vielleicht viel zu gewinnen haben. Aber ganz gleich, ob Monheim, Malta oder Madeira –

so etwas funktioniert nur so lange, wie es wenige zulasten vieler machen. Wenn die Geschädigten nachziehen und es am Ende alle tun, sind zum Schluss alle bankrott.

*

Am Anfang meiner Amtszeit hat es mich ein bisschen überrascht, dass immer wieder mittelständische Unternehmer mit Verantwortungsbewusstsein auf mich zukamen und eindringlich um klare Kante gegen all diese Steuertricks baten. Das Engagement gegen die sogenannte aggressive Steuergestaltung ist eben keine Frage von links gegen rechts, unten gegen oben oder arm gegen reich. Es ist eine Frage von anständig gegen unanständig. Der Ruf nach Gerechtigkeit ist für viele mittelständische Möbelhäuser, Kaffeeanbieter oder Softwareproduzenten auch ein Ruf nach fairen Wettbewerbsbedingungen und damit eine Frage des wirtschaftlichen Überlebens.

Einsatz gegen Steuertrickserei – keine Frage von links gegen rechts, sondern von anständig gegen unanständig

Die einen verschieben ihre Gewinne über Lizenzzahlungen in Niedrigststeuerländer, andere gestalten interne Verrechnungspreise zwischen Konzerntöchtern in verschiedenen Ländern so, dass der Gewinn am Ende da ist, wo keine Steuern drohen. Wieder andere erzielen den gleichen Effekt, indem sie ihre Immobilien auf ausländische Tochterfirmen übertragen und hohe Mieten dorthin überweisen oder indem sie sich von diesen Tochterfirmen im Ausland zu hohen Zinsen einfach nur Geld leihen. Dann fließt der Gewinn nicht als Lizenzgebühr, sondern als Zinszahlung über die Grenze. So macht es nach Medienberichten zum Beispiel ein großer Autovermieter mit seiner Niederlassung in Malta und »spart« so eine Menge Steuern. Die Autos vermietet das Unternehmen selbstverständlich hier. Wie sollte man auch mit dem Vermieten von Autos auf einer kleinen Insel im Mittelmeer zu maximalem Gewinn kommen? Es kommt auf die pfiffige Kombination an: in Deutschland verdienen und auf Malta so gut wie keine Steuern zahlen.

Wie soll man bei einer so aus den Fugen geratenen Steuermoral erwarten, dass die Ehrlichen oder zur Ehrlichkeit Gezwungenen die Steuern, die sie zu zahlen haben, für gerecht halten? Die einen werden schon straffällig, wenn sie in der Steuererklärung den Weg zur Arbeit wahrheitswidrig um zwei Kilometer verlängern, die anderen drücken sich um Steuern, die sich auf eine dreistellige Milliardenhöhe summieren. Am Ende zulasten derer, die ihrer Steuerpflicht nachkommen, weil das, was ein funktionierender Staat kostet, von denen zu schultern ist, die beim Weglaufen übrig bleiben. Den Letzten beißen die Hunde.

Es gibt Finanzberater, die deshalb meinen, man müsse aus der Not eine Tugend machen. Wenn es nicht gelänge, die Hintertüren zu schließen, damit der finanzielle Beitrag für das staatliche Leistungsangebot möglichst auf viele und besonders auf starke Schultern verteilt wird, dann gelte es, die Hintertüren auch denen zu öffnen, die bisher aus Anstand oder auch nur aus Unkenntnis keinen Gebrauch davon machen. Auf diese Art kommt der skurrile Vorschlag eines Steuerberaters zustande, der einem Bäcker mit zwei Filialgeschäften empfahl, es doch einfach so zu machen wie Starbucks.[2] Er könne ja eine Briefkastenfirma in Zypern eröffnen, ohne Personal, deren einziger Zweck es sei, das »Corporate Design«, also Logo und farbliche Gestaltung der Geschäftsräume, zu verwalten und den Bäckereien in Deutschland das Nutzungsrecht zu gewähren – selbstverständlich nicht kostenlos, sondern zu einem Preis in der Höhe des Gewinns, den die Bäckereigeschäfte in der Heimat erwirtschaften. Damit gäbe es hierzulande keinen Gewinn und also auch keine Ertragsteuer. Der Gewinn fiele beim Verwaltungsunternehmen in Zypern an, wo der Steuersatz nur einen Bruchteil dessen beträgt, was hier zu bezahlen wäre.

---

2 In der Sendung »sternTV« vom 20.09.2017

Dann wäre der nächste konsequente Schritt wohl, dass alle Bürger es so machen wie einige Fußballmillionäre. Die lassen ihre Namensrechte für Werbung von Offshore-Gesellschaften verwalten. Sollte jeder von uns eine Briefkastenfirma mit Sitz in einer Steueroase gründen, die den eigenen Vor- und Familiennamen verwaltet? Als Preis für die Nutzung würden wir unser Gehalt an die Gesellschaft überweisen. Im Ergebnis wandert das eigene Einkommen dann dahin, wo keine Steuern zu zahlen sind. Das wäre wenigstens gerecht, weil dann alle gleich behandelt werden. Niemand müsste mehr Steuern zahlen. Wir würden vom ersten Tag des Jahres an allein für unser eigenes Portemonnaie arbeiten. Nur, wer bezahlt dann Schulen, Straßen und Polizisten?

Genug des Sarkasmus. Dass ein solches Vorgehen in die Staatspleite und zu einem bösen Erwachen führen würde, müsste man eigentlich gar nicht erwähnen. Viele Kommentare im Netz erwecken allerdings den Eindruck, dass es nicht wenige Menschen gibt, die das für einen perfekten Zustand hielten.

*

Wenn von ausgeklügelten Steuertricks die Rede ist, hagelt es immer auch heftige Kritik an der Politik. Schließlich hat sie die Schlupflöcher erst entstehen und die Trickser gewähren lassen.

Ein großer Teil der Schelte ist berechtigt. Ja, der Staat reagiert in vielen Fällen zu langsam. Nicht selten deshalb, weil die Profiteure von Steuerschlupflöchern von Teilen der Politik mit auffälliger Nachsicht behandelt werden. Nicht berechtigt ist aber die Verallgemeinerung, dass *die* Politik nicht handelt. Die Schwerfälligkeit hat viele Gründe. Schlupflöcher zu

*Miss*brauch bekämpfen, ohne sinnvollen *Gebrauch* von Steuerregeln zu behindern

schließen, ist nicht ganz so einfach, wie es sich anhört. Mit dem *Miss*brauch soll schließlich nicht auch der richtige *Ge*brauch von bewusst dafür geschaffenen gesetzlichen Regeln verhindert werden. Es gibt ja auch sinnvolle Lizenzzahlungen an Unternehmen im Ausland. Nehmen wir an, ein pakistanisches Pharmaunternehmen stellt Aspirin für den Heimatmarkt her. Dann ist nichts dagegen einzuwenden, dass dieses Unternehmen für die Rezeptur und die Marke Lizenzgebühren an Bayer in Deutschland überweisen muss. Dort ist die Forschung und Entwicklung ja tatsächlich geleistet worden. Allerdings wäre ein seriöser Lizenznehmer niemals bereit, den gesamten Gewinn als Lizenzkosten abzutreten. Warum sollte er dann in Pakistan Pillen produzieren? Allein daran erkennt man schon, welche Art von Lizenz Teil eines »normalen« Welthandels ist und welche in die Trickkiste missbräuchlicher Steuerumgehung gehört. Die im seriösen Welthandel übliche Lizenzhöhe könnte ein möglicher Ansatzpunkt dafür sein, die unseriösen Lizenzpraktiken zumindest drastisch einzuschränken. Aber was ist eine übliche Lizenzgebühr für Markennamen wie »Apple« oder »Google«?

Apropos betrieblich bedingte Ausgaben: Wir wollen alle eine starke Wirtschaft, weil sie die Basis unseres Wohlstandes ist. Deshalb gibt es viele Regeln, die betriebliche Ausgaben steuerlich besserstellen als den privaten Konsum. Das übt postwendend den verführerischen Reiz aus, steuerpflichtiges Privatvergnügen als betrieblich bedingten Aufwand zu kaschieren. Betriebsprüfer können ein Lied davon singen. Der betrieblich verbuchte private Blumenstrauß oder das vorgetäuschte Geschäftsessen werden aber zur Lappalie, wenn wir uns die Auswüchse ansehen, die im Erbschaftsteuerrecht jahrelang gang und gäbe waren. Von der Gemäldesammlung über den Oldtimer-Fuhrpark bis zu Feriendomizilen wurde Privatbesitz in eigens gegründete Verwaltungsgesellschaften, sogenannte Cash-GmbHs, überführt, um dann von den günstigen Steuerbefreiungskonditionen für Unternehmenserbschaften Gebrauch machen zu können, obwohl es weder um eine produktive Geschäftstätigkeit noch um Arbeitsplätze ging. Es hat enorm viel Mühe gekostet, diese Lücke in der Zeit der schwarz-gelben Bundesregierung bis 2013 gegen den Widerstand der FDP zu schließen – mit dem Ergebnis, dass die Erbschaftsteuernovelle von 2016 – diesmal auf Betreiben von CDU und besonders CSU – schon wieder neue Möglichkeiten schaffen sollte.

Ähnlich gelagert ist das Phänomen der Share-Deals bei Immobilienverkäufen. Während Familie Meier beim Kauf eines Hauses oder einer Wohnung nicht um die Grunderwerbsteuer herumkommt, packen Konzerne ihre Gebäude und Grundstücke einfach in eine Firma. Im Fall eines Verkaufs wechseln dann nicht die Immobilien steuerpflichtig den Eigentümer, sondern die Firma selbst. Nach der geltenden Rechtslage ist dieser Verkauf steuerfrei, solange der Verkäufer weniger als 95 Prozent an einen Käufer veräußert. Der Rest kann aber an ein anderes Unternehmen verkauft werden, das – o Wunder, und kaum kontrollierbar – irgendwann auch dem Käufer des großen Anteils gehören kann. Ergebnis: steuerfrei. Familie Meier kann da nur staunen. Warum ist das möglich? Weil Experten lange Zeit die Auffassung vertreten haben, dass Grunderwerbsteuer nur erhoben werden darf, wenn der Käufer auch die volle Verfügungsgewalt über die erworbene Immobilie erhält – das sei aber bei weniger als 95 Prozent nicht der Fall. Immerhin haben die Partner der Großen Koalition in ihrem Vertrag eine Absichtserklärung, dass sie die missbräuchliche Umgehung der Grunderwerbsteuer unterbinden wollen.[3]

*

Es gibt aber ja nicht nur Steuertrickser. Der Grat zwischen der trickreichen Umgehung von Steuern und dem Verstoß gegen die geltenden Gesetze ist schmaler, als manche glauben. Oft müssen Gerichte klären, was noch Trick und was schon Betrug ist.

So oder so sind »Steuerbetrüger« eine Steigerung gegenüber den »Steuertricksern«. »Steuerbetrügern« sind die Gesetze schlicht egal.

---

[3] Koalitionsvertrag von CDU, CSU und SPD, 2018, Kapitel IX, 1.

Sie nutzen alle sich bietenden Möglichkeiten, auch illegal Steuern zu hinterziehen, wenn nur bitte schön gewährleistet ist, dass man nicht auffliegt. Das gelingt vorzugsweise da, wo obskure Berater Verdunklungskanäle anbieten, die einige Staaten sogar ganz bewusst schaffen. Voraussetzung, dass das klappt, ist immer, dass Zinsen und andere Kapitalerträge den Steuerbehörden nicht automatisch gemeldet werden. Für Gehaltszahlungen durch den Arbeitgeber ist das hierzulande seit Langem selbstverständlich.

»Steuerbetrüger« – hinter der Trickserei geht's weiter

Ein eindrucksvoller Beleg für Einkünfte aus dem Ausland, die überwiegend vor den Steuerbehörden geheim gehalten worden waren, fiel Steuerfahndern aus Wuppertal im Mai 2017 in die Hände. Im Briefkasten des Finanzamtes für Steuerstrafsachen und Steuerfahndung lag eine Festplatte. Wer sie da hineingeworfen hatte, weiß bis heute niemand. Es gab keinen identifizierten Informanten und auch keine Geldforderung. Die Festplatte enthielt Hinweise auf 70.000 in Malta registrierte Firmen, gut 2.000 davon mit Bezug zu deutschen Staatsbürgern, von denen nur gut 10 Prozent in Deutschland pflichtgemäß angezeigt worden waren. Schon die Reaktion der maltesischen Regierung auf meine Pressekonferenz zu diesem Datenfund in Berlin sprach Bände. Es gab empörte Twitterkommentare und sogar eine Pressekonferenz des maltesischen Finanzministers Edward Scicluna in Berlin. Zudem beschwerte er sich bei seinem damaligen deutschen Amtskollegen Wolfgang Schäuble über das ungehörige Verhalten eines deutschen Landesfinanzministers. Schließlich sei das Firmenregister, von dem Teile auf der Festplatte gespeichert waren, in Malta doch öffentlich einsehbar, und außerdem sei Malta keine Steueroase, sondern verlange mit 35 Prozent von Unternehmen relativ hohe Ertragsteuern. Was der Minister verschwieg, war, dass deutsche Fahnder nur Informationen aus dem »offen zugänglichen« Firmenregister erhalten, wenn ihnen die Namen der Firmen, über die sie etwas erfahren wollen, schon bekannt sind. Nicht erwähnt wurde auch, dass Unternehmen in Malta von den 35 Prozent Ertragsteuern an ausländische Eigentümer bis zu sechs Siebtel, also 30 Prozentpunkte, zurückerstattet werden. Diese Rückerstattung müssten deutsche Eigentümer einer Firma mit Sitz in Malta als Einkünfte in Deutschland versteuern. Wenn 90 Prozent der Firmen mit deutschen Eigentümern hier aber gar nicht bekannt sind und wenn die Rückerstattung auf ein ausländisches Konto erfolgt, wie soll dann eine ordnungsgemäße Besteuerung sichergestellt werden?

Wer die Steuerrückzahlung gegenüber dem Finanzamt verschweigt, begeht keine legale Steuervermeidung, sondern strafbare Steuerhinterziehung. Dazu reicht das EU-Mitglied Malta die Hand. Und auch in Deutschland muss die Frage erlaubt sein, ob das Verschweigen einer ausländischen Niederlassung ernsthaft nur als Ordnungswidrigkeit einzustufen ist, die bis 2016 mit gerade mal bis zu 5.000 Euro geahndet werden konnte. Erst 2017 wurde das Strafmaß auf bis zu 25.000 Euro erhöht. Zum Vergleich: In Österreich werden bei Verstoß gegen die Meldepflicht 200.000 Euro fällig.[4]

Steuerbetrug ist aber nicht allein eine Domäne global agierender Konzerne und Top-Verdiener mit grenzüberschreitend tätigen Beratern. Wer kennt nicht die Frage, ob es nicht auch ohne Rechnung geht? So spart der Kunde die Umsatzsteuer und der Dienstleister die Einkommensteuer. Am besten macht man das bar. Das hinterlässt keine Spuren. Da läppert sich bei manchem Geschäftsmann und mancher Geschäftsfrau einiges zusammen, das dann ebenso per Barzahlung in Luxusuhren, Sportwagen oder sogar Jachten investiert oder mithilfe abenteuerlichster Vertuschungskonstruktionen auf ausländische Konten transferiert wird. Ein ganz eigener Wirtschaftskreislauf ist entstanden, mit einer Menge ausgebuffter Experten, die auf diese Weise viel Geld verdienen. Es ist ein Glück für die Steuerfahndung, dass es in diesen Kreisen Kandidaten gibt, die ihren Sportschlitten samt Edel-Chronometer

---

4 Laut *Steuer Impuls*, ender-zuggal.steuerimpuls.com, Österreich

unbedingt auf Instagram posten müssen, in der Steuererklärung aber angeben, sie seien arm wie eine Kirchenmaus. Hin und wieder ist das Glück mit den Tüchtigen.

*

Nichtsdestotrotz: Nach vorsichtigen Schätzungen dürfte Steuerbetrug die Allgemeinheit in Deutschland jedes Jahr mindestens 30 bis 40 Milliarden Euro kosten.

Dazu trägt auch ein enormer Graubereich bei, der die ganz normale Ladentheke betrifft. Aus den Ergebnissen nordrhein-westfälischer Betriebsprüfer lässt sich hochrechnen, dass jedes Jahr zwischen 5 und 10 Milliarden Euro am Fiskus vorbeigeschleust werden, weil viele Registrierkassen mittels entsprechender Software manipuliert sind. Besonders betroffen sind Branchen, in denen es keine vernetzten Kassensysteme gibt. Als die nordrhein-westfälische Finanzverwaltung während meiner Amtszeit Betriebe der Gastronomie, Friseursalons, Apotheken und Einzelhandel mit Stand-alone-Kassen aufgrund offenkundiger Beanstandungen als besonders anfällig für Manipulationen beschrieb, gab es die übliche Empörungswelle der Fachverbände. Die Finanzverwaltung stelle ganze Branchen unter Generalverdacht, hieß es. Dieses Totschlagargument kommt regelmäßig, wenn man auf Missstände aufmerksam macht.

Um falsche Schlussfolgerungen von vornherein auszuräumen: Die Betriebsprüfer hatten in der überwiegenden Zahl aller Prüfungsfälle keine Beanstandungen. Wenn es aber bei bis zu 25 Prozent der geprüften Betriebe einer Branche Auffälligkeiten gibt, wenn Hersteller von Registrierkassen sich an den Bundesfinanzminister wenden und beklagen, dass Kassen ohne Schnittstellen für Manipulationssoftware kaum noch zu verkaufen und die nordrhein-westfälischen Schätzungen eher untertrieben seien, dann geht der Vorwurf des Generalverdachts ins Leere. Mehr noch: Es entsteht der Verdacht, dass manche Branchenverbände ihren

Auftrag der Interessenvertretung ihrer Mitglieder missverstehen, wenn sie ein derart gravierendes Problem ignorieren. Denn auch hier sind die ehrlichen Geschäftsleute am Ende die Leidtragenden.

Ich habe Betriebsprüfer einmal gebeten, den Medien in meiner Gegenwart eine Vorführung über den inzwischen erreichten Entwicklungsstand der Manipulationssoftware für Registrierkassen zu geben. Es war für alle Anwesenden beeindruckend. Die Zeiten, in denen am Abend nach Kassenschluss ein paar Einnahmen storniert und die entsprechenden Beträge unversteuert zur Seite gelegt wurden, sind längst vorbei. Heute kommen Technologien zur Anwendung, mit denen das ganze Warenwirtschaftssystem so manipuliert werden kann, dass keine Plausibilitätslücken entstehen, weil zum Beispiel viel weniger verkauft als vorher eingekauft worden wäre. Sowohl Einkauf als auch Verkauf werden um einen frei bestimmbaren Prozentsatz zurückgefahren. Das Ganze verbirgt sich etwa hinter einem Computerspiel, das auf der Kasse implementiert ist, oder auf einem USB-Stick. Dahinterzukommen ist beim ersten Mal fast immer ein Zufallsfund. Der Schaden für die Allgemeinheit wird indes von Jahr zu Jahr größer. Wer da von einem Generalverdacht spricht, erwartet offenbar einen Generalfreispruch. Für den besteht aber keinerlei Veranlassung.

Steuerbetrug mit der Ladenkasse

In vielen oft emotional geführten Debatten mit Branchenvertretern habe ich meine Forderung, Registrierkassen mit einer Art »Fahrtenschreiber« auszurüsten, um alle Buchungen nachzeichnen zu können, so beschrieben: Wenn Autofahrer ihr abgestelltes Fahrzeug zur Sicherheit abschließen, ist das auch kein Generalverdacht gegen alle Passanten, ein unverschlossenes Auto ausräumen zu wollen. Wir schließen unsere Autos ab, weil es leider auch Zeitgenossen gibt, die dem Reiz eines ungesicherten Wagens nicht widerstehen können. Das ist bei Registrierkassen nicht anders. Der Missbrauch bestimmt den Aufwand, der die Ehrlichen am Ende leider genauso trifft wie die Ganoven.

Ende 2016 hat der Deutsche Bundestag endlich ein Gesetz gegen die Manipulation von Registrierkassen verabschiedet. Das Regelwerk ist besser als nichts, aber weit davon entfernt, gut zu sein. Die Zeit von meinem ersten Vorstoß in der Finanzministerkonferenz der Länder in Anwesenheit und mit Unterstützung des damaligen Bundesfinanzministers Wolfgang Schäuble im Sommer 2014 bis zur Verabschiedung eines nach langem Tauziehen immer noch lückenhaften Gesetzes steht symbolisch für die Halbherzigkeit, mit der auch bei uns gegen Steuertricks vorgegangen wird. Von der Ankündigung bis zur Umsetzung, wenn sie denn überhaupt zustande kommt, setzen Branchenvertreter nämlich alles in Bewegung, um die lieb gewonnenen Hintertüren offenzuhalten. Fast könnte man annehmen, dass sie es sind, die einen Generalverdacht hegen und gar nicht von Steuerehrlichkeit in ihrer Branche ausgehen. Zumindest spielen die mitbetrogenen Ehrlichen bei der Interessenvertretung offenbar keine große Rolle. Auch diese Lobby hat ihre »Volksvertreter« im Deutschen Bundestag, die sich mächtig ins Zeug legen, um die Schlupflöcher zu sichern. Aus mancher Argumentation bei der Gesetzesberatung in den Fachausschüssen war der Tonfall von Verbandsfunktionären und heimischer Wahlkreisklientel deutlich herauszuhören. Das firmiert dann als Interessenvertretung der Wählerinnen und Wähler. Daran, dass Wahlkreisabgeordnete die Stimmung vor Ort in den Deutschen Bundestag transportieren, ist wahrlich nichts auszusetzen – solange der Grundsatz nicht ausgehebelt wird, dass unsere Gesetze für eine ordentliche Beteiligung aller an den Kosten unseres Gemeinwesens zu sorgen haben, und vor allem, dass die Gesetze für alle gelten.

*

Es ist kaum zu glauben, dass die Weigerung, Steuern zu zahlen, nicht einmal der Gipfel der Missachtung gemeinschaftlicher Verantwortung für all das ist, was wir an öffentlichen Leistungen erwarten. Aber es gibt eine vierte Gruppe von Steuerpflichtigen, die

»Steuerräuber«. Deren Mitglieder verweigern nicht nur durch legale Tricks oder illegalen Betrug ihren gesetzmäßigen Steueranteil, sie lassen sich sogar Steuern zurückerstatten, die sie nie bezahlt haben. Im Klartext: Sie greifen schamlos in die Kassen, die die ehrlichen Steuerzahler mit ihren Abgaben zuvor gefüllt haben.

> »Steuerräuber« – sie lassen sich Steuern zurückerstatten, die sie nie bezahlt haben

Das funktioniert etwa über sogenannte Umsatzsteuerkarusselle, einem grenzüberschreitenden Geflecht aus Unternehmen. Dabei macht eine Firma den Vorsteuerabzug für die Mehrwertsteuer geltend, die ein Vorlieferant in Rechnung gestellt, selber aber nie an ein Finanzamt abgeführt hat. Der Vorlieferant verschwindet einfach von der Bildfläche, die Rückerstattung an den Leistungsempfänger findet trotzdem statt. Allein aus diesen Geschäften, die man mit Fug und Recht als Bandenkriminalität bezeichnen darf, resultiert nach vorsichtiger Schätzung auf Deutschland bezogen ein Schaden von mindestens 10 Milliarden Euro jährlich. Mit dem Verlust, der dem Staat auf diese Weise in nur dreieinhalb Jahren entsteht, könnten alle Schulen in Deutschland renoviert und technisch fit für die Zukunft gemacht werden.

Das ist aber bei Weitem nicht alles an Steuerraub. Zur Erstattung von Steuern, die vorher von niemandem gezahlt wurden, gehören auch die sogenannten Cum-Ex-Geschäfte von seriös auftretenden Kapitalanlegern und ihren Banken, die in den vergangenen Jahren für Furore gesorgt haben. Durch schnelles Hin- und Herschieben von Wertpapieren, ohne zum Zeitpunkt des Verkaufs überhaupt in deren Besitz zu sein, wurden die Steuerbehörden ausgetrickst. So konnten sich gleich mehrere Anleger die Kapitalertragsteuer auf Dividenden zurückerstatten lassen, die zuvor nur einmal bezahlt worden war. Die Schätzungen des dadurch entstandenen Schadens liegen nach Angaben des Bundesfinanzministeriums bei 5,3 Milliarden Euro. Durchaus plausible Schätzungen des grünen Bundestagsabgeordneten Gerhard Schick gehen noch weit darüber hinaus.

Anders als bei den Umsatzsteuerkarussellen waren hier keine versteckt agierenden Banden mit unbekannten Standorten am Werk, sondern namhafte Anleger und ebenso namhafte Banken und Finanzexperten. Einige von ihnen hatten ihr Handwerk sogar im Finanzamt gelernt und dann erkannt, dass man mit dieser Qualifikation schnell zu sehr viel Geld kommen kann, wenn man die Seiten wechselt. Als der Skandal ans Licht kam, war in dieser ehrenwerten Gesellschaft von Einsicht wenig zu erkennen. Schuld war aus der Sicht der hemmungslosen Renditejäger allein der Gesetzgeber, der die Türen zu diesem Griff in die öffentlichen Kassen geöffnet hatte. In einem Streitgespräch, das ich in der ZEIT mit Bundestagsvizepräsident Wolfgang Kubicki (FDP) geführt habe, wurde das noch einmal sehr deutlich.[5] Schuld sei nicht der, der Gesetzeslücken schamlos ausnutze, sondern nur der, der sie entstehen lasse. Kubicki ist neben seiner Abgeordnetentätigkeit auch als Anwalt tätig und vertritt den »Erfinder« der Cum-Ex-Deals vor Gericht.

Tatsächlich war es skandalös, wie in Sachen Cum-Ex staatlicherseits Schlupflöcher gesichert, ja sogar geschaffen wurden. Das ist inzwischen von einem parlamentarischen Untersuchungsausschuss des Deutschen Bundestages dezidiert aufgearbeitet worden. Dabei kam unter anderem ans Licht, dass es dem Bankenverband gelungen war, einen Mitarbeiter in das Bundesfinanzministerium einzuschleusen, der nach Einschätzung von Ausschussmitgliedern tatkräftig dazu beitrug, die für das Geschäft nötigen gesetzlichen Hintertüren offenzuhalten.

Auch Anleger, die zuweilen laut vernehmbar Wert auf ihre gesellschaftliche Stellung legen und sich gern als ehrenwerte Bürger präsentieren, sahen offenbar keinen Grund, an den profitablen Vorschlägen ihrer Finanzberater zu zweifeln, dass etwas faul daran sein muss, wenn man eine Rückerstattung beansprucht, ohne vorher bezahlt zu haben. Die Devise lautete: Alles, was nicht verboten

---

5 Wer paktiert hier mit Kriminellen? Streitgespräch in der ZEIT, 1.2.2018

ist, ist erlaubt! Ob ein zivilisiertes Staatswesen mit so einer Geisteshaltung auf Dauer überleben kann? Ich habe da meine Zweifel.

Lange Zeit konnten die Cum-Ex-Profiteure ebenso wie andere Steuerallergiker darauf setzen, dass den Staatsanwaltschaften der Nachweis einer aktiven Beratung zulasten der Allgemeinheit schwerfallen würde. Womöglich, so der fadenscheinige Rechtfertigungsversuch, wussten die, die sich Steuern zurückerstatten ließen, gar nicht, dass es andere auch schon getan hatten. Diese anfangs in der Tat schwer zu widerlegende Verteidigungslinie fiel erst in sich zusammen, als es Steuerfahndern gelungen war, die geschäftsmäßige Ausbeutung der öffentlichen Kassen zu beweisen – durch eine aus dem Inneren der Finanzbranche angebotene Steuer-CD und die daran anschließenden Razzien bei Banken! Kein Wunder, dass Steuer-CDs für gewisse Personen ein rotes Tuch sind.

Zwei gewinnen, ein Dritter verliert: die Allgemeinheit – wir alle

Erst im Zusammenhang mit Cum-Ex kam ein weiteres profitables Geschäftsmodell ans Licht: Cum-Cum. Inländer können ihre Kapitalertragsteuer anders als ausländische Dividendenempfänger mit der Einkommensteuer verrechnen. Das führte zu einer frappierend einfachen und vermeintlich legalen Geschäftsidee: Eine in Deutschland niedergelassene Bank mit dem Anspruch, als inländisches Institut die gezahlte Kapitalertragsteuer mit anderen Ertragsteuern zu verrechnen, leiht sich Wertpapiere eines ausländischen Inhabers – nur für die Zeit der Dividendenausschüttung. Als Inländerin erhält die Bank die Kapitalertragsteuer zurück. Nach der Rückgabe an den eigentlichen Wertpapierbesitzer teilen sich beide Partner die Beute aus dem Steuersäckel. So etwas nennt man Win-win-Situation. Bedauerlicherweise gibt es aber nicht zwei, sondern drei Beteiligte. Der Aktienbesitzer im Ausland und die Bank in Deutschland gewinnen, aber eine dritte Gruppe verliert: Das sind wir alle. In ihrer Gier nach hohen Renditen verdrängen manche anscheinend, wer den Schaden zu tragen hat. Eine Steueranwältin berichtete mir einmal von einem Mandanten. Der war erwischt worden. Einsicht in eigenes schuldhaftes Versagen hatte er nicht, weil er nach seiner Ansicht doch niemandem persönlich geschadet habe. »Am liebsten«, so die Anwältin, »hätte ich ihm gesagt: Doch! Zum Beispiel mir.«

Auch der Steuerausfall durch Cum-Cum-Geschäfte summiert sich auf mehrere Milliarden Euro. Die Profiteure finden das ganz normal. Sich für ein paar Tage Aktien auszuleihen, kann doch kein Verbrechen sein! Viele Jahre lang sahen übrigens auch die Berater in den öffentlich-rechtlichen Landesbanken nichts Anrüchiges daran. Man stelle sich nur einmal vor, ich würde meinen Hund für ein paar Tage verleihen, just dann, wenn meine Gemeindeverwaltung prüfen käme, ob ich ein steuerpflichtiges Haustier besitze. Ich würde das dann für den Augenblick der Fragestellung wahrheitsgemäß verneinen und mir die eingesparte Hundesteuer brüderlich mit demjenigen teilen, der meinem Hund Unterschlupf gewährt hätte. Jeder würde sagen, das sei Betrug. Aber Milliarden sparen durch den Verleih von Aktien für den Tag, an dem die Dividenden zu versteuern wären, das soll okay sein?

Man stelle sich vor, ich würde zur Steuervermeidung meinen Hund verleihen

Mittlerweile ist klar, dass das nicht okay ist. Gerichtlich bestätigt. Der Weg dahin war aber wieder einmal lang und von mancherlei auffälligen Widersprüchlichkeiten im Agieren des Bundesfinanzministeriums begleitet – wie bei den Registrierkassen.

3. Das Kapital – ein scheues Reh und seine Beschützer

Die Frage, ob unser Steuersystem gerecht ist oder nicht, müssen wir also gar nicht stellen, solange die geltenden Gesetze in so eklatanter Weise umgangen oder gebrochen werden, wie das immer noch der Fall ist, aber auch, solange es in der Politik Akteure gibt, die gesetzliche Regelungen gegen den Missbrauch verzögern und verwässern und die wahren Absichten dahinter verbergen. Solange die meist sehr begüterten »Steuertrickser«, »Steuerbetrüger« und »Steuerräuber« ihr Unwesen in dem Umfang treiben können, wie das in Deutschland tagtäglich geschieht, müssen sich die »Pflichterfüller« in ihrer Rolle als Hauptfinanziers unseres Gemeinwesens ungerecht behandelt fühlen. Viele Menschen, denen ich in Diskussionsrunden über Steuergerechtigkeit begegne, beklagen dementsprechend auch mehr als die ungerechte Verteilung der Steuerlast unter den Steuerehrlichen die absolut inakzeptable Anzahl und Größe der Schlupflöcher, durch die sich die Drückeberger davonmachen können.

>»Geld fließt überall dorthin, wo es Ritzen hat«

Es wäre naiv zu glauben, dass ein wasserdichtes Gesetzeswerk ohne jedes Schlupfloch möglich ist, durch das sich »Taxophobe«[1] ganz oder teilweise ihrer finanziellen Mitverantwortung für ein handlungsfähiges Gemeinwesen entziehen können. Der frühere Schweizer Finanzminister Hans-Rudolf Merz hat einmal gesagt:

---

1 Ein treffender Begriff für Steuerallergiker, den ich in einem Artikel des *Economist* über US-Steueroasen gelesen habe: »The biggest loophole of all«, 20.02.2016

»Das Geld ist wie Wasser. Es fließt überall dorthin, wo es Ritzen hat.«[2] Wo auch nur die geringste Möglichkeit zum Versickern besteht, so kann man seine Aussage deuten, wird Geld immer unauffindbar verschwinden.

Dem kann man kaum widersprechen. Im Finanzsektor geht es nicht um Moral, sondern um Rendite. Da wird keine Ritze verschmäht, durch die Geld abfließen kann, solange das Ganze Gewinn verspricht.

Das Ziel muss aber sein, wo immer möglich Ritzen abzudichten und erst recht das illegale Versickern riskant und teuer zu machen.

Seriöse Dienstleistung oder Beihilfe zum Betrug an der Allgemeinheit?

Da gibt es in der Gesetzgebung noch viel Luft nach oben. Absolut dicht wird es nie. Aber wenn die Dunkelziffern an Steuerumgehung und Steuerbetrug auch nur annähernd zutreffen, dann ergäbe sich schon aus einem Teilerfolg von, sagen wir, 20 Prozent ein zweistelliges Milliardenvolumen, mit dem sich ein wirksames Umsteuern bewerkstelligen ließe. Dann wäre die scheinbare Quadratur des Kreises möglich: nämlich ein handlungsfähiger Staat, der massiv in die Zukunft investieren und zugleich die tatsächliche Mitte der Gesellschaft von Abgaben entlasten könnte, ohne den folgenden Generationen mehr als einen gerechten Anteil dessen aufzubürden, was wir ihnen an Chancen und nutzbarer Substanz schaffen.

*

Die wirklich großen Räder hätten niemals gedreht werden können, wenn in den letzten Jahrzehnten nicht eine riesige Dienstleistungsbranche entstanden wäre, die globale Konzerne und Multimillionäre zu den Hintertüren der internationalen Steuersysteme führt. Adressen wie Mossack Fonseca in Panama oder Appleby auf der Isle of Man waren lange Zeit nur einem erlauchten Kreis milli-

---

2 Vom Fluss des Geldes, *Tagesspiegel* vom 28.06.2015

onenschwerer Anleger bekannt. Sie sind indes nur zwei von vielen, die darauf spezialisiert sind, Vermögen ganz diskret vor Steuerbehörden zu verstecken. Ohne die stille Duldung der Länder, in denen diese Beratungsfirmen ansässig sind, wäre das gewiss nicht möglich. Schließlich profitieren auch sie von diesem ganz speziellen Zweig der Finanzbranche. Auch bei dem minimalen Steuersatz, der dort erhoben wird, kommen durch die Komplizenschaft Einnahmen zusammen, die sonst nie in diese Regionen geflossen wären.

Ebenso wichtig ist aber auch die Zuführung von Kunden durch Dienstleister hierzulande. Global bestens vernetzte Steuerberatungsgesellschaften – auch das ist mittlerweile kein Geheimnis mehr – haben großen Anteil daran, dass die beabsichtigte Wirkung unserer Steuergesetze zuweilen pervertiert wird. Selbstverständlich nicht für Otto Normalverbraucher. In den Genuss der Dienstleistung zur Steuerverkürzung kommen vorrangig die Reichen.

Drei Ökonomen[3] haben sich die Mühe gemacht, eine Steuer-CD mit Daten skandinavischer Kunden der Schweizer HSBC-Niederlassung und der panamaischen Kanzlei Mossack Fonseca mit anderen Steuerstatistiken aus Dänemark, Norwegen und Schweden zu kombinieren. Dabei haben sie etwas entdeckt, das auf den ersten Blick wenig überrascht: nämlich, dass Vermögende ihren Steuersatz viel besser drücken können als Normalsterbliche.

Steuerhinterziehung macht eine schiefe Vermögensverteilung noch schiefer

Das Ausmaß, in dem das gelingt, überrascht dann allerdings doch. Im Durchschnitt aller skandinavischen Haushalte wurden 3 Prozent der eigentlich fälligen Steuern nicht gezahlt. Für das reichste Prozent der skandinavischen Steuerzahler – das waren im Untersuchungsjahr 2006 Haushalte mit einem Vermögen von mehr als 2 Millionen US-Dollar – lag dieser Wert schon

---

3 Annette Alstadsæter, Niels Johannesen, Gabriel Zucman: Tax Evasion and Inequality, October 2017

bei 10 Prozent und für das reichste Zehntausendstel – das waren solche mit mehr als 45 Millionen US-Dollar Vermögen – sogar bei satten 30 Prozent. Auch wenn die Ergebnisse für Skandinavien nicht eins zu eins auf deutsche Verhältnisse übertragen werden können, dürfte sich die Schlussfolgerung, dass Steuerhinterziehung vor allem Wohlhabenden vorbehalten bleibt, ganz sicher nicht auf Dänen, Norweger und Schweden beschränken. Steuerhinterziehung ist kein »Breitensport«, den alle gleichermaßen ausüben können.

Die beschriebenen Strukturen konnten nur entstehen, weil es keinen echten Willen zu wirksamer internationaler Kooperation gibt. Genauer gesagt gibt es in vielen Staaten sogar den festen Willen, auf dem Feld der Steuerpolitik *nicht* miteinander zu kooperieren. Auch innerhalb der Europäischen Union. Steueroasen erwirtschaften einen erheblichen Teil ihrer nationalen Wirtschaftsleistung mit dem Schaden, der in anderen Staaten durch Steuerausfälle entsteht. Darauf zu verzichten, käme einem selbstverordneten und tiefen Einschnitt in die Wirtschaftsstruktur gleich. Deshalb unterscheidet sich der Widerstand dieser Staaten gegen eine nachhaltige Ordnung in nichts von Fischfangnationen, die sich dagegen wehren, das Überfischen der Weltmeere zu beenden.

Diese internationale Uneinigkeit machen sich findige Finanzhaie liebend gern zunutze. Sie finden nichts dabei, dass sie ehrliche Steuerzahler in vielen Ländern um Milliarden prellen. Wie Hanno Berger, der als Erfinder der Cum-Ex-Schiebereien gilt und mir noch im Dezember 2014 eine Klage für den Fall androhte, dass ich sein Geschäftsmodell weiterhin Beihilfe zum Betrug nennen würde. Als die Gerichte meine Einschätzung bestätigten, zog Berger es vor, ganz in die Schweiz überzusiedeln und die deutsche Justiz als linksfaschistisch zu beschimpfen. Er hatte, um noch einmal den früheren Schweizer Finanzminister Hans-Rudolf Merz zu zitieren, doch nur »Ritzen« aufgespürt, durch die das Geld der Reichen nach seiner Auffassung ganz legal verschwinden konnte.

Berger ist übrigens einer von denen, die ihre hervorragende Ausbildung im Finanzamt erhielten und dann entdeckten, dass man sehr viel mehr verdienen kann, wenn man die Seite wechselt und sich denen andient, die sehr gut dafür bezahlen, wenn sie nur der Steuerpflicht entkommen können.

II. Was wir schon getan haben

1. Mit Kreativität und Konsequenz gegen Milliardenbetrug

Meine Wertschätzung gegenüber den Mitarbeiterinnen und Mitarbeitern bei den deutschen Steuerbehörden gebietet den Hinweis darauf, dass Seitenwechsler wie der Ende des letzten Kapitels erwähnte Hanno Berger zu einer ganz seltenen Spezies gehören. In vielen direkten Gesprächen mit Kolleginnen und Kollegen der 120 nordrhein-westfälischen Finanzämter habe ich erfahren, mit welchem Berufsethos die Steuerbehörden auf allen Hierarchiestufen ihre Aufgaben wahrnehmen – trotz eklatant geringerer Verdienstmöglichkeiten als in der Finanzdienstleistungsbranche. Deren Niveau werden staatliche Behörden nie erreichen können. Eine bessere Bezahlung sollte trotzdem auf der Agenda stehen. Aus eigener Erfahrung weiß ich aber, dass das nur möglich ist, wenn die demokratischen Kräfte die Bereitstellung der notwendigen Haushaltsmittel auch gemeinsam vertreten.

Mindestens ebenso entscheidend ist neben personeller, finanzieller und technischer Stärkung und internationaler Kooperation der Steuerbehörden aber vor allem eins: dass die Politik ohne Wenn und Aber denjenigen den Rücken stärkt, die sich der bandenmäßigen Beihilfe zum Steuerbetrug entgegenstellen. Dass nach dem schon erwähnten Hanno Berger und wenigen anderen im Januar 2018 zwei Top-Fahnder aus Wuppertal die Seiten wechselten, ist nämlich vor allem dem Umstand zuzuschreiben, dass die beiden diese Rückenstärkung nicht mehr empfanden.

Am Ende des Tages kommt es auf die Motivation und die Kreativität der Handelnden auf allen Ebenen an. Dass Nordrhein-Westfalen zum Schrittmacher in der Bekämpfung von Steuerbetrug und -trickserei werden konnte, hat viel mit einer gut aufgestellten Finanzverwaltung im Allgemeinen zu tun. Dazu kommt eine hoch motivierte und gut organisierte Steuerfahndung, die sich in NRW in zehn Sondereinheiten ausschließlich auf Steuerstraftaten konzentriert. Ich habe während meiner Zeit als Minister versucht, meinen Beitrag zu leisten, indem ich deren Arbeit explizit zu meiner Sache gemacht habe.

*

Ohne die Köpfe im operativen Bereich wären die vorzeigbaren Erfolge Nordrhein-Westfalens nie möglich geworden.

Einer dieser Köpfe an der Spitze der STRAFA-Finanzämter für Steuerstrafsachen und Steuerfahndung, wie diese Behörden offiziell heißen, zumal ein besonders ungewöhnlicher, hatte seinen Schreibtisch in der Schwebebahn-Stadt Wuppertal. Unser erstes Telefonat war kurz und begann mit gefühlten zwei Minuten Schweigen. Nach diesem »Gespräch« hatte ich keinen Zweifel, dass mein Gegenüber mit allen Wassern gewaschen war. Vertrauensseligkeit wäre das Letzte, was man dem Kollegen hätte vorwerfen können.

Die Rede ist von Peter Beckhoff, dem damaligen Chef der Wuppertaler Steuerfahndung. Kurz nach Beginn meiner Amtszeit als nordrhein-westfälischer Finanzminister, Mitte 2010, erreichten mich erste schriftliche Vorlagen, in denen die Fahnder mich auf dem Dienstweg über die Oberfinanzdirektion und die Steuerabteilung des Ministeriums um Zustimmung zum Erwerb von Datenträgern – besser bekannt als »Steuer-CDs« – baten. Die seien ihnen von »Informanten« angeboten worden und enthielten Hinweise auf Steuerhinterzieher und Hinterziehungspraktiken. Einer ersten Stichprobe nach zu urteilen, ließe die Auswertung, so die Bewertung der Experten, ein Vielfaches des geforderten Kaufpreises an Steuer- und Strafzahlungen erwarten. Ich entschloss mich zu tun, was der Mittelbau einer Verwaltung gar nicht gern hat:

Ich nahm direkten Kontakt zu den ermittelnden Kolleginnen und Kollegen der Steuerfahndung vor Ort auf – und nicht über den üblichen Dienstweg. So kam das erwähnte Telefonat mit Peter Beckhoff zustande.

Der erste Eindruck war zugegebenermaßen etwas irritierend. Da rufe ich bei der Steuerfahndung an, denke, es macht Eindruck, wenn sich der Minister persönlich erkundigt, aber der Amtsvorsteher misstraut dem Braten erst einmal gründlich. Erst als letzte Zweifel an meiner Identität ausgeräumt schienen, taute Beckhoff etwas auf, aber nur so weit, dass wir über ein paar Basisinformationen hinaus ein erstes Treffen in meinem Büro vereinbarten. Ich

Wichtigster Beitrag eines Ministers: Rückendeckung geben für seine Experten

bot an, mich von Angesicht zu Angesicht darüber ins Bild setzen zu lassen, wie die Steuerfahnder arbeiten und was ich als Finanzminister beitragen könnte. Diese Aussicht schien dem erfahrenen Steuerfahnder dann doch nicht ganz alltäglich und erkennbar reizvoll zu sein.

Auch wenn mancher Legendenbildner es gern anders hätte: Ein Minister erhält keine Anrufe von Whistleblowern, er nimmt auch keinen Kontakt zu ihnen auf. Er verhandelt nicht über Kaufpreise, ist bei der Übergabe nicht dabei, wertet keine Datenträger aus und durchsucht danach auch keine Banken und Privatwohnungen. Das alles machen professionell arbeitende Steuerfahndungen und Staatsanwaltschaften.

Deren Bereitschaft allerdings, aus eigenem Antrieb und nicht erst nach Auftragserteilung neue Ideen zu entwickeln und Risiken einzugehen, hängt enorm davon ab, ob sie sich der Rückendeckung von »ganz oben« gewiss sein können.

Kreativität kann man bei der Steuerfahndung ebenso wenig wie anderswo in Auftrag geben. Aber man kann die kreativen Köpfe ermuntern, ihre Kreativität zur Entfaltung zu bringen. Die Ermittler dürfen nicht im Zweifel darüber an die Arbeit gehen, ob manche Ergebnisse möglicherweise gar nicht erwünscht sind und sie sich mit ihrem Engagement am Ende womöglich noch Schwierigkeiten einhandeln. Dazu braucht es den direkten Draht zum höchsten Verantwortungsträger ohne hierarchische Zwischenstufen.

Nach mancherlei Horrormeldungen aus anderen Bundesländern, aber auch aus Nordrhein-Westfalen, denenzufolge es Zeiten gab oder zumindest gegeben haben soll, als Steuerfahnder der politischen Spitze zu eifrig waren und schließlich in einer entwürdigenden Prozedur zwangspensioniert wurden, war die klare politische Ansage, Steuerbetrug ohne Ansehen von Personen, Unternehmen und Nationalitäten zu bekämpfen, für die Vertrauensbildung enorm wichtig. Vertrauen in die politische Führung ist die grundlegende Voraussetzung dafür, dass die Steuerfahnderinnen und Steuerfahnder ihr Wissen, ihre Erfahrung und ihren Ideenreichtum zum Einsatz bringen. Die Aufgabe eines Ministers ist eigentlich ganz einfach zu beschreiben: Linie vorgeben. Linie halten. Rücken stärken. Verantwortung übernehmen. Und vor allem keine Zweifel daran aufkommen lassen.

Das erste Vier-Augen-Gespräch mit Beckhoff, das kurze Zeit nach dem Telefonat in meinem Dienstzimmer stattfand, hatte einen großen Anteil daran, dass das so wichtige Vertrauen entstehen konnte, aber auch, dass ich selbst die nach innen und außen kommunizierte Rückendeckung so klar als meine Aufgabe erkannte. Der Gesprächsverlauf war ein anderer als zuvor am Telefon – ein bisschen sonderbar war er aber auch.

Keine lange Einleitung, präzise in der Darstellung, regungslose Mimik, konkrete Vorstellungen von den nächsten Schritten. Man hätte sich Beckhoff gut und gern im Trenchcoat, mit Pfeife und ins Gesicht gezogenem Hut vorstellen können – kurzum: Er hinterließ einen nachhaltigen Eindruck. Was aber viel wichtiger war: Er hatte Ideen, die mindestens ebenso außergewöhnlich waren wie sein Auftreten. Der zur Not auch käufliche Erwerb von Informationen »aus der Szene«, ohne die es jahrzehntelang keine Handhabe gegen einen immer hemmungsloser werdenden Steuerbetrug gab, war nur ein Teil seines Repertoires. Wegweisend waren vor allem seine eigenwilligen Ideen und die seiner Leute, wie man diese Informationen nutzen konnte, um am Ende nicht nur die Steuerhinterzieher selbst, sondern auch die Banken an den Haken zu bekommen, die nachweislich Beihilfe dazu geleistet hatten, dass der Allgemeinheit Schäden in Milliardenhöhe zugefügt wurden. Wie bei den schon beschriebenen Cum-Ex-Geschäften.

Auch die von Beckhoff gepflegte Technik der »strukturierten Ermittlung« half dabei, manches krumme Ding zu enttarnen. In den Zeiten, in denen keine Vollauslastung seiner Behörde durch Nachfragen aus den »normalen« Finanzämtern vorlag, beschäftigten sich Beckhoff und seine Kolleginnen und Kollegen in Wuppertal nämlich damit, untypischen Fällen innerhalb bestimmter Branchen auf den Grund zu gehen. Und siehe da: Neben mancherlei erklärbaren Abweichungen kamen immer wieder Betrügereien ans Licht, deren Urheber verdattert feststellen mussten, dass sie doch nicht so klug waren, wie sie gemeint hatten.

*

Warum immer wieder Wuppertal? Nordrhein-Westfalen hatte doch schon in den 1980er-Jahren den richtungsweisenden Schritt unternommen und die Steuerfahndung von den »normalen« Finanzämtern getrennt. Herausgekommen waren dabei die schon erwähnten STRAFA-Finanzämter für Steuerstrafsachen und Steuerfahndung. Aber eben nicht nur das eine in Wuppertal, sondern insgesamt zehn schlagkräftige Einheiten: Aachen, Bielefeld, Bochum, **Wuppertal als Marke** Bonn, Düsseldorf, Essen, Hagen, Köln, Münster und Wuppertal. Dazu kam 2015 noch die von meinem damaligen Kabinettskollegen Ralf Jäger und mir eingerichtete »Einsatzgruppe organisierte Kriminalität – Steuern«, kurz: EOKS, in der Beamte der Düsseldorfer Steuerfahndung mit Kolleginnen und Kollegen des Landeskriminalamtes Tür an Tür zusammenarbeiten. Das hat sich besonders in den Fällen bewährt, in denen

Steuerstrafsachen in unmittelbarem Zusammenhang mit anderen schweren Straftaten, etwa des Drogenmilieus, des Menschenhandels oder der Waffenschieberei, stehen, um nur einige zu nennen. Schwerkriminalität geht schließlich oft Hand in Hand mit Steuerkriminalität.

Ist es bei so viel Spezialexpertise an vielen Stellen im Land aber richtig, dass überwiegend von Wuppertal die Rede war? Meine Antwort darauf ist ein klares »Ja, aber«. Ein klares Ja, weil Menschen nicht nur bei Produkten der Konsumgüterindustrie mit Marken eine bestimmte Vorstellung verbinden. Ein einmal gelernter Name oder Begriff vermittelt eine konkrete Botschaft, und es würde Verwirrung stiften, wenn die gleiche Leistung jedes Mal in einem anderen Kleid daherkommen würde. In vielen Vorträgen habe ich das so beschrieben: Wenn ich mich in der Innenstadt von Zürich hinstellen und laut »Hagen« oder »Düsseldorf« (gern auch »Köln«) rufen würde, käme kaum jemand auf die Idee, es könnte die Steuerfahndung gemeint sein. Würde ich aber mit der gleichen Stimmgewalt »Wuppertal« rufen, dann dächten in Zürich womöglich mehr Menschen an die Steuerfahndung als an die berühmte Schwebebahn. Wuppertal, das ist nun einmal nicht zu bestreiten, ist in Sachen Steuer-CDs und besonders im Zusammenhang mit der Schweiz, Liechtenstein und Luxemburg in einschlägigen Kreisen zu einem »Markenzeichen« geworden. Wir wären verrückt gewesen, dieses Profil nicht zu nutzen oder aufzuweichen. Auch wenn es hin und wieder ein leises, aber vernehmbares Murren in der Oberfinanzdirektion und den anderen Fahndungsämtern gab: Ich habe die Marke Wuppertal ganz bewusst genutzt.

Bei »Wuppertal« denkt man in Zürich nicht als Erstes an die Schwebebahn

Einer Mittelbehörde wie der Oberfinanzdirektion ist der direkte Draht eines Ministers zu seinen Dienststellen vor Ort naturgemäß ein Dorn im Auge. Es schwächt deren Machtposition und es wirkt ganz offenbar verstörend, wenn sich eine Arbeitseinheit in der öffentlichen Wahrnehmung von der Gesamtheit absetzt, »prominent« wird und Einblicke in ihre Arbeit gewährt. Der automatisch einsetzende Reflex im Innern der Verwaltung geht nicht in Richtung Markenstärkung, sondern vorzugsweise in Richtung Nivellierung. Die Begründung: Es sei eine mangelnde Wertschätzung der anderen Dienststellen und es schade ihrer Motivation, wenn eine unter ihnen besonders hervorgehoben würde.

Deshalb gehörte viel Überzeugungsarbeit dazu, immer wieder zu vermitteln, dass sich der »oberste Dienstherr« der hohen Leistung *aller* Dienststellen bewusst war und allen die gleiche Wertschätzung entgegenbrachte. Aber die Lösung konnte doch nicht sein, Profilbildung zu verhindern, sondern sie gerade ganz bewusst zu fördern. Ja, Wuppertal wurde im Lauf der Jahre zur Marke für Steuer-CDs – mit spürbarem Erfolg. Zum einen hatten Whistleblower eine Adresse, an die sie sich wenden konnten und von der sie wussten, dass man dort Nägel mit Köpfen machte. Zum anderen sprach sich das auch mehr und mehr unter denen herum, die sich bis dahin bei ihrem obskuren Treiben sicher gefühlt hatten und die bei der Nachricht, dass Wuppertaler Fahnder eine weitere CD auswerteten, regelmäßig in Panik gerieten.

Ich hätte es für ratsam gehalten, das nicht zu ändern. Zumindest wenn der wirksame Einsatz gegen Steuerbetrug mehr als ein Lippenbekenntnis bleiben sollte. Mit dem Regierungswechsel in Düsseldorf Mitte 2017 kam es bedauerlicherweise anders. Der mittlerweile legendäre Amtsleiter Peter Beckhoff war einige Monate vorher endgültig in den Ruhestand gegangen. Sein dringender Rat, die Kontinuität der Arbeit in Wuppertal zu gewährleisten und seine erfahrene Stellvertreterin an das Amt zu binden und sie mit der Leitung zu beauftragen, überzeugte mich. Zumal zu befürchten war, dass mit der von der Oberfinanzdirektion geplanten Versetzung der Kandidatin das Vertrauen in die Rolle Wuppertals schwinden würde. Weil die stellvertretende Chefin zwar über hohe Kompetenz, große Erfahrung und ebenso große Anerkennung in ihrer Behörde verfügte, aber zu diesem Zeitpunkt das im deutschen Beamtenrecht wichtige Dienstalter für die Chefposition noch nicht erreicht hatte, betraute ich sie mit der kommissarischen Leitung. Geplant war, ihr bei Erreichen der formalen Voraussetzungen die reguläre Amtsleitung zu übertragen.

Für das Machtverständnis der Oberfinanzdirektion musste es eine Zumutung sein, Wuppertal gegen deren erklärten Willen als Leuchtturm für Whistleblower aufrechtzuerhalten. So kam es, wie es kommen musste und mir schon vor meinem Ausscheiden aus dem Amt signalisiert wurde. Die Beamtin wurde ausgebremst. Das inzwischen CDU-geführte Finanzministerium ließ die Oberfinanzdirektion mindestens gewähren. Inwieweit dahinter auch politische Erwägungen der neuen Landesregierung standen, die der Praxis des Erwerbs und der Auswertung von Steuer-CDs in ihrer Zeit als Landtagsopposition überwiegend ablehnend gegenüberstand, bleibt spekulativ. Die Auswirkungen sind real. Zumindest in diesem Fall war das Gefühl der sicheren Rückendeckung dahin – und die Folgen fatal. Die Beamtin verzichtete mitsamt ihrem Stellvertreter auf den Beamtenstatus und wechselte auf die andere Seite – in eine der großen vier Beratungskanzleien. Die Fahndung hatte nicht nur Top-Experten verloren; die Gegenseite hatte sie gewonnen. Ein Rauschen ging durch den Blätterwald. Schweizer Zeitungen jubilierten. Insbesondere die investigativen Journalisten und Steuerfahndungsexperten in Deutschland sahen es wie ich: ein schwerer Schlag für die deutsche Steuerfahndung insgesamt und eine tief greifende Verunsicherung darüber, wie weit Steuerfahnder sich noch politischer Rückendeckung sicher sein können.[1]

*

Das besondere Profil Wuppertals in Sachen Steuer-CDs hat die gleich hohe Qualität der neun anderen STRAFA-Finanzämter nie auch nur einen Deut gemindert. Jede dieser Behörden hat in je-

---

1 Siehe z. B. »Steuerfahnder Wehrheim: Das ist ein schwerer Schlag für die Steuerfahndung«, *Westdeutsche Zeitung*, 2.2.2018

weils anderen Kreisen der Steuerkriminalität ihren ganz eigenen wirkungsvollen Ruf – sei es der wachsende Umsatzsteuerbetrug im Internethandel, die illegale Ein- oder Ausfuhr riesiger Bargeldsummen, Geldwäsche aus Drogen- und Waffengeschäften oder Menschenhandel oder seien es die organisiert kriminellen Betreiber der schon erwähnten Umsatzsteuerkarusselle. Es waren gar nicht überwiegend die bezahlten Informationen, die halfen, hinter die Kulissen der Trickser und Betrüger zu blicken. Viele Hinweise erreichten die Steuerfahndung ganz konventionell, aber nicht minder spektakulär. Und überall ging es um Milliarden zum Schaden der Allgemeinheit. Diese speziellen Szenen der Kriminalität und ihre Bekämpfung haben nur

Steuerfahndung mit unterschiedlichen Schwerpunkten

noch nicht die Öffentlichkeitswirkung wie die Steuer-CDs aus der Schweiz – vielleicht, weil das, was mithilfe der Steuer-CDs enttarnt wird, näher an der Vorstellungskraft der Bürgerinnen und Bürger ist. Andere mindestens ebenso knifflige Einsatzgebiete der Betrugsermittlung und die dort erzielten Erfolge werden von der Öffentlichkeit deshalb leider nicht mit ähnlicher Anerkennung bedacht. Was soll man sich auch unter einem Umsatzsteuerkarussell vorstellen?

Dabei gibt es durchaus auch aus anderen Fahndungsämtern unterhaltsame Anekdoten zu berichten. Wie zum Beispiel aus Essen. Die Kolleginnen und Kollegen der dortigen Steuerfahndung wurden regelmäßig vom Zoll über vereitelten illegalen Bargeldschmuggel an den Grenzen informiert. So fiel einmal eine zierliche Dame dadurch auf, dass sie eine exorbitante Schuhgröße hatte. Ihre Schuhe waren mit Mengen großer Geldscheine »ausgefüttert«. Selbst das Gestänge von Rollatoren entpuppte sich einmal als Versteck für aufgerollte Banknoten. Die ganz großen Fische gehen allerdings meist nicht so dilettantisch vor.

Manchmal aber schon. So erreichte die Steuerfahndung Düsseldorf eine Nachricht des Hamburger Hafenzolls, dem ein Container im Freihafen aufgrund einer wenig plausiblen Etikettierung verdächtig erschienen war. Die Zöllner verschafften sich die notwendigen Zugangsrechte und entdeckten in dem Transportbehälter einen riesigen Aktenbestand aus der Offshore-Niederlassung einer Schweizer Bank. Die Unterlagen sollten an einen sicheren Aufbewahrungsort in der Alpenrepublik gebracht werden. Aus Mangel an Seehäfen landete der Container aber nicht in der Schweiz, sondern machte via Hamburg Zwischenstation bei den Steuerfahndern der nordrhein-westfälischen Landeshauptstadt.

Es war die Kombination aus sachdienlichen Hinweisen, Datenkäufen und Zufallsfunden, die die Schlagkraft der Steuerfahndung in NRW immer weiter erhöhten. Die Panikreaktionen aufgeschreckter Banken und Bankkunden trugen ihren Teil dazu bei. Erst so kamen Hinweise auf Kanzleien wie Mossack Fonseca in Panama zustande, die mithilfe von Briefkastenfirmen und anderen Konstruktionen Angebote zur Steuervermeidung in großem Stil machten. Die Panama Papers erhärteten die Verdachtsmomente in den bereits laufenden Ermittlungen der nordrhein-westfälischen Steuerfahndung und des Landeskriminalamtes noch. Und die Paradise Papers vom November 2017 machten der Öffentlichkeit deutlich, dass es viele Panamas auf der Welt gibt, einige davon geografisch deutlich näher als das mittelamerikanische Land. Es gibt sie sogar in der EU – etwa die Isle of Man, wo die Kanzlei Appleby die Leistungen anbietet, für die in Panama Mossack Fonseca zur Marke geworden war. Aber auch Steuerberatungsgesellschaften in Deutschland gerieten ins Visier. Tausende Berater, deren üppige Boni in dem Maß steigen, in dem die Allgemeinheit um Milliarden geprellt wird. Was für Verbindungen die oft namhaften Kunden einzugehen bereit waren, bestätigte nicht nur das gefundene Material. Spätestens mit dem Mordanschlag auf die maltesische Journalistin Daphne Caruana Galizia, die in ihrem Inselstaat von einer Autobombe zerfetzt wurde, und dem Mord an dem slowakischen Journalisten Jan Kuciak und dessen Verlobter ist jedem klar, in welche Milieus die Gier Menschen treiben kann.

2. Das Ringen um die Aufmerksamkeit der Öffentlichkeit

Ich habe von 2010 bis 2017 – umgeben von professionellen, kreativen und unerschrockenen Expertinnen und Experten – den Einsatz gegen Steuerdelikte mitgestalten können. Dafür bin ich dankbar. Besonders freut es mich, dass sich die Einstellung der Menschen zu Steuerbetrug und Steuertricks in dieser Zeit enorm gewandelt hat.

Das war eine wichtige Voraussetzung dafür, Veränderungen in Gang zu setzen. Es ist schwer genug, die berechtigten Erwartungen der Bürgerinnen und Bürger an das staatliche Bildungsangebot, an Infrastruktur, Sicherheit und gesellschaftlichen Zusammenhalt bei einer zumutbaren Abgabenbelastung zu erfüllen. Da ist es nicht hinnehmbar, wenn sich die gewinnträchtigsten Konzerne und besonders begüterte Privatpersonen vor einer angemessenen Beteiligung drücken und die Zeche anderen überlassen. Bis zur Finanzkrise am Ende der 2000er-Jahre hatte die breite Öffentlichkeit Steuerhinterziehung eher schulterzuckend als Betrug am Staat und nicht an der Allgemeinheit wahrgenommen. Die Änderung im Vorgehen der Behörden war deshalb anfangs eher eine Randnotiz. Dabei hatte der Bundesnachrichtendienst schon 2008 eine Steuer-CD aus Liechtenstein erworben. 2009 erwarb NRW erstmals eine CD. 2010 erhielt die Steuerfahndung Wuppertal ein weiteres Angebot aus der Schweiz. Bis zur Landtagswahl im Mai, die im Juli zur Ablösung der schwarz-gelben Regierungskoalition auf Landesebene führte, war noch keine Entscheidung über einen Ankauf gefallen. Das passierte erst nach einem mahnenden Brief aus dem Bundesfinanzministerium von Ende Juni 2010. Endgültig vollzogen wurde der Ankauf dann zu Beginn der rot-grünen Regierungszeit.

Das alles geschah zunächst aber noch weitstgehend hinter mehr oder weniger verschlossenen Türen. Offensive Kommunikation ist vielen in der öffentlichen Verwaltung suspekt. Und ein Aufregerthema für die breite Öffentlichkeit war das alles bislang ja auch nicht. Jedenfalls nicht in Deutschland.

So kam es, dass die spektakuläre Verhaftung des ehemaligen Chefs der Post AG, Klaus Zumwinkel, am Valentinstag 2008 in Deutschland zunächst ein Solitär in der Wahrnehmung der Medien blieb. Auch die ab 2010 rasant zunehmende Zahl an Selbstanzeigen deutscher Steuerhinterzieher war nur mäßig interessant.

In der Schweiz sah das anders aus. Dort witterten die Medien Aufregendes. Es ging aber nicht etwa um den Betrug deutscher Steuerhinterzieher an ihrem Gemeinwesen. Für Empörung sorgte in Schweizer Medienberichten vielmehr, dass illoyale Banker ihren Arbeitgebern Daten stahlen und sie deutschen Behörden für Geld anboten. Als noch empörender empfanden es die Schweizer, dass deutsche Fahnder, allen voran aus Wuppertal, auf diese Angebote eingingen und die Daten tatsächlich kauften. Es gab Berichte über die nordrhein-westfälische Steuerfahndung und den für sie verantwortlichen Landesfinanzminister, der sie offenbar nicht nur gewähren ließ, sondern offensiv für eine harte Gangart eintrat. Erinnerungen an den früheren Bundesfinanzminister Peer Steinbrück wurden wach. Der hatte bekanntlich schon im März 2009 im Nachbarland eine Welle der Empörung ausgelöst, als ihm bei seiner Kritik an der Schweiz offenbar Erinnerungen an seine Jugendlektüre in den Sinn kamen und er das Bild von der Kavallerie und den Indianern bemühte. Der Einsatz der Kavallerie sei gar nicht nötig gewesen, so Steinbrück. Wichtig sei nur gewesen, dass die Indianer wussten, dass es die Kavallerie gab.[1]

---

[1] Wörtlich wird Steinbrück mit dem Satz zitiert: »Die Kavallerie in Fort Yuma muss nicht immer ausreiten, manchmal reicht es, wenn die Indianer wissen, dass sie da ist.« Die Bemerkung fiel laut übereinstimmender Angaben mehrerer Medien am Rande des G20-Gipfels im März 2009 in London.

Nun kenne ich Peer Steinbrück und seinen Hang zu kraftvollen Bildern gut. Der Mann hat für seine rhetorischen Qualitäten schließlich schon Preise gewonnen. Ich selbst hätte ein so martialisches Bild nicht bemüht – schon aus Sympathie für die Indianer. Aber auch aus Sympathie für unsere militärisch neutralen Nachbarn. Mir war es immer wichtig zu unterscheiden zwischen der Schweiz beziehungsweise den Schweizern einerseits und Teilen der Schweizer Finanzbranche andererseits. Deren Aktivitäten sind allerdings geeignet, das Bild von der Schweiz, wie es die präzisen Schweizer Uhrmacher geprägt haben, zu ramponieren und durch das Bild einer Eidgenossenschaft zu ersetzen, in der es nur um eines geht: Geld.

Steuer-CDs: in der Schweiz eher Medienthema als bei uns

*

In Deutschland war und ist es jedenfalls ein hartes Stück Arbeit, den Schaden, der der Allgemeinheit Jahr für Jahr durch Steuerhinterziehung, Steuertrickserei und Fehler in unserem Steuersystem entsteht, ins Licht der öffentlichen Aufmerksamkeit zu rücken und die Empörung auf die zu richten, die den Schaden verursachen. Dass politisches Handeln sich dabei nicht gerade durch Geradlinigkeit und Mut auszeichnet, macht die Sache nicht einfacher. Solange die Gründe dafür in unterschiedlichen politischen Interessen und Zielgruppen liegen, gehört das zur demokratischen Willensbildung. Wer der Meinung ist, dass Millionäre in Deutschland zu viele Steuern zahlen müssen, soll Steuerentlastung für Millionäre zu seinem politischen Programm machen. Die Vertreter dieser Position sollten es dann aber auch so benennen und nicht vortäuschen, es gehe ihnen um die »Mitte« der Gesellschaft. Meine Mission war es, Mehrheiten für einen Gegenentwurf zustande zu bringen, der einem anderen Verständnis von finanzieller Solidität und sozialer Stabilität unseres Gemeinwesens folgt. Das ist

Demokratie. Wir haben alle Chancen auf eine mehrheitliche Unterstützung der Menschen, wenn es gelingt, die wirkliche Kontroverse klar zu beschreiben.

Ich gebe aber zu, auch unter Sozialdemokraten die Erfahrung gemacht zu haben, dass die Bedeutung des Kampfes gegen Steuerhinterziehung und der gerechten Finanzierung des Gemeinwesens gelegentlich auf die leichte Schulter genommen wird. Alle Welt debattiert gern darüber, wofür Geld gebraucht wird, aber eine wirklich in die Tiefe gehende Debatte darüber, wie wir es schaffen, das Feld der Steuerpolitik nicht den Interessenvertretern eines kleinen privilegierten Teils der Bevölkerung zu überlassen, ist schwer zu organisieren. Das Thema schreckt viele in der Politik ab.

Dass es ein gutes Stück gelang, ist dem immer besser funktionierenden Zusammenwirken vieler nationaler und internationaler Akteure zu verdanken, aber auch günstigen Zeitfenstern – etwa bei herannahenden Wahlen, die zu einem Mindestmaß an geschlossener Positionierung zwingen. Nicht zuletzt ist das Vorankommen auch dem Umstand zu verdanken, dass die Finanzszene und ihre Interessenvertreter sich immer wieder in der Wirkung ihrer Abwehrmittel getäuscht haben. So ausgeklügelt ihre Geschäftsmodelle sind, so professionell sie ihre hoch bezahlten Jobs im Schutz der Dunkelheit verrichten, so ungelenk agieren sie, wenn Licht auf ihr Treiben fällt. Unter öffentlicher Beobachtung zu handeln, sind sie nicht gewohnt.

Die Finanzwelt bietet wenig Anlass für Emotionen

Mittlerweile ist einer breiten Öffentlichkeit klar, was für ein Ausmaß der Betrug an der Allgemeinheit hat und mit welcher kriminellen Energie Teile der Betrügerszene ihn betreiben – und dass Banken und Steuerberatungskonzerne mit dem Anspruch hoher Seriosität offenbar keine Berührungsängste mit dieser Szene haben.

Das hat seine Zeit gebraucht. Ein Fernsehjournalist erzählte mir, dass es lange schwer war, der Redaktion das Thema Steuerbetrug als Sendebeitrag schmackhaft zu machen, weil man keine mitleiderregenden Bilder von Opfern dieser Form von Kriminalität präsentieren konnte. Die Finanzwelt bietet wenig Anlass für Emotionen. Erst Haftbefehle gegen Ermittler, Schlüssellochgeschichten über prominente Täter, Politikerrücktritte und Bombenanschläge haben vielen die Dimension des Steuerbetrugs vor Augen geführt und der Thematik Nachrichtenwert verschafft.

Bis zu diesen dramatischen Ereignissen boten die vergleichsweise harmlosen Berichte über eine CD mit brisanten Informationen, die in der konspirativen Umgebung eines Hotelzimmers den Besitzer wechselt, das einzige Thriller-Potenzial. Etwa die Geschichte von der Übergabe einer der ersten CDs, als ein Beamter des BKA mit gezückter Waffe im Kleiderschrank eines Hotelzimmers für Sicherheit sorgen sollte. Der Mann kannte sich bislang nur mit ähnlichen Einsätzen bei Lösegeldverhandlungen in Entführungsfällen aus und dachte, dass er nach der Geldübergabe zugreifen und den Informanten festnehmen müsse. Es soll einige Überredungskunst gekostet haben, den Schrankinsassen von einem Zugriff abzuhalten und ihm klarzumachen, dass der Informant den Kaufpreis für die Steuer-CD wirklich behalten dürfe.

Nicht zuletzt wegen solcher Begleitumstände sind die konspirativen Begegnungen von Fahndern und Informanten inzwischen zur Vorlage für Fernsehthriller geworden, die in der breiten Wahrnehmung manchmal mehr erreichen als die ausschließlich dokumentarische Darstellung des obskuren Milliardengeschäfts. In Wahrheit bilden gegen Geld erworbene Informationen nur einen sehr kleinen Ausschnitt aus dem Gesamtspektrum der Fahndungsarbeit.

*

Einmal abgesehen davon, dass Finanzverwaltungen mit personenbezogenen Daten sensibel umzugehen haben, stehen Transparenz und aktive Öffentlichkeitsarbeit ganz und gar nicht in der Tradition einer Finanzverwaltung. Paragraf 30 der Abgabenordnung, der die Wahrung des Steuergeheimnisses regelt, wird dabei gern in extenso bemüht, um bloß nichts an die Öffentlichkeit dringen zu lassen, unabhängig davon, ob schützenswerte Sphären überhaupt tangiert sind. Was in der geübten Verwaltungspraxis für den Schutz der persönlichen Sphäre richtig und zwingend geboten ist, ist daher leider für eine zielgerichtete Informationspolitik gegenüber ehrlichen Steuerzahlern ebenso wie gegenüber den schwarzen Schafen oft ein kaum überwindbares Hindernis.

Aktive Öffentlichkeitsarbeit hat keine Tradition in der Finanzverwaltung

So kam es beispielsweise, dass eine ganz einfache Geste von der Idee bis zur Umsetzung zwei Jahre brauchte. Ich wollte als Finanzminister einfach nur tun, was ich bei Freunden in Norwegen entdeckt hatte. Dort ist es üblich, dass die Finanzverwaltung mit dem Steuerbescheid beispielhaft darüber informiert, wozu Bürgerinnen und Bürger mit ihren Steuergroschen konkret beitragen. In Deutschland, wo viele glauben, dass ausgerechnet ihre persönlichen Steuern für falsche Subventionen und den Berliner Flughafen ausgegeben werden, hielt ich den Hinweis auf die sinnvollen Staatsausgaben und einen Dank an die ehrlichen Steuerzahler für angebracht. Wie gesagt: Zwei Jahre gingen bis zur Umsetzung ins Land, weil die persönliche Ansprache der althergebrachten Vorstellung von einer neutralen Verwaltung fremd ist. Bis heute gilt: Briefe schreibt man am besten in der Passiv-Form ohne erkennbare menschliche Regung. Ein persönlich gehaltenes Begleitschreiben des Finanzministers zum Steuerbescheid mit einem Dank für den geleisteten Steuerbeitrag und Beispielen für wichtige öffentliche Ausgaben gilt manchen in der Finanzverwaltung schon als Grenzüberschreitung in Sachen Steuergeheimnis und Neutralität.

Das nahm selbstverständlich auch die Opposition zum Anlass für giftige Kommentare und kleine Anfragen. Die überwältigende Reaktion auf diesen Brief – kritische Kommentare eingeschlossen –

zeigte mir aber, dass Erläuterungen im öffentlichen Verwaltungshandeln viel zu kurz kommen. (Nur am Rande sei erwähnt, dass mein CDU-Nachfolger nach dem Regierungswechsel bedauerte, von einem so sinnvollen Begleitschreiben wieder Abstand nehmen zu müssen – weil er es in der Opposition doch so heftig kritisiert hatte.)

Mit der Kommunikation des CD-Erwerbs und der Durchsuchungen von Banken war es anfangs nicht anders. Dabei war es gerade das öffentliche Bekanntwerden staatlichen Durchgreifens, das Wirkung zeigte. Das betraf die Sensibilisierung der Öffentlichkeit für den Schaden, den Steuerhinterziehung und Steuerflucht anrichten, genauso wie das Signal an die Täter, dass sich etwas geändert hatte.

Diese Erfahrung haben wir in Nordrhein-Westfalen natürlich nicht allein gemacht. 2012 erhielt ich während eines Besuchs beim Internal Revenue Service (IRS), der US-amerikanischen Bundessteuerbehörde in Washington, auf die Frage nach dem wirksamsten Mittel gegen Steuerbetrug die knappe Antwort: »Fear!« Die Furcht davor, aufzufliegen, so die US-Experten, sei das wirksamste Gegenmittel. Für Drogenbarone und

Furcht vor der Enttarnung – die wirksamste Medizin gegen Steuerhinterziehung

Mafia-Clans mag das nur bedingt gelten. Aber der größte Teil vermögender Steuerhinterzieher legt großen Wert darauf, als unbescholtene Bürger zu gelten, die noch dazu gern mit dem Finger auf jene zeigen, die sich nicht korrekt verhalten. Für diese »ehrenwerten« Kreise ist der Gesichtsverlust die größte Strafe. In den USA genauso wie in Deutschland und anderswo.

Furcht vor der Entdeckung entsteht aber erst, wenn Kauf und Auswertung einer Steuer-CD auch bekannt werden und den nötigen Wellenschlag erzeugen. Das war uns mit dem CD-Kauf der Wuppertaler Fahnder wirkungsvoll gelungen.

✳

Der Erfolg spricht jedenfalls für sich: Neun von elf Datenträgern, die Nordrhein-Westfalen in meiner Amtszeit für insgesamt 19 Millionen Euro erworben hat, gehen auf das Konto der Steuerfahndung Wuppertal. Die elf CDs lösten eine Welle von bundesweit 130.000 Selbstanzeigen aus und boten den Aufhänger für zahlreiche Razzien bei Finanzdienstleistern, an deren Ende die Überführung von Bankberatern stand, die tatkräftige Hilfe zur Steuerhinterziehung geleistet hatten. Insgesamt flossen 7 Milliarden Euro in die Kassen von Bund, Ländern und Gemeinden und damit an die Allgemeinheit zurück. Dazu kamen detaillierte Erkenntnisse über die Funktionsweise des Steuerbetrugs und über ausgefeilte Konstruktionen, mit denen Gesetzgebungslücken im Inland und Lockangebote von ausländischen Steueroasen zum großen Schaden der ehrlichen Steuerzahler für eine massive Umverteilung von unten nach oben genutzt wurden.

7 Milliarden Euro hereingeholter Steuern sprechen für sich

Die NRW-Steuerfahnder standen oft im Mittelpunkt des öffentlichen Interesses. Der Erfolg geht aber auf das Konto aller: auf das der Behörden in den anderen Bundesländern und im Ausland und der zunehmend guten Kooperation untereinander, aber auch auf das Konto der klassischen Finanzämter im ganzen Bundesgebiet. Sie mussten die Welle von Selbstanzeigen schließlich abarbeiten. Nicht zuletzt trugen die enge Verzahnung unserer Finanzbehörden mit dem Landeskriminalamt und die zunehmend eingespielte Zusammenarbeit mit den Staatsanwaltschaften dazu bei, dass die Gerichte eine viel aussagefähigere Urteilsbasis hatten als in der Vergangenheit. Wenn es auch immer noch nur die Spitze des Eisbergs ist und das Katz-und-Maus-Spiel nie ein Ende finden wird, so haben wir der Hinterziehungsindustrie durchaus unangenehm in die Suppe gespuckt – zugegebenermaßen mit bis dato durchaus unkonventionellen Methoden.

Solange der automatische Informationsaustausch – die für jeden Arbeitgeber selbstverständliche Pflicht, die Steuerbehörden über die gezahlten Löhne und Gehälter zu informieren – nicht auch lückenlos auf Zins- und Dividendenzahlungen der Banken angewendet wird, so lange wird es immer wieder Versuche geben, die fälligen Steuern zu hinterziehen. So lange wird es aber auch Anreize zum »Verrat« geben – erst recht im Zeitalter der digitalen Datenspeicherung und Datenübertragung. Die Motive sind so verschieden wie die Charaktere, die dahinterstecken. Da gibt es den enttäuschten Banker, der sich in seinem Karrierestreben unfair behandelt fühlt und es seinen Vorgesetzten einmal zeigen will, indem er deren krumme Geschäftsmodelle verrät. Selbstverständlich gegen Geld – man ist ja schließlich in der Finanzbranche tätig. Da gibt es aber auch den Vermögensberater, der nach jahrelangem Mittun bei obskuren Geschäften erkennt, dass er etwas falsch gemacht hat im Leben. Es gibt auch die Banker, die mit dem Näherrücken der persönlichen Abschlussbilanz ins Grübeln geraten. Auf einmal finden sie, dass es höchste Zeit ist, auszusteigen. Der Diebeslohn für eine CD wird dann quasi als finanzielle Entschädigung dafür gesehen, dass man es schließlich künftig mit dem Geldverdienen schwerer haben wird. Es gibt in diesen Kreisen – man glaubt es kaum – aber auch den Verrat ohne die Erwartung einer finanziellen Gegenleistung. Soweit bekannt, war das im Fall der Panama und der Paradise Papers so und auch bei der Festplatte mit Daten aus Malta, die Steuerfahnder im Briefkasten fanden. Es gab sogar den Fall, dass ein Informant zwar Geld haben wollte, aber nicht für sich. Er forderte stattdessen die Überweisung des Kaufpreises für eine Daten-CD an eine humanitäre Organisation. Als Wiedergutmachung.

3. Die Verhinderung eines folgenschweren Ablasshandels mit der Schweiz

Von Bertolt Brecht stammt der Satz »Erst kommt das Fressen, dann die Moral«. Mit der Gier der Finanzjongleure gibt es da nur ein Problem: Sie werden nicht satt. Der Hunger auf Reichtum hält an. Nach dem Fressen ist vor dem Fressen. Appelle an die Moral sind deshalb wenig Erfolg versprechend. Wirkung erzielt man nur, wenn man sich auf die Werte einlässt, die in dieser Szene gelten. Im Klartext: Man muss dafür sorgen, dass das Unanständige weniger profitabel ist als das Anständige. Regelverstöße müssen teuer sein – so teuer, dass sie sich nicht lohnen. Vor allem aber muss das Risiko, erwischt zu werden, deutlich wachsen.

Dabei geht es nicht nur um das Strafmaß. Wie gesagt: Die meisten Akteure in diesem Spiel legen Wert auf ihren guten Ruf. Die Steuerhinterzieher möchten ungern zu den Kriminellen zählen, und die Banken möchten ungern seriöse Kunden verlieren. Ein Schweizer Spitzenbanker sagte mir einmal, dass es zumindest eine Zeit lang zunehmend schwieriger geworden sei, mittelständische deutsche Unternehmen als Kunden zu gewinnen, weil sie die Sorge hatten, dass eine Schweizer Bankverbindung auf dem Briefkopf zu falschen Rückschlüssen in Bezug auf die finanzielle Seriosität führen könnte. Das – und nicht moralische Neubesinnung – sei ein wichtiger Grund dafür gewesen, dass einige Schweizer Banken entschlossener als die eidgenössische Regierung für eine Weißgeldstrategie, also den Verzicht auf dubiose Geschäftspraktiken, eingetreten

> **Das Unanständige darf nicht profitabler sein als das Anständige**

seien (und kooperationsunwillige Kunden sogar vor die Tür gesetzt hätten). Die Schweizer Politik musste viel mehr als die Schweizer Banken Rücksicht auf die Emotionen der Bevölkerungskreise nehmen, die sich vom großen deutschen Nachbarn im Norden nicht vorschreiben lassen wollten, was in der Schweiz erlaubt sein sollte und was nicht. Wer in der politisch konservativen Schweiz regieren will, muss das einkalkulieren.

Vor dem faktischen Abschied der Schweiz von ihrem Bankgeheimnis, zunächst gegenüber den USA und wenig später mit dem Beitritt zum automatischen Informationsaustausch ab 2018 unter anderem auch gegenüber der EU, stand deshalb Anfang dieses Jahrzehnts ein letzter Versuch, die Kosten für unmoralisches Tun so niedrig wie möglich zu halten. Es sollte irgendwie gelingen, das störende Licht im Dunkel wieder auszuschalten und wieder Ruhe in der Hinterzieher-Szene einkehren zu lassen. Dem sollte ein Abkommen zwischen der Schweiz und Deutschland dienen, das den Schweizer Banken zwar die Einbehaltung von Steuern auferlegte, allerdings ohne jede Verpflichtung zur Offenlegung gegenüber unseren Steuerbehörden. Alle Informationen sollten in der Hand der Schweizer Banken bleiben. Die Anonymität sollte unangetastet bleiben. Nachprüfungen deutscher Steuerbehörden waren an hohe Anforderungen geknüpft und zahlenmäßig eng begrenzt. Zugleich sollte sich Deutschland verpflichten, auf den Ankauf weiterer Steuer-CDs zu verzichten. Nur wenige Jahre nach dem Banken-Crash von 2008 war von Demut nichts mehr zu spüren.

> **Ein letzter Versuch, das störende Licht im Dunkel wieder auszuschalten**

Der Streit um das deutsch-schweizerische Steuerabkommen und alles, was folgte, sollte das Thema Steuerbetrug und das erkennbar gebremste Bemühen von Teilen der Politik um die Schließung von Steuerschlupflöchern jedenfalls stärker ins Licht des öffentlichen Interesses rücken, als es manchem lieb war.

Im August 2011 wurde mir der weitestgehend ausverhandelte

Entwurf dieses Abkommens zugespielt. Schon die erste Durchsicht war erschreckend. Gleich am Anfang des Vertragstextes, so sah es der Entwurf vor, verständigten sich die Vertragsparteien Schweiz und Deutschland darauf, dass die in diesem Abkommen vereinbarten Regelungen dem automatischen Informationsaustausch gleichkämen. Ein Abkommen, das es den Schweizer Banken überließ, die an weiterhin geheim gehaltene Kunden ausgezahlten Zinsen pauschal mit 26 Prozent zu versteuern und an das Bundeszentralamt für Steuern in Bonn zu überweisen, sollte laut Beschluss also dasselbe sein wie eine Mitteilung von Zinszahlungen an die zuständigen Finanzämter unter Namensnennung des Empfängers, um einen Überblick über dessen Gesamteinkommen zu erhalten.

Das war aber noch nicht alles. Man warb damit, dass von deutschen Bankkunden 19 bis 34 Prozent ihres Schweizer Kontobestandes als Steuer einbehalten und an den deutschen Staat überwiesen würden. Die genauere Lektüre ergab aber, dass es eine mehrmonatige »Abschleichfrist« geben sollte, in der die deutschen Kontoinhaber ihr Geld noch in andere Länder oder in andere Finanzkonstruktionen wie Stiftungen hätten verschieben können. Außerdem beruhigte die Schweizerische Bankiersvereinigung ihre Kunden schon einmal prophylaktisch. Auf ihrer Homepage schrieb sie, dass de facto anstatt mit 34 Prozent Steuern mit maximal 25 zu rechnen sei. Das lag an der mathematischen Formel, die ermittelte, was in welcher Weise in die Berechnung der zu zahlenden Steuern einbezogen werden sollte. Die war ein algebraisches Wunderwerk. (Ich habe mathematische Wirtschaftstheorie studiert und behaupte, die Formel in ihrer relativierenden Tragweite verstanden zu haben. Ich behaupte aber, dass der Kreis derer in der Politik, die das von sich auch behaupten können, eher überschaubar ist.)

Klar war eines: Die vollmundige Ankündigung, dass sich der Betrug für die Betrüger am Ende nicht gelohnt haben würde und Zinseinkünfte in der Schweiz künftig genauso besteuert würden wie in Deutschland, schmolz bei näherer Beschäftigung mit der

Materie dahin wie Butter in der Sonne. Und dann waren da noch die Schlussbestimmungen, in denen es unter anderem hieß, dass die Bundesrepublik künftig sicherstellen werde, dass kein aktiver Ankauf von Steuer-CDs mehr erfolgt. Warum nur, wenn es doch bei einem solchermaßen wasserdichten Abkommen keinen Betrug mehr geben kann, der via CD verraten werden könnte?

Dazu kam noch etwas: Dem deutschen Staat sollte das Abkommen dadurch schmackhaft gemacht werden, dass eine Garantiesumme von zwei Milliarden vereinbart werden sollte, die von den Schweizer Banken auf jeden Fall überwiesen würden. Zwei Milliarden Schweizer Franken, nicht Euro. Umgerechnet waren das zum damaligen Zeitpunkt etwa 1,6 Milliarden Euro.

*

Das geplante Abkommen war in Wirklichkeit ein immenser Ablasshandel. Gegen eine relativ bescheidene Garantiezahlung der Schweizer Banken an den deutschen Staat und eine künftige Abgeltungssteuer nach Belieben hätte das Versteckspiel der eidgenössischen Finanzbranche munter weitergehen können.

Den für mich schockierenden Inhalt des Vertragsentwurfs nahm ich als damaliger Vorsitzender des Bundesrats-Finanzausschusses zum Anlass, Bundesfinanzminister Wolfgang Schäuble anzurufen und ihn zu bitten, den Text des Abkommens auch den Länderfinanzministern zukommen zu lassen. Dass ich im Besitz des Textes war, verschwieg ich. Meine Forderung begründete ich damit, dass das Vertragswerk erheblichen Einfluss auf die Steuereinnahmen von Ländern und Gemeinden haben werde. Einkommen- und Kapitalertragsteuern gehen zu je 42,5 Prozent an den Bund und die Länder, die restlichen 15 Prozent erhalten die Kommunen. Erbschaftsteuereinnahmen fließen in vollem Umfang in die Länderhaushalte. Das ist der Grund, warum ein internationales Abkommen dieses Inhalts auch der Zustimmung des Bundesrats, der Länderkammer, bedarf.

Schäuble bat um Verständnis dafür, dass er den Text nicht herausgeben könne. Seine Unterhändler hätten ihm auch dringend davon abgeraten, seinem französischen Kollegen Einblick zu gewähren. Ich könne aber sicher sein, dass es ein gutes Abkommen sei, das für die Zukunft den automatischen Austausch zwischen Schweizer Banken und dem Bundeszentralamt für Steuern sicherstelle. Von dort werde dann auch die Verteilung in die Länder vorgenommen. Auch mein Hinweis, dass ich einige Passagen des Vertragswerkes gelesen hätte, die mich zweifeln ließen, änderte nichts an der Haltung des damaligen Bundesfinanzministers. Mir blieb nur die Ankündigung, dass ich mich gegen das Vorhaben in Parlament und Medien laut hörbar zur Wehr setzen würde – ein zunächst bescheidenes Drohpotenzial. Das sollte sich aber ändern.

Der erste Schritt war die Einbeziehung meiner Kolleginnen und Kollegen in den Finanzministerien der anderen, von SPD und Grünen geführten Ministerien. Dazu kam Brandenburg mit einem Finanzminister der Linken. Mit dem Koordinator der A-Finanzminister, wie die Gruppe der Sozialdemokraten und später auch der Grünen seit Jahrzehnten tituliert werden (im Gegensatz zu Kollegen der sogenannten B-Seite, also von CDU und CSU), war ich in der Einschätzung schnell einig. Der rheinland-pfälzische Finanzminister und A-Koordinator Carsten Kühl und ich

Politischer Widerstand gegen ein unseliges Abkommen – beileibe kein Selbstläufer

beschlossen, in die Offensive zu gehen. Die grüne Bremer Kollegin Karo Linnert war ebenfalls eine verlässliche Größe. Soweit ich mich erinnere, auch Heike Polzin aus Mecklenburg-Vorpommern.

Danach wurde die Luft aber schon dünner, weil anderen SPD-Kollegen und besonders deren Regierungschefs die verlockende Aussicht auf den von der Schweiz versprochenen Mindestbetrag von 1,6 Milliarden Euro in der Nase saß. Rot-grün regierte Länder hier, schwarz-gelb regierte Länder dort – eine so klare Angelegenheit war es anfangs jedenfalls definitiv nicht. Dahin war der Weg noch weit.

Wie also Druck machen, um zu verhindern, dass sich die internationalen Finanzjongleure auf Kosten der ehrlichen Steuerzahler schon bald wieder eines ruhigen Lebens gewiss sein konnten? Das Thema musste raus aus dem medialen Dornröschenschlaf!

Mitte September 2011 erschien im *Spiegel* ein Interview mit mir, in dem ich meinen Widerstand öffentlich machte.[1] Aber selbst der *Spiegel* löste damit noch keine Welle der öffentlichen Empörung aus. Das sollte erst ein halbes Jahr später durch die gewiss nicht gewollte Mithilfe der Schweizer Bundesanwaltschaft geschehen. Trotzdem hatte das Interview eine nicht zu unterschätzende Wirkung. Wolfgang Schäuble begann, die Drohung eines lauten Widerstands ernst zu nehmen. Unser nächstes Telefonat ließ keinen Zweifel daran: Schäuble war die Sprengkraft einer hörbaren öffentlichen Diskussion über das Abkommen mit der Schweiz sehr bewusst. Er warb eindringlich für das Abkommen – aber mit Argumenten, die den Verdacht weckten, dass er selber nicht sehr tief in der Materie steckte, sondern von seinen Leuten mit zentralen Botschaften gespickt worden war, die doch eigentlich niemand ablehnen durfte. Irgendwie klang das so, als hätten Schäubles Parteifreunde im Ministerium und in der CDU/CSU-Fraktion unter dem Druck, Erfolge gegen Steuerbetrug vorweisen zu müssen, zugleich aber einer Klientel, die sie mehrheitlich als ihre Wählerschaft sahen, nicht allzu wehzutun, für ein wachsweiches Abkommen gesorgt. Das verkauften sie ihrem Chef jetzt als Durchbruch zum automatischen Informationsaustausch, noch dazu verbunden mit der Erwartung auf hohe Einnahmen aus der anonymen Besteuerung der Konteninhaber bei Schweizer Banken. Unsere Kritik wurde als reine Fundamentalopposition an diesem so großartigen Fortschritt abgetan.

Ich weiß, dass ich Wolfgang Schäuble als Person mit dieser Einschätzung aus der Schusslinie nehme. Selbstverständlich kann

---

1 »Skandalöses Ergebnis« überschrieb der Spiegel das Interview mit mir, das am 12.9.2011 erschien.

es auch so gewesen sein, dass er und seine Umgebung das Spiel »good guy – bad guy« perfekt beherrschen und er über die gewollte Schonung der Schweizer Bankenkundschaft im Bilde war. Das sehen viele so. Ich selbst nicht. Ich halte Schäuble für einen prinzipienfesten Badener Protestanten, der Steuerbetrug und ausgekochte Steuertricksereien für inakzeptabel hält. Nur: Wenn meine Einschätzung zutrifft, dann muss er sich den Vorwurf gefallen lassen, einer deutlich weniger prinzipienfesten Gruppe um sich herum viel zu viel freie Hand gelassen zu haben.

So oder so: Das Ergebnis war kein Entwurf für ein Abkommen, das groß angelegter Steuerhinterziehung einen Riegel vorgeschoben hätte, sondern ein Ablasshandel, der nach kurzer Unruhe im Kreis der Steuerakrobaten dafür gesorgt hätte, dass das Licht wieder ausgeschaltet worden wäre und das alte Treiben lustig hätte weitergehen können.

Schäuble sah sich genötigt, auf unsere Forderung nach Übersendung des Entwurfstextes zurückzukommen, weigerte sich aber weiterhin beharrlich, das vor der gemeinsamen Unterzeichnung mit der Schweizer Finanzministerin Eveline Widmer-Schlumpf zu tun. Er wollte auf Teufel komm raus Fakten schaffen – wohl in der festen Annahme, dass keine Opposition im Bundestag und kein Land im Bundesrat nach der Unterzeichnung eines internationalen Abkommens noch ernsthaft in Erwägung ziehen würden, das Vertragswerk scheitern zu lassen und einen Eklat auszulösen. Ehrlich gesagt, lag er damit nicht ganz falsch. In der SPD gab es nicht wenige, die zwar gern lautstark kritisieren und darauf hinweisen wollten, dass wir alles anders machen würden – dann aber doch lieber die Finger davon gelassen hätten, ein schon unterschriebenes internationales Abkommen noch durchfallen zu lassen und den Bundesfinanzminister in den Senkel zu stellen. Genau das kündigte ich Wolfgang Schäuble aber für den Fall an, dass wir vorher keine Mitsprache- und Korrekturmöglichkeit bekämen. Auch ich habe meine Prinzipien.

Schäuble setzte auf vollendete Tatsachen

Damit war der Stoff für eine gewisse öffentliche Aufmerksamkeit entstanden. Die beschränkte sich aber zunächst aufs Fachpublikum im weitesten Sinne. Jedenfalls nicht auf die breite Öffentlichkeit, die mit ausgefuchsten Steuerhinterziehungsmodellen selbst nichts am Hut hat. Die große Mehrheit der Bevölkerung in Deutschland und damit die wahren »Opfer« des Steuerbetrugs zu elektrisieren, ließ noch auf sich warten. In der Schweiz war ich Gegenstand einer intensiven Berichterstattung, wurde zu Talkshows im Schweizer Fernsehen eingeladen – übrigens immer in einem absolut respektvollen Umgang miteinander. Auch der damalige Schweizer Botschafter Tim Guldimann trat auf den Plan. Wir trafen uns mehrfach in Düsseldorf und Berlin. Die Schweizer Politik hatte begriffen, dass die Angelegenheit nicht so einfach über die Bühne gehen würde, wie ihr das die Verhandler aus dem Bundesfinanzministerium immer noch in Aussicht stellten. Und die Schweiz hatte in Tim Guldimann einen hervorragenden Diplomaten als Interessenvertreter. Es war seltsam: Zwischen uns entstand ein geradezu freundschaftliches Miteinander. Jeder billigte dem anderen zu, die Interessen seiner Seite zu vertreten. Wir blieben beide hart in der Sache, das aber in einer äußerst kollegialen Atmosphäre. Ich bin seither oft zum Sommerempfang der Schweizer Botschaft nach Berlin eingeladen worden – und dieser Einladung zum Erstaunen manch anderer Gäste immer gefolgt. Und bei Guldimanns Abschied aus dem Amt des Botschafters bat er mich um eine Würdigung unseres besonderen Verhältnisses im Düsseldorfer Industrie-Club. Auch das war mir ein Vergnügen. Streit in der Sache muss nicht in persönliche Feindseligkeit münden. Das gilt ausdrücklich auch für Wolfgang Schäuble.

*

In Deutschland blieb das erbitterte Ringen lange eine Angelegenheit von *Spiegel*, *Handelsblatt* und den Wirtschaftsteilen von *Süddeutscher Zeitung* und *FAZ*. Dass sich das Ende März 2012 schlagartig änderte, war dem Schweizer Generalbundesanwalt zu verdanken. Als der einen Haftbefehl gegen drei Wuppertaler Steuerfahnder aussprach, war das auf einmal auch ein Thema für die *Bild*-Zeitung und all die Medien, deren Leser- und Zuhörerschaft nicht in erster Linie aus Staatsrechtlern, Großanlegern und Steuerberatern besteht. Manchmal kommt wichtige Unterstützung eben von Seiten, die das nun wirklich nicht beabsichtigt hatten. Gelegentlich profitiert man in der Politik von einer misslungenen Diskreditierung. Minus mal minus ist eben auch plus.

Rückenwind durch misslungene Diskreditierung

»Wer darf jetzt noch in die Schweiz?«, »Können nordrhein-westfälische Fahnder überhaupt noch ins Ausland fahren oder drohen ihnen auch dort Verhaftung und Auslieferung an die eidgenössischen Behörden?«, »Und der Landesfinanzminister? Darf der überhaupt noch in unser Nachbarland?«. Das waren plötzlich Fragen, die uns gestellt wurden und aus denen bundesweit Schlagzeilen wurden.

Es war das altbekannte Ablenkungsmanöver: Die Ermittler sollten zu Tätern abgestempelt werden. Der Finanzminister als Hehler – das versprach Diskussionsstoff, aus dem die Befürworter des Steuerabkommens politisches Kapital zu schlagen hofften.

Dazu trug die politische Lage in Nordrhein-Westfalen in diesem März 2012 natürlich besonders bei. Wenige Tage zuvor hatte sich der Landtag aufgelöst, und das Land stand vor Neuwahlen, die am 6. Mai stattfinden sollten. Es herrschte urplötzlich Wahlkampf. Die klare Kante gegen Steuerbetrug, lange begonnen, bevor Neuwahlen überhaupt zur Debatte standen, und das Vorgehen der Schweizer Justiz gegen die, die den Betrug bekämpften, waren auf einmal Themen, die Wählerinnen und Wähler aufwühlen konnten.

Als ich dann auf meinem Schreibtisch auch noch die Bitte der Steuerfahndung Wuppertal vorfand, dem Kauf von gleich drei Datenträgern von Schweizer Banken zuzustimmen, verschob ich die

Entscheidung aber auf die Zeit nach der Landtagswahl. Nach langer Zeit mangelnder Aufmerksamkeit für den Kampf gegen Steuerbetrug wurde mir der Druck im Kessel jetzt doch zu schnell zu hoch. Ich wollte diese wichtige Arbeit nicht zu einem billigen Wahlkampfthema verkommen lassen. Dann wäre die Glaubwürdigkeit unseres Engagements schnell zunichte gewesen. Schon im Jahr zuvor hatte es den Versuch gegeben, meinen Einsatz gegen das deutsch-schweizerische Steuerabkommen zu diskreditieren, indem behauptet wurde, ich unternähme das alles nur wegen der Bundestagswahl im September 2013 und um dem Bundesfinanzminister partout eine Niederlage beizubringen. Wohlgemerkt, das war 2011 – in der Mitte der Bundestagslegislaturperiode. Zu diesem Zeitpunkt hätte ich nicht zu hoffen gewagt, dass das Thema Steuerbetrug in der schnellen Abfolge von Katastrophen und Skandalen mit hohem Nachrichtenwert zwei Jahre überdauern würde. Meine Sorge war eher, dass trotz des immensen Schadens für die Allgemeinheit schon bald niemand mehr Notiz davon nehmen würde.

Aber jetzt standen wir bedingt durch die Auflösung des nordrhein-westfälischen Landtags plötzlich und unerwartet tatsächlich vor einem Wahltermin. Mehrfach habe ich deshalb Fragen der Wuppertaler Fahndung, ob nicht doch eine kurzfristige Zustimmung zum Datenerwerb möglich sei, abschlägig beschieden – selbstverständlich mit der Ansage, dass wir dann zugreifen würden, wenn die Gefahr bestünde, die Informanten nicht weiter vertrösten zu können. Das war aber zum Glück nicht der Fall. Unmittelbar nach der gewonnenen Landtagswahl 2012 habe ich meinen Haken an die Vorlage gemacht, mit der Vorgabe, kein vorschnelles Triumphgeheul anzustimmen, sondern zunächst an die intensive Auswertung der Daten zu gehen, auch wenn die Stichprobenprüfung schon genügend Sicherheit gab, dass es sich um große Fische handelte.

> **Wo Milliardenbetrüger als Steuer»sünder« gelten, ist breite Empörung keine Selbstverständlichkeit**

Mir war klar, dass wir nur dann ein größeres Rad bei der Bekämpfung von Steuerbetrug würden in Gang setzen können, wenn das Gewicht der Fakten und die Empörung in der Gesellschaft im richtigen Verhältnis zueinander stünden. In einem Land, in dem Milliardenbetrüger bis heute als Steuer»sünder« bezeichnet werden, ist die breite Empörung über dieses Treiben keine Selbstverständlichkeit. So schwerwiegend die Faktenlage war und so riesig die Summen waren, um die das Gemeinwesen seit Jahrzehnten betrogen worden war und immer noch wird, so schnell konnte das Thema nach einem kurzen Höhenflug wieder unter »ferner liefen« enden.

Also erst einmal Diskretion. So hatte ich mir das gedacht. Nach der Neuauflage der Regierung von SPD und Grünen in NRW nahm ich zwei Wochen Urlaub und wollte dann mit der Steuerabteilung des Finanzministeriums, mit der Oberfinanzdirektion und den Wuppertaler Fahndern das weitere Verfahren beraten. Doch schon auf dem Weg in meinen Urlaubsort hörte ich im Radio, wie sich der damalige CDU-Oppositionsführer Karl-Josef Laumann über meine Haltung zu Schäubles Steuerabkommen mit der Schweiz echauffierte und mir vorwarf, dass ich mich aufführen würde wie ein selbst ernannter Robin Hood. Nach den Haftbefehlen des Schweizer Generalbundesanwalts wurde zum zweiten Mal aus einer nicht wohlwollend gemeinten Aktion eine unverhoffte Hilfestellung. »Robin Hood für Steuergerechtigkeit« – so ein Bild hatte einigen Medien für die Popularisierung des Themas gefehlt. Der NRW-Finanzminister als Rächer der anständigen Steuerzahler wurde zum Gegenstand von Karikaturen und setzte sich fest – als positiv besetzte Figur. Ich hatte es nicht gewollt, geschweige denn selbst in die Welt gesetzt, aber mit dieser Form der versuchten Verhöhnung konnte ich fortan gut leben. Wieder einmal zeigte sich, dass minus mal minus auch plus ist.

Mein Urlaub war gerade wenige Tage alt, da sickerte in Düsseldorf der Kauf der drei Steuer-CDs durch. Es ist nun einmal der Preis des Spektakulären, dass es kaum geheim zu halten ist. Alle haben ihre absolut verlässlichen Freunde, die hundertprozentig dichthalten – außer gegenüber deren ganz engen Vertrauten. Sehr zum Leidwesen meiner Pressestelle und meines Staatssekretärs blieb ich aber dabei, mich zumindest für die 14 Tage ganz aus der Affäre herauszuhalten. Die Business-as-usual-Geste weckte eher Neugier, als dass sie der Kommunikation geschadet hätte. Über Düsseldorf zog ein Blitzlichtgewitter her. Drei CDs von Schweizer Banken – und das während des Streits über ein Steuerabkommen mit der Schweiz, in dem der Verzicht auf den »aktiven Kauf« von Daten gefordert wurde!

Was sollte die Formulierung im Vertragstext eigentlich bedeuten: »aktiver« Kauf? Ist ein Kauf nicht immer eine Aktion? Das Bundesfinanzministerium wollte uns weismachen, mit »aktiv« hätten beide Seiten gemeint, dass die Fahnder niemanden zur Beschaffung von Daten anstiften dürften. Die Schweizer Verhandlungsseite sah das aber ganz anders. Die meinte mit der Formulierung tatsächlich, dass der Ankauf von Informationen mit der Rechtskraft des Abkommens in jeder Beziehung passé zu sein habe. Dass unsere Fahnder niemanden zur Datenbeschaffung anstiften durften, war sowieso meine strikte Vorgabe. Die Fahndung hatte keine Daten zu bestellen, sondern lediglich Angebote zu bewerten und gegebenenfalls anzunehmen. Das tat sie auch, und dieses Mittel der Aufklärung wollten wir uns nicht aus der Hand nehmen lassen. An Angeboten gab es im Übrigen auch wirklich keinen Mangel. Allein die Unstimmigkeit in der Auslegung des Wortes »aktiv« zeigte aber schon, wohin dieses Abkommen führen sollte.

Die nächsten Monate des Jahres 2012 waren geprägt davon, dass der Druck auf die Gegner des Abkommens erhöht wurde. Offenkundiges Ziel war es, eine Gegenöffentlichkeit zu erzeugen. Plötzlich war nicht mehr von den garantierten 1,6 Milliarden Euro die Rede, die die Schweizer Banken an Deutschland überweisen würden, wenn das Abkommen zustande käme. Plötzlich waren es 10 Milliarden Euro, die Bund, Ländern und Gemeinden durch die Lappen gehen würden, wenn das aufmüpfige Nordrhein-Westfalen nicht bald von dem Baum herunterkäme, auf den es sich verstiegen hatte. Wolfgang Schäuble war es, der die Zahl von 10 Milliarden irgendwann einmal genannt hatte. Jetzt war sie gesetzt. Das nahmen nicht nur einige Medien bereitwillig auf, auch einige in der Riege der SPD-geführten Länder bekamen feuchte Hände angesichts anscheinend so einfach einzustreichender Milliardensummen. Vom baden-württembergischen Ministerpräsidenten von den Grünen, Winfried Kretschmann, ganz zu schweigen. Er sah das Eintreten für das Abkommen mit der Schweiz zudem als nachbarschaftliche Freundespflicht. Böse Zungen behaupteten, die Tatsache, dass die mittlerweile ins Kraut schießende Zahl von Selbstanzeigen nervös gewordener Steuerhinterzieher in Baden-Württemberg besonders hoch war, hätte womöglich zu Sorgen mit Blick auf die nächste Landtagswahl geführt. Die NRW-Landtagsopposition aus CDU und FDP hatte erst recht keine Zweifel an der Richtigkeit der Schäuble'schen Zahlen.

Von wundersamer Geldvermehrung und alternativen Fakten

Doch woher kam urplötzlich diese Zahl von 10 Milliarden? Des Rätsels Lösung offenbart die ganze Plattheit, mit der das Abkommen durchgepaukt werden sollte. Am Rande der Tagung von Weltbank und IWF im Oktober 2012 in Tokio ließ mich Schäuble über seinen Büroleiter bitten, an einem Gespräch mit der Schweizer Finanzministerin Eveline Widmer-Schlumpf teilzunehmen. Auch sie hielt sich in Tokio auf. Wir verabredeten, dass der Schweizer Finanzstaatssekretär nach Düsseldorf kommen und seinem nordrhein-westfälischen Amtskollegen die Argumente der Schweiz vortragen sollte. Zum Abschluss fragte ich die Schweizer Ministerin im Beisein des Bundesfinanzministers, ob sie mir erklären könne, wie die Erwartung von 10 Milliarden Euro an Rückzahlungen nach Deutschland zustande komme. Schulterzucken bei

Frau Widmer-Schlumpf. Dafür gab Schäuble selbst die Antwort. Er habe diese Behauptung so nie aufgestellt. Er habe nur hochgerechnet, was sein britischer Amtskollege in seinen Haushaltsentwurf eingestellt habe. Das Vereinigte Königreich hatte ein vergleichbares Abkommen mit der Schweiz abgeschlossen, allerdings mit einem deutlich geringeren Volumen an vermuteten Kontenbeständen britischer Staatsbürger in der Schweiz. Deshalb hatten die Schweizer Banken Großbritannien auch nur 500 Millionen Schweizer Franken an garantierten Zahlungen zugesagt. Der britische Schatzkanzler erwartete für seinen Staatshaushalt auf dieser Grundlage am Ende des Tages aber umgerechnet 2,5 Milliarden Euro an tatsächlichen Überweisungen. Warum, wird wohl sein Geheimnis bleiben. Da die Garantiesumme im Abkommen mit Deutschland 2 Milliarden Schweizer Franken betrage und damit viermal so hoch sei wie im Vertrag mit Großbritannien, habe er, so Schäuble, lediglich gesagt, dass eine Hochrechnung der garantierten Summe dann ja für Deutschland zu 10 Milliarden Euro erwartbarer Einnahmen führen müsse. Zu dumm nur, dass die Beträge an Großbritannien, wie zu lesen war, nicht annähernd geflossen sind. Das unabhängige Tax Justice Network schätzt auf der Basis von Zahlen der britischen Zoll- und Steuerbehörde, dass der Garantiebetrag kaum überschritten wurde.[2]

So entstand eine Zahl, die von vielen anschließend für bare Münze genomen wurde. Alternative Fakten gab es ganz offenkundig auch schon 2012.

Dem Schweizer Staatssekretär gelang es jedenfalls nicht, unsere Bedenken auszuräumen. Auch die von Schäuble zugesagte und auch tatsächlich vorgenommene Nachverhandlung mit der Schweiz hatte lediglich Korrekturen zum Ergebnis, die die scheunentorgroßen Hintertüren nicht schlossen, sondern nur etwas niedriger machten.

*

---

2 »UK-Swiss tax receipts slow to a trickle«, *taxjustice.net*, 2.9.2014

Dass sich die ablehnende Haltung gegen das Abkommen mit der Schweiz aufseiten der SPD-geführten Landesregierungen durchsetzte, war nicht von Anfang an zu erwarten. Hamburg zum Beispiel, aber auch Berlin hatte schon früh durchblicken lassen, dass man ungern auf die garantierte Finanzspritze aus der Schweiz verzichten wollte. Die hielt man für den Spatz in der Hand, während unsere Prinzipientreue die Taube auf dem Dach zu sein schien. Olaf Scholz hat mir gegenüber seinen Grimm über die schroffe Ablehnungsfront aus der Mehrheit der SPD-Landesfinanzminister mit ihren Kollegen von Bündnis 90/Die Grünen und dem brandenburgischen Finanzminister von der Linkspartei einmal am Rande einer Bundesratssitzung in einen vielsagenden Scherz gekleidet. Er habe mir im hamburgischen Landeshaushalt extra einen Haushaltstitel gewidmet. Der sei ein Merkposten für das Geld aus der Schweiz, das der Hansestadt jetzt entgehe.

Es bedurfte wieder günstiger Rahmenbedingungen, um den Schulterschluss am Ende doch noch zu sichern. Die ergaben sich Ende 2012 dann tatsächlich aus der herannahenden Bundestagswahl. Nicht mal mehr ein Jahr vor dem Urnengang wäre ein Einknicken der rot-grün regierten Länder in diesem Verhandlungsstadium eine verheerende Botschaft an die Wählerinnen und Wähler gewesen. Zuzustimmen und dann zu erzählen, es habe angesichts der Fakten, die die schwarz-gelbe Bundesregierung bereits geschaffen hatte, keine Alternative gegeben, aber mit einer anderen Mehrheit im Bundestag hätte man es ganz sicher anders gemacht – das hätte niemand honoriert.

Glaubwürdigkeit kommt nicht vom Reden, sondern vom Tun

Keiner auf der Bundesebene begriff das damals besser als Sigmar Gabriel. Der damalige SPD-Vorsitzende rief mich an, als ich gerade in Zürich an einer Talkshow des Schweizer Fernsehens teilgenommen hatte und auf dem Weg zum Flughafen war. Es ging darum, ob ich am nächsten Tag in Berlin an einer Pressekonferenz mit ihm zum Stand der Debatte um das Abkommen teilnehmen könne. Ich buchte kurzerhand um und flog statt ins Rheinland in die Bundeshauptstadt, wo wir am nächsten Morgen mit den Medienvertretern frühstückten und sie informierten. Noch wichtiger als der weitere Dreh des Themas in den regionalen und überregionalen Medien war für mich, dass ich Sigmar Gabriel für diese so wichtige Frage einer gerechten Durchsetzung der Steuerpflicht begeistern konnte. Nur er konnte die Reihen der SPD schließen und tat das auch – zusammen mit Hannelore Kraft, die für den nötigen Schulterschluss unter den Länderregierungschefs sorgte.

Als das Abkommen dann in der Dezembersitzung des Bundesrates durchgefallen war, hatte der Erfolg naturgemäß viele Väter und Mütter – auch unter den anfänglichen Zweiflern. Das war in Ordnung. Mehr noch: Es half, im Kampf gegen Steuerhinterziehung klare Kante zu zeigen und bei weiteren Schritten geschlossen zu agieren und den Kampf gegen den Betrug an der Allgemeinheit zu einer gemeinsamen Agenda zu machen. Es wurde geradezu ein freundschaftlicher Wettstreit der Länder daraus, mit Vorstößen zur Steuergerechtigkeit zu punkten. Und die rot-grün regierten Länder waren glaubwürdig, weil ihre Regierungsvertreterinnen und -vertreter nicht nur geredet, sondern geschlossen gehandelt und etwas erreicht hatten.

Mit jeder Selbstanzeige verunsicherter Steuerhinterzieher, mit jeder Milliarde zurückgezahlter Steuern wuchs das Gefühl, richtig gehandelt zu haben. Fast 7 Milliarden für die Allgemeinheit zurückerkämpfte Euro ließen am Ende keinen mehr kalt. Die Bereitschaft der Schweiz, aber auch Luxemburgs und Österreichs, künftig die Kapitalerträge von Bankkunden an die Steuerbehörden in den jeweiligen Heimatländern zu melden, wäre mit dem Steuerabkommen nicht zustande gekommen.

Es bleibt aber auch die Erkenntnis, dass geradliniges und konsequentes politisches Handeln einer günstigen Konstellation der Rahmenbedingungen bedarf. Die kann man mit persönlichem Engagement durchaus beeinflussen und geschickt nutzen. Gänzlich in der Hand hat man sie nicht. Das Vertrauen der Menschen, das man gewinnt, wenn man hartnäckig am Ball bleibt und das Risiko des Scheiterns aus der Überzeugung, richtig und gerecht zu handeln, in Kauf nimmt, ist es allemal wert.

4. Neuartige Ermittlungstechniken und internationale Vernetzung

Im Lauf meiner Amtszeit als NRW-Finanzminister ist es durch das Zusammenspiel vieler Beteiligter gelungen, die Tragweite des Steuerbetrugs und der Steuertrickserei im dreistelligen Milliardenumfang pro Jahr ins öffentliche Bewusstsein zu rücken. Mich erreichten immer öfter Anfragen von Medien, von Kammern und Verbänden und aus allen Gliederungen der eigenen Partei, auch vom Wirtschaftsrat der CDU und dem Bund katholischer Unternehmer. Die Anlässe für die Einladungen waren fast immer das deutsch-schweizerische Abkommen und die CD-Käufe, aber zunehmend ging das Interesse über diese enge Fragestellung hinaus. Der Einsatz für eine gerechte Steuerpolitik hat schließlich noch ganz andere Facetten.

Auch jenseits des Fachjournalismus ging es nicht mehr nur um das Verteufeln von Steuern als lästiger Forderung eines gierigen Staates. Der Sinn einer soliden Staatsfinanzierung und der gerechten Verteilung der Lasten, die sich nun einmal daraus ergeben, wenn man Wert auf ein funktionierendes Gemeinwesen legt, gewann an Gewicht. Irgendwann standen die Vorträge, zu denen ich eingeladen wurde, kurz und knapp unter der Überschrift »Ein starker Staat braucht solide Finanzen«. Der Ärger richtete sich jetzt nicht mehr auf die Steuerpflicht an sich, sondern darauf, dass sie offenbar nicht für alle gilt.

Die explosionsartige Zunahme von Selbstanzeigen aufgeschreckter Steuerhinterzieher trug erheblich zu diesem Umschwung bei. Sie hatte den Menschen klargemacht, wie weit sich eine gewisse Schicht der feineren Gesellschaft in der Auslegung der allgemeinen Steuerpflicht von den Normalbürgern abgesetzt hatte. Das weckte Unmut, der vorher mangels Einblick in dieses Treiben nicht entstehen konnte. Die immer ausgefeilteren Ermittlungsmethoden der Steuerfahnder hatten etwas in Bewegung gesetzt. Das war aber lange noch kein Schlusspunkt. Die Fahnder hatten nämlich erkannt, dass in den Selbstanzeigen über die einfache Nacherklärung hinaus noch viele weitere, sehr wertvolle Informationen steckten.

Es war wieder einmal Peter Beckhoff, der Wuppertaler Ober-Fahnder, der in einem unserer mittlerweile häufiger stattfindenden Gespräche darauf hinwies, dass diejenigen Steuerhinterzieher, die von der Möglichkeit einer strafbefreienden Selbstanzeige Gebrauch und für sich damit reinen Tisch gemacht hatten, der Steuerfahndung gewiss noch weiter gehende Erkenntnisse bescheren könnten. Viele von ihnen seien nach ihrem Läuterungsprozess sicher bereit, Auskunft darüber zu geben, wie ihr ganz persönlicher Betrugsfall eigentlich zustande gekommen war. Beckhoff vertrat die plausible Ansicht, dass viele Kunden von Banken und Anlageberatern ihre Steuerhinterziehung nicht von A bis Z allein durchgezogen hätten, sondern dass dahinter eine ganze Betrugsberatungsindustrie steckte. Schließlich verdienten diese Herrschaften massiv mit. Mit dem Erwerb von Steuer-CDs waren schließlich auch viele ausgeklügelte Praktiken der Finanzbranche ans Licht gekommen. Die Informanten hatten ja nicht nur Daten von Kontoinhabern auf einen Datenträger gepackt, sondern viele darüber hinausgehende Informationen. Die Speichermedien enthielten auch Kopien von Schulungsmaterialien, mit denen Berater über die wichtigsten Kniffe zum gefahrlosen Verstecken von Geldanlagen unterrichtet wurden. Auch Beratungsprotokolle zur Information der höheren Hierarchieebenen von Banken und anderen Beratungsgesellschaften waren dabei. Besonders drollig war der Hinweis eines Beraters in einem der Protokolle, dass er wie

Neue Erkenntnisse durch »Zweitverwertung« von Selbstanzeigen

immer darauf geachtet habe, keine Spuren zu hinterlassen – bis auf das Protokoll selbst, das seinen Weg auf die Daten-CD fand. Das waren aber Zufallsfunde. Über die Nachbefragung derer, die Selbstanzeige erstattet hatten, könnte man womöglich viel gezielter in Erfahrung bringen, welcher Berater den Weg zur Steuerhinterziehung geebnet hatte.

Damit würde die Beihilfe zu systematischer Steuerumgehung und zum systematischen Steuerbetrug nachweisbar. Hinweise dieser Art böten Steuerfahndern und Staatsanwaltschaft die Rechtsgrundlage dafür, Hausdurchsuchungen bei einer Reihe von Geldhäusern durchzuführen.

Anders als bei der Zustimmung zum Kauf von Steuer-CDs bestand mein Part bei der geplanten Nachbefragung nicht in der Freigabe des nötigen Geldes, sondern in der Zustimmung zu dem in der Tat etwas heiklen Vorhaben, eine größere Zahl abgeschlossener Fälle noch einmal aufzurollen, um mehr über die Hintergründe zu erfahren. Einen Anspruch darauf hatte die Steuerfahndung nicht. Es ging ausschließlich um die Bitte einer freiwilligen Mithilfe. Bei mittlerweile fast 20.000 Selbstanzeigen allein in NRW war allerdings zu erwarten, dass sich ausreichend viele Personen dazu bereit erklären würden und zu aussagekräftigen Ergebnissen beitragen könnten.

Gesagt, getan. Die Bereitschaft zur Kooperation war groß und ergiebig. Es wurde schnell klar, dass bestimmte Banken und dort wiederum bestimmte Berater das Geschäft der Beihilfe zum Steuerbetrug sehr gezielt betrieben. Viele derer, die Anzeige gegen sich selbst erstattet hatten, um der Gefahr einer empfindlichen Bestrafung zu entgehen und den Ruf des unbescholtenen Bürgers zu wahren, hatten nicht allein aus eigenem Antrieb gehandelt, sondern sie gehörten zur Zielgruppe von Banken und Treuhändern, die sie in Sachen Steuerhinterziehung aktiv beraten hatten. Aus den Gesprächen ergaben sich – kombiniert mit den Unterlagen, die von den Whistleblowern auf Datenträgern geliefert worden waren – hinreichend viele Verdachtsmomente, die eine Hausdurchsuchung bei deutschen Banken oder deutschen Niederlassungen ausländischer Banken durch Staatsanwaltschaften und Steuerfahnder rechtfertigten. Der Faden war aufgenommen. Er erwies sich in vielen Fällen als ein sehr langer Faden. An ihm zu ziehen, führte zu Enthüllungen ungeahnten Ausmaßes. Den Fahndern fielen Akten in die Hände, die weit über die aus Gesprächen und Datenträgern bekannten Sachverhalte hinausgingen.

Am Ende verfügten sie über ein riesiges Mosaik aus unterschiedlichsten Quellen, das ein selten klares Bild von Finanzprodukten, Verschachtelungen und internationalen Verflechtungen und auch von ihren Anbietern ergab. Konstrukte wie »Cum-Ex« und »Cum-Cum« gehörten ebenso dazu wie Einblicke in Briefkastenfirmen mit Sitz in Panama, Malta oder anderswo. Auch die in diesem Zusammenhang später bekannt gewordene panamaische Kanzlei Mossack Fonseca geriet so erstmals ins Fadenkreuz der nordrhein-westfälischen Steuerfahnder.

*

Je tiefer die Ermittler in die obskuren Strukturen eindrangen, desto mehr Hinweise erhielten sie. Nicht mehr nur von Whistleblowern und geläuterten Steuerhinterziehern, sondern zunehmend auch aus dem Kreis der Helfershelfer, die ihre letzte Chance ergreifen wollten, die eigene Haut zu retten. Im Jargon der Fahndung heißen sie ein bisschen respektlos einfach nur »die Sängerknaben«.

Gut vernetzten Tricksern ist nur mit guter Vernetzung der Aufklärer beizukommen

Es war ein gutes Gefühl zu sehen, wie im Lauf der Zeit Akteure aus ganz unterschiedlichen Richtungen einander zuarbeiteten. Dass in der jüngeren Vergangenheit erstmals Regierungschefs wegen ihrer Verstrickung in Steueraffären ihren Hut nehmen und Prominente vor den Richter treten mussten, ist hartnäckig recherchierenden Journalisten und Organisationen wie dem Tax Justice Network zu verdanken.

Das internationale Netzwerk investigativer Journalisten ICIJ hat mit der Auswertung und Verbreitung der Panama und der Paradise Papers, die ihnen von Whistleblowern zugespielt worden waren, für hohe Wellen der öffentlichen Empörung gesorgt. Wer die Medien hierzulande aufmerksam verfolgt, dem sind Namen wie Hans Leyendecker und Klaus Ott von der *Süddeutschen Zeitung,* Barbara Schmid vom *Spiegel* oder Volker Votsmeier vom *Handelsblatt* im Zusammenhang mit tief recherchierten Artikeln über Steuerkriminalität, ihre Hintergründe und Hintermänner vertraut. Nicht zu vergessen Bastian Obermayer und Frederik Obermaier, ebenfalls von der *Süddeutschen Zeitung,* und weitere Kolleginnen und Kollegen des Recherchenetzwerkes. In den letzten Jahren hat sich so eine Struktur etabliert, die manch einem, der lange Zeit gedacht hat, immer weiter ungestört Milliardenprofite aus dem Betrug an vielen Staaten der Welt schlagen zu können, mittlerweile gehöriges Kopfzerbrechen bereitet und Regierungen zum Handeln zwingt. Manchmal erkennbar widerwillig, aber immerhin. In Deutschland und anderswo.

Das habe ich selbst am Beispiel Griechenlands sehr eindrucksvoll erfahren dürfen.

*

2012 besuchte mich der griechische Generalkonsul in Düsseldorf, Nicolas Plexidas, zu einem allgemeinen Meinungsaustausch. Es gehört zur Routine solcher Treffen, dass man sich vorher erkundigt, ob es ein interessantes Besprechungsthema geben könnte, um vielleicht etwas in Bewegung zu setzen und nicht nur belanglose Nettigkeiten auszutauschen. Die Steuerabteilung des Finanzministeriums hatte eine Idee. Man könne doch dem Besucher anbieten, den Beifang an griechischen Kontoinhabern, der unseren Steuerfahndern bei der Auswertung von CDs und Bankendurchsuchungen ins Netz gegangen war, ganz offiziell über das Bundes-

Kooperation mit Griechenland: die schwere Geburt der »Borjans-Liste«

zentralamt für Steuern an die griechischen Behörden zu übermitteln. Das wäre doch ein Beitrag dazu, dass Athen den Staatshaushalt nicht nur über Rentenkürzungen sanieren müsse, sondern auch seine Steuerhinterzieher an die Kandare nehmen könne. Von verschiedenen Seiten hatte ich außerdem gehört, dass die Steuerverwaltung in Griechenland in Sachen Schlagkraft durchaus noch Luft nach oben hätte. Daraus entstand die Idee, dem Gast gleich auch noch einen Erfahrungsaustausch mit Fortbildungscharakter für einige Dutzend griechischer Finanzbeamten anzubieten, den wir in Nordrhein-Westfalen organisieren würden.

Der Konsul erschien, wir sprachen über dies und das, und dann unterbreitete ich ihm meinen Vorschlag. Nach kurzer diplomatischer Dankesbekundung schienen bei ihm die Zweifel zu überwiegen. Sei denn auch sichergestellt, dass der Bundesfinanzminister, der doch großen Einfluss auf die europäische Politik gegenüber Griechenland habe, nichts gegen den Vorstoß eines Landesfinanzministers, noch dazu von einer anderen Partei, einzuwenden habe? Diesen Zweifel konnte ich schnell zerstreuen. Ich schlug vor, Finanzminister Wolfgang Schäuble einfach zu fragen, und schickte noch vom Besprechungstisch aus eine SMS nach Berlin. Der Rückruf des Bundesfinanzministers kam rasch, aber leider erst nach Ende des Treffens mit Herrn Plexidas. Schäuble unterstützte die Idee voll und ganz.

Der Generalkonsul war aber auch ohne Kenntnis der positiven Antwort aus Berlin angesichts des für ihn überraschend kurzen Drahtes zwischen Wolfgang Schäuble und mir nicht mehr zu der heiteren Anfangsstimmung zurückgekehrt. Ihm war nicht wohl bei meinem Vorschlag. Seine Begründung: Es gebe in seinem Heimatland gerade gewisse Turbulenzen mit der sogenannten Lagarde-Liste. Das waren die Datensätze über griechische Steuerflüchtlinge, die die damalige französische Finanzministerin Christine Lagarde 2010 an Athen ausgehändigt hatte. Wie sich kurz vor dem Treffen mit dem griechischen Generalkonsul herausgestellt hatte, war der von den Franzosen übermittelte Datenträger zunächst »verloren gegangen«. Als Paris ein zweites Exemplar übersandte und auch die erste Liste wieder auftauchte, stellte man fest, dass auf dieser ein paar Namen aus Regierungskreisen gelöscht worden waren. In dieser aufgewühlten Phase bestand offenbar kein Interesse an weiteren Hinweisen auf mögliche Steuerhinterzieher.

Wenige Tage nach dem Besuch schrieb ich noch einen Brief an den Generalkonsul, in dem ich auf die zustimmende Reaktion des Bundesfinanzministers verwies und mein Angebot wiederholte. Das war's fürs Erste. Später erfuhr ich, dass der Generalkonsul unseren Vorschlag pflichtschuldigst nach Athen gekabelt hatte, bei der damaligen konservativen Regierung aber auf größte Zurückhaltung gestoßen war.

Für mich war die Sache erledigt. Ich hatte ein Angebot gemacht. Davon konnte die Gegenseite Gebrauch machen oder es lassen. Mich wurmte allerdings, dass die griechische Regierung gleich zwei mögliche Botschaften nicht nutzte. Sie hätte zum einen den Menschen in Griechenland zeigen können, dass sie vor einer weiteren Rentenkürzung zuerst einmal versucht, diejenigen zur Kasse zu bitten, die sich ihrer Mitverantwortung für ihr Gemeinwesen entzogen hatten. Zum anderen hätte sie den europäischen Partnern zeigen können, dass man gewillt war, zu Hause Ordnung zu schaffen. Das hätte bei uns die Akzeptanz für die Unterstützung Griechenlands erheblich steigern können. Unser Angebot war zweifellos nur ein bescheidener Beitrag. Aber es anzunehmen, wäre ein Zeichen gewesen.

Anfang 2015 wendete sich das Blatt. Es gab mittlerweile einen anderen Generalkonsul, und Griechenland hatte mit Alexis Tsipras einen neuen Premierminister von der linken Syriza-Partei. Das veranlasste mich, die neue Regierung über ein paar Umwege noch einmal auf das in Athen liegende Angebot unsererseits hinzuweisen. Siehe da: Es gab große Resonanz. Nach zwei Besuchen einer griechischen Delegation in Düsseldorf flog ich im Januar 2016 zu einer Unterredung mit Premierminister Tsipras nach Athen. Die Hellenische Republik und NRW unterzeichneten eine von den griechischen und deutschen Medien intensiv beachtete Kooperationsvereinbarung über den Erfahrungsaustausch respektive die Fortbildung griechischer Finanzbeamter in NRW. Außerdem hatten wir die schon 2012 angebotenen Datensätze über das Bundeszentralamt für Steuern an Griechenland übermittelt. Neben der Lagarde-Liste gab es nun also auch eine von den Griechen so genannte Borjans-Liste. Rund 10.000 Kontoinformationen über einen Bestand von rund 6 Milliarden Euro lagen nun in Athen. Zunächst kamen zwei Gruppen mit je 25 griechischen Steuerbeamten nach Düsseldorf. Drei Wuppertaler Steuerfahnder wurden von Griechenland angefordert, um bei der Ermittlungsarbeit vor Ort zu helfen. Die nordrhein-westfälischen Kolleginnen und Kollegen waren allesamt voll des Respekts für den Ausbildungsstand und den Einsatzwillen ihrer griechischen Pendants. Es gab Hausdurchsuchungen bei griechischen Niederlassungen internationaler Banken, Anklagen gegen frühere Regierungsmitglieder und Gerichtsverfahren gegen weitere Beschuldigte.

Trotzdem ist die Ausbeute bisher enttäuschend gering. Bis zum Frühjahr 2018 sind gerade einmal 16,5 Millionen Euro eingetrieben worden. Auch wenn von vornherein klar war, dass Auslandskonten nicht ausnahmslos der Steuerhinterziehung dienen und Kontostände nicht mit dem Volumen des Steuerbetrugs gleichzusetzen sind, ist die Erfolgsbilanz mager. Die griechischen Steuerfahnder beißen an vielen Stellen auf Granit. Das System von Patronage und Klientelismus, wie es die Griechenland-Expertin Jutta Lauth Bacas nennt,[1] hat auch unter den gegenwärtigen politischen Verhältnissen offenbar immer noch wirkungsvollen Zugriff auf den Verwaltungs- und Strafverfolgungsapparat.

Das erfuhren auch unsere Steuerfahnder während ihres Aufenthalts in Athen. Dort sollte ein Grundstück im Wert von 40 Millionen Euro zwangsversteigert werden, das einem überführten

---

[1] Jutta Lauth Bacas: Politische Patronage in Griechenland: Persistenz oder Wandel in der Staatsfinanzkrise?, *Südosteuropa-Mitteilungen* 05/2015

Steuerhinterzieher gehörte. Zwangsversteigerungen konnten aber – warum auch immer – nur mittwochs durchgeführt werden. Und mittwochs war der allein zuständige Staatsdiener immer verhindert.

Unsere aus Athen zurückkehrenden Spezialisten waren außerordentlich verblüfft. Ihre überaus engagierten Kollegen in Athen taten ihnen leid. Am Aufklärungswillen der Athener Fahnder hatte es nicht gelegen. Aber es war nicht zu übersehen, dass von Regierungswechseln unbeeindruckte Seilschaften in der griechischen Verwaltung eine nicht unbedeutende Rolle spielen. Der lange Zeitraum des Verzögerns unter der Vorgängerregierung hatte ein Übriges bewirkt: Viele Delikte sind mittlerweile verjährt oder stehen kurz vor der Verjährung.

*

Solche Erfahrungsberichte aus anderen Ländern haben aber auch ein Gutes. Sie führen uns vor Augen, wie sehr das Berufsethos der ganz überwiegenden Mehrheit deutscher Staatsdienerinnen und Staatsdiener wertzuschätzen ist. Gelegentlicher Ärger über den einen oder anderen notorischen Bedenkenträger tritt da weit in den Hintergrund.

Trotz allem war ein Anfang gemacht. Es folgte die Übersendung der nebenbei von Nordrhein-Westfalen mitgefischten Informationen über Konteninhaber mit fragwürdigen Kapitalbeständen an die Finanzministerien aller anderen 27 EU-Mitgliedstaaten. In Spanien wurde daraus die »Lista Renania«. Allesamt kleine Schritte, aber die Stoßrichtung

NRW nahm den Informationsaustausch ernst

stimmte: International organisiertem Übel kommen wir nur mit einer viel intensiveren internationalen Zusammenarbeit der Behörden bei. An mangelnder Bereitschaft der »Arbeitsebenen« in den Steuerbehörden hapert es in fast allen Staaten nicht. Das Problem ist die mangelnde Konsequenz der politischen Entscheidungsträger im Auftreten gegen einflussreiche Lobbys. Aber auch das konnten wir stärker in den Fokus der Medien und damit in die Öffentlichkeit rücken, wie Berichte in Presseorganen in einer Reihe von Staaten belegen.[2]

Soweit das von der Ebene eines Bundeslandes aus möglich war, haben wir also auch versucht, die internationale Vernetzung der Aufklärer voranzutreiben. Steuerbetrug und Steuerumgehung bedienen sich da, wo sie im großen Stil betrieben werden, grenzüberschreitender Strukturen und einer international bestens vernetzten Szene von Helfershelfern. Isoliert handelnde Ermittler wären dagegen vollkommen machtlos. Deshalb hat NRW Anfang 2017 erstmals Steuerfahnder des Bundes, der Bundesländer und der übrigen EU-Staaten zu einem Erfahrungsaustausch in die Vertretung des Landes nach Berlin eingeladen. Nicht nur die Gesetzgebung muss international aufeinander abgestimmt sein – die Finanzbehörden müssen es auch.

---

2 Besonders intensiv wurde und wird bis heute in der griechischen Presse berichtet.

III. Wem nicht gefiel, was wir taten

1. Der schwierige Kampf gegen die Verteufelung von Steuern

Entschlossenes Vorgehen, die Nutzung neuer Ermittlungstechniken und eine engere Kooperation sind verständlicherweise nicht nach jedermanns Geschmack. Besonders in den ersten Jahren meiner Amtszeit wurde alles Mögliche versucht, den Kauf von Steuer-CDs als Hehlerei zu verteufeln und diejenigen, die mithilfe der CDs als Steuerhinterzieher aufflogen, zu Opfern staatlichen Unrechts zu erklären. Das gipfelte in der Klage eines Ehepaares, das durch eine CD des Steuerbetrugs überführt war, vor dem Internationalen Gerichtshof für Menschenrechte in Den Haag. Die Kläger fanden nicht ihren Betrug verwerflich, sondern die Tatsache, dass ein Datendieb sie gegen Geld verraten hatte. Das war für sie eine Menschenrechtsverletzung. Der Gerichtshof folgte dieser Sichtweise nicht. Die Klage wurde abgewiesen.

Das Bundesverfassungsgericht hatte schon vorher entschieden, dass auch gestohlene Daten zur Überführung von Steuerstraftätern verwendet werden dürfen. Schließlich gab es jahrzehntelang keinen Zugriff auf Steuerbetrug im großen Stil.

Es überrascht nicht, dass die Täter und ihre Helfer aus der Finanzbranche versuchen, diejenigen zu verteufeln, die sie verpfeifen und damit ihre heile Welt des unerkannten und unerkennbaren Betrugs gehörig in Unordnung bringen. Überraschend ist eher, wie lange es danach aussah, dass der Versuch, die Täter zu Opfern zu machen, Erfolg versprach. Anfangs schien es zu gelingen, die illegale Datenbeschaffung durch unsere Informanten in der Öffentlichkeit zur eigentlichen Untat zu machen. Die Hoffnung, damit den milliardenschweren Betrug zu bagatellisieren, erwies sich allerdings als trügerisch. Er wurde so erst richtig zum Thema.

Steuer-CDs sind das letzte Glied einer Kette, die damit beginnt, dass es für Kapitalerträge keine lückenlose Mitteilungspflicht an die Steuerbehörden gibt. Solange das so ist, wird es immer Versuche geben, Einnahmen aus Zinsen und Dividenden unversteuert am Fiskus vorbeizumogeln. Aber überall da, wo betrogen wird, droht auch das Risiko, von Whistleblowern verpfiffen zu werden. Ohne sie würden die Betrugsermittler oft im Dunkeln tappen.

Skurrile Versuche, aus Tätern Opfer und aus Aufklärern Täter zu machen

Ginge es nach den Profiteuren des Steuerbetrugs, dann würde diese Kette von Ereignissen ausgerechnet an ihrem Ende bekämpft. Das hätte gerade noch gefehlt: Der Staat bekämpft den Hinweis auf krumme Geschäfte und sichert damit wieder das ruhige Leben derer, die die Allgemeinheit prellen. Andersherum wird ein Schuh draus: Der Staat muss dafür sorgen, dass es Mitteilungspflichten an die Finanzämter nicht nur für die gibt, die ihr Geld mit Arbeit verdienen, sondern auch für die, die ihr Geld für sich arbeiten lassen – und zwar nachprüfbar und bei Verstößen spürbar strafbewehrt. Dann wären viele Wege des Betrugs verbaut oder hochriskant und damit unattraktiv, und dann hätte auch der Verrat keine Grundlage mehr. Was soll auf einer CD stehen, wenn Kapitalerträge genauso sauber gemeldet würden wie Arbeitseinkommen? So lange noch CDs angeboten werden, auf denen etwas Erhellendes zu finden ist – die also Licht ins Dunkel dubioser Finanzgeschäfte bringen –, so lange gibt es offenbar noch Schlupflöcher. So lange sind Whistleblower die einzige Chance, wenigstens einen Teil des Schadens für die Allgemeinheit wiedergutzumachen. Alle angerufenen Finanzgerichte bestätigten den Kauf von Steuer-CDs denn auch als rechtens, weil er letztlich Notwehr sei. Ebenso sah es das von Wolfgang Schäuble geführte Bundesfinanzministerium gestützt auf Gutachten schon 2010. Der Minister selbst sah es mal so, mal so.

Interessierte Kreise setzten jedenfalls alles in Gang, ein wirkungsvolles Instrument der Steuerfahndung zu verteufeln, um sorglose Steuerhinterziehung und die kreative Arbeit an neuen Geschäftsmodellen zulasten der Allgemeinheit weiter zu gewährleisten. Der Verlag »markt intern« bot auf seiner Website sogar einen Vordruck für eine Klage unter anderem gegen mich zum Download an. Die 2012 in den nordrhein-westfälischen Landtag gewählte Piraten-Partei, heute schon wieder Geschichte, hatte Netztransparenz zwar auf ihre Fahnen geschrieben. Das hinderte einige ihrer Fraktionsmitglieder aber nicht daran, den Schulterschluss mit einem Düsseldorfer Rechtsanwalt zu suchen und mich wegen der Zustimmung zum Erwerb von Steuer-CDs anzuzeigen. Die Fraktion als Ganzes distanzierte sich dann aber wieder davon. Diese Vorstöße führten allerdings nicht dazu, dass Steuerhinterzieher sich wieder in Sicherheit wiegen konnten. Staatsanwaltschaften und Gerichte erfüllten die Hoffnungen nicht.

*

Die Interessenvertreter der »Steueroptimierer« ließen nicht locker. Wenn es mit »Robin Hood« als Schimpfwort schon nicht geklappt hatte, dann vielleicht mit »Hehler«. Ganz ohne Wirkung blieb das nicht, auch wenn die notfalls bezahlte Datenbeschaffung in allen Umfragen von der großen Mehrheit der Bürgerinnen und Bürger unterstützt wurde. Der

Die Anti-Steuer-Lobby setzt auf Stimmungsmache

Begriff »Datenhehlerei« gehörte und gehört trotz allem auch heute noch zum Standardkatalog an Fragen, die im Zusammenhang mit dem Kauf von CDs gestellt werden. »Ist das nicht Hehlerei?«, »Heiligt der Zweck wirklich jedes Mittel?« heißt es in jeder Diskussion.

Ich beantworte diese Fragen ausgesprochen gern. Nein, auch ein guter Zweck heiligt nicht jedes Mittel. Aber wenn es darum geht, einen Ring von Straftätern zu enttarnen, die anders nicht zu packen sind, ist es dann nicht auch in anderen Feldern der Kriminalität gang und gäbe, auf Informationen aus der Szene zurückzugreifen, ja auf Verrat aus dem Milieu zu setzen, notfalls auch gegen Belohnung? Etwa bei Drogendelikten oder extremistischen Straftaten? Weil wir in diesen Fällen emotional anrührende Bilder von Opfern vor Augen haben, kämen selbst die Kritiker des Kaufs von Steuer-CDs nicht auf die Idee, die Belohnung von Zeugen als unverhältnismäßiges Mittel zu verunglimpfen. Bei Steuer»sünden« fehlen diese Bilder leider – trotz Milliardenschäden für die Gesellschaft. Da ist der Erwerb von Informationen zur Täterermittlung für einige dann auf einmal ein Mittel, das vom Zweck nicht geheiligt ist.

Und wie verhält es sich mit dem Vorwurf der Hehlerei? Hehlerei findet statt, wenn jemand einem Dieb das Diebesgut zu einem schlechten Preis abnimmt, weil der es sonst gar nicht verwerten könnte. Anschließend macht ein Hehler selber ein gewinnträchtiges Geschäft daraus. Der Käufer des Diebesgutes setzt die kriminelle Kette also fort und beendet sie nicht. Was hat das mit einem Fahnder zu tun, der Diebesgut kauft, um den Täter- und Helfershelferring zu knacken? Nicht die Ermittlungsarbeit ist kriminell, sondern die Steuerhinterziehung. Wollte man den Begriff der Hehlerei unbedingt verwenden, dann wäre derjenige der Hehler, der die hinterzogenen und der Allgemeinheit damit widerrechtlich vorenthaltenen Steuern zu einem schlechten Zins und hohen Gebühren entgegennimmt und damit Geschäfte macht. Das ist aber nicht der Fahnder, sondern die Bank, die Beihilfe leistet und gut daran verdient.

> **Nicht Steuerbehörden rücken in die Nähe der Hehlerei, sondern Banken**

Besonders den Regionalmedien fiel es anfangs nicht leicht, eine klare Position einzunehmen. Zunächst neigten einige Journalisten eher der nordrhein-westfälischen Oppositionsmeinung von CDU und FDP zu und kritisierten einerseits die schroffe Ablehnung eines Steuerabkommens mit der Schweiz, andererseits den offensiven Umgang der nordrhein-westfälischen Landesregierung mit der Bezahlung von Informanten. (Obwohl doch mein CDU-Vorgänger – wenn auch mit Hängen und Würgen – den ersten CD-Käufen zugestimmt hatte. Heute feiert die CDU ihn als den eigentlichen Pionier, hält sich aber gleichzeitig mit klarstellenden Aussagen über die Fortsetzung meiner Ankaufpolitik sehr zurück …)

In den Leserbriefspalten und Internet-Kommentaren wurde aber rasch klar, dass die Haltung der Bürgerinnen und Bürger eine andere war. Dort war zu lesen, was ich immer häufiger auch bei Veranstaltungen, ja selbst auf der Straße, erlebte: dass mich die Menschen offen ermunterten, bloß geradlinig zu bleiben und nicht einzuknicken. Lange genug hätten sich feine Kreise auf Kosten der Normalbürger vor dem Mitbezahlen dessen gedrückt, was sie genauso wie alle anderen in Anspruch nehmen würden: Straßen, Lehrer, Polizei.

Die Wirkung auf die Berichterstattung und besonders die Kommentierung blieb nicht aus. Auch die regionalen Medien nahmen sich jetzt zunehmend der Bekämpfung von Steuerbetrug als einer gerechten und wichtigen Sache an.

*

Natürlich ist Medium nicht gleich Medium, genauso wie Politik nicht gleich Politik ist. Es gibt Medien, die die Aufklärung eines jahrzehntelang unbehelligt vollzogenen Kapitaldelikts an der Allgemeinheit als fragwürdiges Unterfangen diskreditieren und Steueroasen als Beitrag zum globalen Wettbewerb preisen. Und es gibt Politiker, die es für gute Standortpolitik halten, wenn sie die Zahl der Betriebsprüfer ausdünnen oder bei Gewinnverschiebungen in Steueroasen beide Augen zudrücken. Als die Europäische Kommission 2016 von Irland die Zahlung von 12 Milliarden Euro forderte, weil das Land dem Unternehmen Apple in dieser Höhe Steuervorteile und damit eine unzulässige Beihilfe gewährt hatte, schwang sich der damalige bayerische Finanzminister Markus

Söder zu einem der Fürsprecher des Konzerns auf.[1] Apple hat seinen Deutschland-Sitz in München. Noch Fragen?

Mir geht es nicht darum, die demokratische Legitimation derer infrage zu stellen, die die zunehmende Spaltung der Gesellschaft negieren oder sie für ein belebendes Element der wirtschaftlichen Dynamik halten. Meinungsvielfalt gehört zur Demokratie. Wenn eine politische Partei offen mit der These anträte, dass Gewinnverschiebungen in Niedrigsteuerstaaten Ausdruck eines funktionierenden internationalen Wettbewerbs sind, dann hätte sie in mir einen verbissenen Widersacher. Diese Position zu vertreten, ist aber ebenso legitim, wie Medienkommentare legitim sind, die Steueroasen und Steuersenkungswettläufe als Versicherung gegen eine übermächtige Staatsgewalt betrachten. Das gehört zur Meinungsfreiheit, und die Wählerinnen und Wähler respektive die Leserinnen und Leser entscheiden am Ende, ob sie das auch so sehen oder nicht. Bei einer Auseinandersetzung mit offenem Visier weiß man wenigstens, woran man ist.

> **Sagen, was man tut, und tun, was man sagt – ein überholtes Leitbild?**

Schwieriger wird es, wenn Lobbys ihre Interessen mit irreführenden Kampagnen durchzusetzen versuchen (dazu später mehr) und Parteien auf offener Bühne etwas anderes sagen, als sie im Hintergrund tun. Damit haben wir es in der steuerpolitischen Debatte leider oft zu tun. Weil die große Mehrheit der Menschen inzwischen viel entschiedener von der Politik erwartet, dass sie dem Drückebergertum bei den Steuern einen Riegel vorschiebt, können einschlägige Kommentatoren bei der *FAZ*, der *Welt* und anderen noch so sehr den Nutzen von Steueroasen hervorkehren und jeden Vorstoß für einen höheren Steuerbeitrag Mega-Vermögender verteufeln – eine politische Sympathiebewegung verspricht das nicht zu werden. Wie denn auch? Der Personenkreis, der davon profitiert, ist klein. Deshalb müssen sich die Sachwalter die-

---

1 Söder stellt sich im Steuerstreit hinter Apple, *SZ* vom 1.9.2016

ser Position etwas einfallen lassen, um politische Mehrheiten zu organisieren. Sie brauchen die Unterstützung von Menschen, denen Steuerprivilegien selber gar nicht zur Verfügung stehen und die für Steuertricks zulasten der Allgemeinheit normalerweise auch kein Verständnis haben. Das erreicht man nicht mit offenem Visier, dazu muss man Legenden bilden. So geben sich denn mittlerweile alle politischen Parteien rhetorisch als entschiedene Vorkämpfer für Steuergerechtigkeit aus. Die ungeschminkte Darstellung des Ressortleiters Wirtschaft der *Welt*, Olaf Gersemann, der in seinen Beiträgen Steueroasen glühend verteidigt,[2] traut sich aber nicht einmal die FDP offen zu teilen. Die Frage ist nur: Was kommt nach der Rhetorik? Folgen den Sonntagsreden montags auch Taten?

*

Bis jetzt ist es so, dass entschiedene Schritte gegen Steuertrickser und Steuerbetrüger ausbleiben. Gesetzesinitiativen des Bundesrates kamen nicht oder nur sehr verwässert und verzögert voran. Oft blieben sie einfach im Bundesfinanzministerium liegen. Hinter verschlossenen Türen gilt die lautstarke öffentliche Ankündigung nicht mehr, weil auf andere Interessen als die der übergroßen Mehrheit Rücksicht genommen wird.

Wie kommt die auffällige Diskrepanz zwischen Reden und Handeln zustande? Wer betreibt die Obstruktion und wie gehen diese Leute vor? Wolfgang Schäuble hatte in seiner Zeit als Bundesfinanzminister immer eine Erklärung parat. Da kam es vor, dass ich beim Besuch des Finanzministeriums eines Nachbarlandes gefragt wurde, warum denn die deutschen Bundesländer ihrem Bundesfinanzminister bei der Umsetzung von Maßnahmen gegen Steuertricks so viele Steine in den Weg legten. Mit dieser Behauptung hatte er in Brüsseler Kreisen, so erfuhr ich etwa in Den Haag, jede

---

2 Siehe etwa verschiedene Beiträge von Olaf Gersemann in der *Welt*, etwa: Drei gute Gründe, warum wir Steueroasen brauchen, Kommentar am 6.11.2017

Schuld für die Untätigkeit der Bundesregierung von sich gewiesen. In anderen Fällen waren Sozialdemokraten und Grüne die Bösewichte. Nie nannte er hingegen die beim Namen, die wirklich auf der Bremse standen. Das waren seine Kolleginnen und Kollegen in der CDU/CSU-Bundestagsfraktion und bis 2013 auch die FDP.

In den Finanzrunden bei der Koalitionsbildung zwischen SPD und CDU/CSU 2013 wurde das mehr als einmal deutlich. Mit Wolfgang Schäuble selbst gab es durchaus gemeinsame Positionen. Dazu gehörte beispielsweise, dass es mit der Umsetzung einer internationalen Meldepflicht von Kapitalerträgen an die Steuerbehörden, wie sie zu diesem Zeitpunkt von der OECD erarbeitet wurde, keinen Grund mehr gäbe, Zinsen und Dividenden mit einer Abgeltungssteuer von nur 25 Prozent zu belasten.

> **Die vollständige Abschaffung der Abgeltungssteuer steht leider nicht auf der Agenda**

Diese Regelung war zwar tatsächlich von einem Sozialdemokraten – Peer Steinbrück, Schäubles Vorgänger im Amt des Bundesfinanzministers – eingeführt worden. Allerdings war sie eine Notlösung, weil so wenigstens überhaupt ein Beitrag von denen geleistet wurde, die ihr Geld für sich arbeiten lassen. Steinbrücks Ausspruch »Lieber 25 Prozent von x als 42 Prozent von nix« gehört mittlerweile zu den geflügelten Worten in Steuerdebatten. Inzwischen aber verhandelten die OECD-Staaten über einen »Common Reporting Standard«, der es endlich möglich machen würde, Arbeits- und Kapitaleinkünfte gleich zu behandeln. Das sah auch Schäuble so, der unter den damals herrschenden Bedingungen auch Steinbrücks Schritt richtig fand. 2013 stand eine Änderung kurz bevor.

Heute wissen wir, dass die Umsetzung des OECD-Standards seit 2018 erfolgt. Wie wirksam er sein wird und welche neuen Konstruktionen sich die Finanzbranche möglicherweise einfallen lassen wird, um ihre Kunden vor dem Zugriff des Finanzamts zu schützen, wird sich allerdings erst noch zeigen. Eigentlich gab es zu keiner Zeit einen Zwang, den 25-prozentigen Steuerabzug von

Kapitalerträgen durch die auszahlende Bank als »Abgeltung« der Steuerschuld zu betrachten. Ebenso gut hätte man sie als »Quellensteuer« definieren können. Sie wäre dann von der Bank quasi als Vorauszahlung geleistet worden und hätte den Empfänger nicht von der Pflicht entbunden, Zinsen und Dividenden zusammen mit dem übrigen Einkommen zu versteuern.

Widerstand gegen die von Schäuble angestrebte Abschaffung der Abgeltungssteuer, die auch die Kapitalerträge von Multimillionären pauschal mit nur 25 Prozent belastet, kam dabei weiß Gott nicht von der SPD. Ich selber hatte angesichts der erkennbaren Sympathie Schäubles einen Satz für den Koalitionsvertrag vorgeschlagen – wenigstens als Merkposten. Ich schlug vor zu schreiben, dass »sich mit der Umsetzung des automatischen Informationsaustauschs die Frage der Abgeltungssteuer auf Kapitalerträge neu stellen« würde. Schäuble signalisierte Einverständnis.

Er hatte wohl nicht mit dem offenen Widerstand aus seiner eigenen Fraktion und aus Bayern noch während unserer Verhandlungsrunde gerechnet. Schließlich durchbrach der Bundesfinanzminister selbst damit das von den eigenen Parteifreunden aufgestellte Dogma: »Keine Steuererhöhungen – für niemanden!« Mein Vorschlag, von Schäuble mitgetragen, überlebte die Schlussverhandlungen nicht. Aber Schäuble wiederholte unsere gemeinsame Position später mehrfach – besonders mit Blick auf die Zeit nach der Bundestagswahl 2017.[3] Noch im Mai 2017 unterstrich der damalige Bundesfinanzminister seine Auffassung beim Jahreskongress der Steuerberater in München. Dort sagte er: »Der automatische Informationsaustausch bietet uns die Chance, diese Entscheidung von damals neu zu bedenken und gegebenenfalls auch neu zu gestalten.«[4] Der Journalist Claus Hulverscheidt kommentierte den Vorstoß allerdings schon im Mai 2014 in weiser Vor-

---

3 Siehe z. B. »Schäuble plant Ende der Abgeltungssteuer«, *SZ* vom 10.11.2015; »Schäuble rückt von der Abgeltungssteuer ab«, *FAZ.net* vom 10.11.2015
4 Zitiert nach *Handelsblatt* vom 30.5.2017

aussicht und mit spitzer Feder so: »Es entbehrte nicht einer feinen Ironie, wenn ausgerechnet ein Christdemokrat eine von Sozialdemokraten ersonnene Steuer abschaffte, weil sie sozial ungerecht ist. Doch diese Schmach wird Steinbrück wohl erspart bleiben, denn dass CDU und SPD etwas als richtig erkennen, heißt ja noch lange nicht, dass sie auch etwas ändern. Oft ist es nämlich so, dass irgendwelche drittklassigen anderen Gründe gegen eine Reform sprechen. Der Koalitionsvertrag etwa. Oder Horst Seehofer. Ärgerlich ist das. Noch ärgerlicher als Phrasendrescherei.«[5]

Der 2018 geschlossene Koalitionsvertrag über die Fortsetzung der Koalition von CDU/CSU und SPD hat Hulverscheidts düstere Prognose fast vier Jahre später noch einmal eindrucksvoll unterstrichen. Der aktuelle Koalitionsvertrag enthält einen mehr als faulen Kompromiss. Die pauschale Abgeltungssteuer von 25 Prozent soll demnach nur für Zinseinnahmen entfallen. Zinseinnahmen würden dann wieder wie früher dem Gesamteinkommen zugerechnet und mit dem individuellen Steuersatz belastet. Vor dem Hintergrund, dass bei den meisten Klein- und Durchschnittsverdienern am Monatsende nichts oder nur so viel übrig bleibt, dass die Zinsen auf Ersparnisse unter dem Steuerfreibetrag von 801 bzw. 1.602 Euro für Ehepaare liegt, würde künftig vor allem die gehobene Mittelklasse höher besteuert. Für die wirklich Reichen mit Kapitaleinkünften aus Aktien oder anderen Finanzprodukten sieht der Koalitionsvertrag keine Änderung des geltenden Steuersatzes von 25 Prozent vor.

*

Den frisch gekürten bayerischen Ministerpräsidenten wird es freuen. Schon 2014 war es gar nicht Horst Seehofer, der den Bundesfinanzminister anging, sondern Markus Söder, zu dieser Zeit

---

5 »Kapitalisten bevorzugt«, Kommentar von Claus Hulverscheidt in der *SZ* vom 14.5.2014

noch bayerischer Finanzminister. Nachzulesen ist das etwa auf *Focus Online* vom Mai 2014. Dort wird Söder zur Abschaffung der Abgeltungssteuer mit den Worten zitiert: »Das würde für einzelne Bürger Steuererhöhungen bedeuten.«[6] Das passte zu der Auffassung, die der heutige bayerische Regierungschef schon 2013 in den Koalitionsrunden vertreten hatte: dass nämlich auch jeder Abbau unsinniger Steuersubventionen und die Schließung bisher legaler Schlupflöcher im Ergebnis eine Steuererhöhung und damit für ihn ausgeschlossen sei. Ein bemerkenswertes Gerechtigkeitsverständnis. Immerhin nannte er auch eine Begründung für seine Ablehnung, die noch heute aufhorchen lässt. »Zur Abgeltungssteuer käme … irgendwann (ja noch) die im Moment geplante Finanztransaktionssteuer hinzu.«[7] Die träfe gar keine Zinsüberweisungen, sondern die Spekulation mit Hochgeschwindigkeits-Finanztransaktionen. Überfällig ist sie allemal.

Markus Söder setzt auf »Bauchdemoskopie«

Die Besteuerung dieser Form von Zockerei steht wirklich im Koalitionsvertrag. Man darf gespannt sein, wie sich Bayern verhält, wenn es darum geht, sie wirklich durchzusetzen.

Dass Markus Söder seine finanz- und steuerpolitischen Positionen aus intensiver Beschäftigung mit volkswirtschaftlichen Zusammenhängen ableitet, behaupten die wenigsten, vermutlich nicht einmal er selbst. Sein Kompass ist denn auch nach eigenen Worten die »Bauchdemoskopie«.[8] Man kann auch sagen: die gefühlte Faktenlage.

Was der Bauch einem Markus Söder oder anderen in der Politik sagt, ist das eine. Bemerkenswert ist aber, dass Söders Bauchdemoskopie in Fragen der Steuerpolitik zu ganz anderen Ergebnis-

---

6 *Focus.de*, 13.5.2014
7 Ebd.
8 »Der erste Ministerpräsident, mit dem ich mich nicht identifizieren kann«, *SZ*, 8.12.2017

sen kommt als klassische Meinungsumfragen. Die sagen nämlich regelmäßig, dass sich die große Mehrheit für eine stärkere Beteiligung besonders hoher Einkommen an der Finanzierung unseres Gemeinwesens ausspricht. Die Mehrheit will einerseits, dass Steuerbetrug rigoros aufgeklärt und geahndet wird, Steuerschlupflöcher wirksam geschlossen und Steuerparadiese mit einem Bann belegt werden. Stellvertretend für viele sei die Emnid-Umfrage für *BILD am Sonntag* im April 2017[9] genannt. 75 Prozent der Befragten fanden das deutsche Steuersystem ungerecht. Als ein wichtiger Grund dafür wurde genannt, dass die Reichen zu wenig Steuern bezahlen. Das fanden 71 Prozent der Befragten. Besonders überrascht waren die Auftraggeber von der *BamS* darüber, dass nur wenige der Befragten Steuermehreinnahmen für Steuersenkungen verwenden wollten. Stattdessen sprachen sie sich für höhere Investitionen und Sozialleistungen aus. In einer anderen Umfrage desselben Instituts für dasselbe Blatt wollten im November 2017 immerhin 53 Prozent der Befragten auch gleiche Steuersätze auf Arbeitseinkommen und Kapitaleinkünfte.[10] Und dann sagen Politiker wie Markus Söder, dass solche Vorschläge ebenso wie Maßnahmen gegen Steuertricks – wenn auch für eine sehr spezielle Gruppe – am Ende auf Steuererhöhungen hinausliefen.

Überboten wurde er nur noch von Christian Lindner, der im Bundestagswahlkampf 2017 mit Steuersenkungsversprechen von bis zu 40 Milliarden Euro pro Jahr durch die Lande zog. Selbstverständlich mit besonders hoher Entlastung für hohe Einkommen. Wir erinnern uns: Allein für die Reparatur unserer Verkehrswege wären 43,5 Milliarden Euro nötig und für die Sanierung unserer Schulen 48 Milliarden, aber es fehlte das Geld. Die FDP warb stattdessen damit, die Steuereinnahmen um 40 Milliarden Euro zu senken – Jahr für Jahr! In einer Legislaturperiode um sage und schreibe 160 Milliarden.

---

9 *BamS*, 23.4.2017
10 *BamS*, 11.11.2017

Damit lag die FDP wie die CSU näher bei der gefühlten Meinung des *BamS*-Schwesterblattes *BILD*. Die *BILD*-Zeitung hatte im Februar 2017 in riesigen Lettern über den staatlichen Haushaltsüberschuss berichtet und getitelt. »Der Staat schwimmt in unserem Geld – Jetzt wollen WIR es zurückhaben!«[11] Gefühlte oder besser gesagt: vorgegebene Meinung hier gegen die gemessene Meinung der Umfrageinstitute dort.

※

Hat die Bauchdemoskopie am Ende eher richtiggelegen? Wenn man die Wahlergebnisse von SPD, Grünen oder auch der Linken allein auf die steuerpolitischen Vorstellungen zurückführt, liegt dieser Schluss nah. Selbst in den Führungszirkeln der SPD glauben das nicht wenige. Nach den beiden verlorenen Bundestagswahlen 2013 und 2017 war auch dort die Ursache schnell gefunden: Die Menschen mögen keine Steuererhöhungsdebatten. Und: Gerechtigkeit sei kein Gewinnerthema.

2013 habe ich das besonders nah miterleben können. Vor der Wahl waren die stärkere Beteiligung von hohen Einkommen und Vermögen und konsequentes Vorgehen gegen Steuerbetrug und Steuertricks wichtige Botschaften der SPD und ihres Kanzlerkandidaten Peer Steinbrück. Ich selbst habe mit ihm gemeinsame Veranstaltungen zu diesem Thema bestritten. Die Resonanz war außergewöhnlich groß – und positiv.

Nach der Wahl trafen wir als Verhandlungsgruppe zur Finanzpolitik auf eine halsstarrige CDU/CSU-Delegation, die, wie erwähnt, in der Bereitschaft, Kompromisse einzugehen, weit hinter ihrem Anführer Wolfgang Schäuble zurückblieb. Dass sich die Haltung von CDU und CSU gegen jede Art von Mehrbelastung der oberen 5 bis 10 Prozent der Einkommens- und Vermögensskala durchsetzte, hatte auch damit zu tun, dass sich die SPD-

---

11 *BILD*, 24.2.2017

Spitze einreden ließ, ein besseres Wahlergebnis sei an der Steuerpolitik gescheitert.

Im Bundestagswahlkampf 2017 war es nicht anders. Die konsequente Bekämpfung von milliardenschwerem Steuerbetrug und allen möglichen Tricks der Ausnutzung von Gesetzeslücken und internationalen Unstimmigkeiten sollte ein Schwerpunkt des Kanzlerkandidaten Martin Schulz werden. Eine Arbeitsgruppe unter der Leitung des hessischen SPD-Vorsitzenden und stellvertretenden Bundesvorsitzenden der Sozialdemokraten, Thorsten Schäfer-Gümbel, sollte zudem ein Konzept erarbeiten, das die Entlastung kleiner und mittlerer Einkommen mit einem moderaten Anstieg der Steuern auf Mega-Einkommen und Mega-Vermögen verband. Zusammen mit dem Mehrertrag aus der Bekämpfung von Steuerbetrug sollte das Konzept Raum für Investitionen in Bildung, Infrastruktur, Sicherheit und gesellschaftlichen Zusammenhalt schaffen. Ich war Mitglied dieser Arbeitsgruppe und stellte ein Modell vor, das ich im Kapitel V in groben Zügen erläutern werde. Auch diesmal spielte die Angst vor der eigenen Courage in den Diskussionen eine enorme Rolle. Das Steuerkonzept für das Bundestagswahlprogramm, das schließlich dabei herauskam, hatte nach meinem Empfinden viele gute Ansätze. Aber für den Insider war doch klar erkennbar, wie viele Ängste vor der Stimmungsmache der Steuersenkungslobby bis zur Verabschiedung durch den Parteivorstand ihre Spuren hinterlassen hatten.

> **Die Steuerpolitik war weder 2013 noch 2017 Ursache für die Niederlage der SPD bei der Bundestagswahl**

Nicht nur das! Die steuerpolitischen Vorstellungen der SPD inklusive des zu Jahresbeginn 2017 lautstark angekündigten Feldzugs gegen den Steuerbetrug spielten ab der Jahresmitte kaum noch eine Rolle. Dabei hatten viele Bundespolitiker der SPD in der ersten Jahreshälfte mit Unverständnis darauf reagiert, dass die nordrhein-westfälische Landes-SPD ihre Kompetenz in Sachen Steuergerechtigkeit im Landtagswahlkampf überhaupt nicht zum

Thema gemacht hatte. Ab Juli/August wurde die Steuergerechtigkeit auch im Bundestagswahlkampf nur noch sehr gedämpft thematisiert. Trotzdem waren viele auch nach der 2017er-Wahl wieder sehr schnell davon überzeugt, dass die Steuer- und Verteilungsgerechtigkeit überbetont worden sei und die SPD deshalb nicht optimistisch und zu wenig zukunftsgewandt gewirkt habe.

Unsere Vorstöße für ein gerechteres Steuersystem und die Durchsetzung der Steuergesetze waren weder 2013 noch 2017 rückwärtsgerichtet. Nach meiner festen Überzeugung war unsere Steuerpolitik auch nicht der Grund für den mangelnden Zuspruch der Wählerinnen und Wähler. Der Grund für die letzten zwei Wahlniederlagen der SPD im Bund war mangelnde Glaubwürdigkeit – auch in Bezug darauf, wie ernst wir es mit der Durchsetzung von mehr Steuergerechtigkeit gegen einen Koalitionspartner meinen, der von der Entlastung der »Mitte« spricht, aber vor allem eine noch geringere Beteiligung der Reichen an der Staatsfinanzierung im Hinterkopf hat.

*

Anders als im Bund fehlte uns in Nordrhein-Westfalen die Glaubwürdigkeit in diesem Bereich ganz sicher nicht. In NRW war das Versäumnis nicht, dass den Reden über die Bekämpfung des Betrugs an der Allgemeinheit keine Taten gefolgt wären. Unsere Bilanz konnte sich nun wirklich sehen lassen. Es war auch nicht die Ablehnung des Kaufs von Steuer-CDs, wie Schweizer Politiker vom rechten Flügel des politischen Spektrums nach der Wahlniederlage in ihrem Glückstaumel behaupteten.[12] In NRW – darauf werde ich bis heute bei vielen Gelegenheiten angesprochen – ha-

---

12 So etwa Thomas Matter, Nationalrat der rechtskonservativen Schweizer Volkspartei SVP. In einem Artikel der Schweizer Zeitung *Blick* vom 15.5.2017 mit dem Titel »NRW-Finanzminister Walter-Borjans entmachtet – Der Banken-Schreck ist am Ende« wird Matter zitiert: »Offenbar ist den Wählerinnen und Wählern in Nordrhein-Westfalen aufgefallen, dass sein ganzes Gebaren und seine Datenhehlerei scheinheilig waren.«

ben wir einfach zu wenig über die Taten gesprochen, die unseren Reden wirklich gefolgt waren. Nicht nur, was Steuer-CDs und das verhinderte Verdunkelungsabkommen mit der Schweiz betraf, sondern auch, was unsere vielen steuerpolitischen Vorstöße im Bundesrat anging. Etwa die Verschärfung der Bedingungen für eine strafbefreiende Selbstanzeige, mit der wir sichergestellt haben, dass es zwar weiterhin besser ist, von selbst auf den Pfad der Tugend zurückzukehren, als sich erwischen zu lassen, dass es aber noch günstiger ist, seine Steuern von vornherein ehrlich zu bezahlen. Oder die schon erwähnten Maßnahmen gegen die Manipulation von Registrierkassen. Oder der von NRW mitinitiierte Gesetzentwurf für ein Unternehmensstrafrecht, das es erlaubt, wirksamer gegen Banken vorzugehen, die massive Beihilfe zum Steuerbetrug leisten. Dass einige dieser Initiativen von der Bundesregierung trotz Mehrheitsbeschlusses des Bundesrates einfach ignoriert oder nur abgespeckt verwirklicht wurden, hängt damit zusammen, dass der Finanzsektor und vermögende Anleger im liberal-konservativen Lager viele Fürsprecher haben. So schlug die Nachsicht gegenüber einer bedeutenden Wählerklientel ein ums andere Mal die viel gepriesene Gerechtigkeit für die Normalbürger.

Klientelpolitik versus Interessenvertretung der Mehrheit

Was bei FDP und Teilen von CDU und CSU in gewisser Weise wenigstens plausibel ist, wirft beim Verhalten eines Teils der Sozialdemokratie Fragen auf. Wo liegen die Ursachen für die Zaghaftigkeit, wenn es darum geht, die richtigen Schlüsse aus einer tiefer werdenden Kluft zwischen Arm und Reich zu ziehen? Wenn nicht alle Umfragen täuschen, wollen die Menschen im Land einen handlungsfähigen Staat. Sie wollen, dass in einem so reichen Land wie Deutschland nicht immer mehr aus der Mitte abrutschen und selbst in einem erfolgreichen Arbeitsleben von der Sorge geplagt werden, ob auch für sie Älterwerden und Altsein in Würde möglich sind. Sie wollen, dass alle Kinder die Chance auf eine gute Zukunft haben. Sie wissen, dass der Staat dafür Steuern braucht und dass sich besonders die Vermögenden am besten davor drücken können. Warum verlässt die politisch Handelnden dann regelmäßig der Mut? Warum überlassen sie denen die Deutungshoheit, denen es vor allem um die kurzfristige Interessenwahrung der oberen 10 oder weniger Prozent geht? Wo wird die Stimmung gedreht?

*

Die organisierte Einflussnahme von Interessenverbänden auf Politik und Verwaltung nimmt seit Jahrzehnten zu. In Brüssel und Berlin, aber auch in den Landeshauptstädten sind Tausende bestbezahlter Dienstleister unterwegs, um bei der Erstellung von Gesetzentwürfen und ihrer Finalisierung in den Parlamenten dafür zu sorgen, dass die Wünsche ihrer Auftraggeber nicht zu kurz kommen. Glyphosat, Diesel, Rüstungswirtschaft, Tabak, Glücksspiel, Finanzprodukte – für jede Branche gibt es Spezialisten, die ihren Auftrag hochprofessionell und meistens sehr gut bezahlt wahrnehmen. Wer in den Ministerien, bei den Medien oder in der Öffentlichkeit – sofern die beiden Letztgenannten überhaupt Wind davon bekommen – kann schon überprüfen, was wahr und was falsch ist. Notfalls wird mit wissenschaftlichen Auftragsuntersuchungen zu belegen versucht, dass die ökonomische und soziale Stabilität nur gewährleistet bleibt, wenn wirtschaftliche Partikularinteressen von der Politik möglichst ohne Abstriche berücksichtigt werden. Es überrascht immer wieder, welche renommierten Wissenschaftler sich nahe an die Grenze zum Gefälligkeitsgutachten heranwagen.

In Sachen Besteuerung ist die Botschaft der Repräsentanten des Shareholder-Value klar: Steuern runter oder wir gehen dahin, wo man uns ein günstigeres Angebot macht! Der Kotau internationaler Konzernchefs vor US-Präsident Donald Trump beim World Economic Forum in Davos Anfang 2018 ließ erahnen, wohin die Reise geht. Verantwortungsgefühl für Menschen und Standorte war aus den Sympathiebekundungen auch deutscher Unternehmenslenker für den egozentrischen Kurs der USA nicht zu erkennen. Gerade erst hatte etwa Siemens-Chef Joe Kaeser die Region Görlitz mit seinen Überlegungen zu Standortschließungen schockiert, da hatte er in Davos nichts Besseres zu tun, als gegenüber dem amerikanischen Präsidenten anzukündigen, dass Siemens die Produktion von Turbinen wegen Trumps ruinösem und protektionistischem Steuerwettbewerb in die USA verlegen werde.

Wer hat angesichts solcher Aussagen kein Verständnis dafür, wenn die Menschen in der strukturschwachen Region an der polnischen Grenze Globalisierung als Bedrohung empfinden? Je weiter sich wirtschaftliches Gewinnstreben vom Verständnis entfernt, Teil eines Gemeinwesens zu sein, steigt der Unmut der Menschen gegen »die da oben« in den Führungsetagen der Wirtschaft und gegen die hilflos agierende Politik gleichermaßen.

Wir brauchen dringend einen neuen Grundkonsens über die Verantwortung für unser Gemeinwesen. Das gilt für Menschen, die nach Deutschland einwandern oder hier Zuflucht suchen. Das gilt aber auch für alle, die hier schon lange leben, die ganz oben in der Einkommensskala eingeschlossen. Integrationsbedarf besteht weit über die Zuwanderer der letzten Jahre hinaus in vielen gesellschaftlichen Gruppen – von Migranten bis zu Multimillionären. Milieu-Egoismus führt in eine Sackgasse. Das gilt auch für das Milieu der Shareholder. Auch die Wirtschaft muss zu diesem Grundkonsens ihren verantwortungsbewussten Beitrag leisten. Aber wie können wir Apple oder Starbucks, Nike oder Amazon in einen Grundkonsens über die gemeinsame Verantwortung für das Gemeinwesen Deutschland einbinden, wenn das schon nicht mit Siemens gelingt? Wie soll das gehen, wenn diese Global Player jederzeit entscheiden können, ob ihre Gewinne in Deutschland, den Niederlanden, auf Malta oder den Britischen Jungferninseln anfallen?

Entscheidend ist der erzielbare Kursgewinn, und der hängt nun einmal auch von der Steuerlast ab. Das sind die Gesetze des

Integrationsbedarf besteht nicht nur bei Zuwanderern

freien Marktes. Die, die davon profitieren, tun viel dafür, dass das so bleibt – und sie lassen es sich einiges kosten. Angesichts der Renditen, die winken, ist der Aufwand für die Beeinflussung von Politik und öffentlicher Verwaltung eine vernachlässigbare Größe.

Den Lobbyisten kommt zugute, dass die Welt der Finanzen mittlerweile so undurchsichtig und komplex geworden ist, dass Gesetzgeber und Exekutive gar keine Chance hätten, Gesetze und Verordnungen ganz ohne Hilfe von außen zu formulieren und ihre Folgen abzuschätzen. Es reicht schon lange nicht mehr aus, die nationale Gesetzeslage zu beherrschen. Viele Konstruktionen sind ja gerade darauf ausgelegt, die Unstimmigkeiten zwischen den Rechtslagen einzelner Staaten mit hohen Gewinnaussichten zu nutzen. Selbst wenn man das erkennt, kann man es noch lange nicht ohne gravierende Risiken abstellen. Oft drohen exorbitante Schadensersatzforderungen, wenn man aus einer vertrackten Lage wieder herauswill.

2. Die Einflussnahme auf die Verwaltung

Neben der Kontaktpflege zur Politik besteht der wichtigste Ansatzpunkt für die Einflussnahme auf Gesetzgebung und Vertragsgestaltung darin, unmittelbar in das Verwaltungshandeln eines Ministeriums eingebunden zu werden. Der Politiker respektive die Politikerin an der Spitze ist nur das Einfallstor. Viel Erfolg versprechender ist der Schritt danach: die intensive Zusammenarbeit mit der sogenannten Arbeitsebene. Wer hier Vertrauen genießt, kann viel mehr erreichen als bei noch so vielen Tête-à-Têtes mit dem Minister. Der darf bei der Auftragsvergabe nur nicht den Daumen senken.

Ministerium – das ist von außen betrachtet meistens gleichbedeutend mit »Politik«. Das meinen selbst viele journalistische Beobachter in Berlin und in den Landeshauptstädten. Für die allermeisten Ministerialbeamten gilt das nicht. Für sie sind der Minister und gegebenenfalls die parlamentarischen Staatssekretäre »die« Politik. Vielleicht noch die beamteten Staatssekretäre, das Ministerbüro, die Pressestelle. Die anderen verstehen sich als »Verwaltung«. Sie sehen sich den »hergebrachten Grundsätzen des Beamtentums« verpflichtet, wie sie das Grundgesetz beschreibt. Wer auch immer regiert, diese Grundsätze sind unumstößlich – und der Beamte beziehungsweise die Beamtin auch. Sie sind von Regierungswechseln in aller Regel nicht betroffen.

> **Politik und Verwaltung – ein von außen schwer durchschaubares Verhältnis**

Das Verständnis eines Ministeriums als politischer, gar parteipolitisch auf den Minister eingeschworener Einheit ist von der

Realität weit entfernt. Beamte und Tarifbeschäftigte können nicht einfach ausgetauscht werden, nur weil es einen Farbenwechsel an der Spitze des Ministeriums gegeben hat. Mit dieser deutschen Ministerialkultur ist ein sehr selbstbewusstes Eigenverständnis der Ministerialbürokratie verbunden. Sie arbeitet – von schwarzen Schafen einmal abgesehen – hochloyal, aber alles andere als willfährig denen zu, die an der Spitze des Hauses stehen – unabhängig von deren Parteizugehörigkeit. Selbstverständlich gibt die politische Spitze des Hauses Richtung und Schwerpunkte des Handelns vor – ansonsten wäre ja auch jede Wahl überflüssig, aber die Kontinuität der personellen Besetzung der Fachebenen ist in ihrer Wirkung nicht zu unterschätzen. Das führt gelegentlich zu langwierigen und quälenden Meinungsbildungs- und Umsetzungsprozessen, die sich der Politiker – erst recht unter dem Druck der öffentlichen Erwartung – viel störungsfreier und schneller wünschen würde. Wenn »die« Verwaltung anderer Auffassung ist als »die« Politik, kann es lange dauern, bis der Berg eine Maus gebiert. Das Instrumentarium, eine aus Sicht der Verwaltung »fixe Idee« der Politik zumindest auf die lange Bank zu schieben oder ganz abzubiegen, ist stärker, als die Öffentlichkeit denkt.

Es wäre aber unredlich zu verschweigen, dass die »hergebrachten Grundsätze des Beamtentums« auch in der Praxis eine wichtige Basis für die unbestritten große Stabilität und Kontinuität von Politik und Verwaltung in Deutschland sind. Es war schließlich eine Beamtin des nordrhein-westfälischen Finanzministeriums, die schon zu Zeiten meines CDU-Vorgängers das Bundesfinanzministerium auf die scheunentorgroßen Steuerschlupflöcher im Zusammenhang mit dem sogenannten Dividendenstripping hingewiesen hat. Wäre man ihrem Alarmruf damals gefolgt, das ist durch den parlamentarischen Untersuchungsausschuss des Deutschen Bundestags zu Cum-Ex-Geschäften inzwischen aktenkundig bestätigt, dann wären dem deutschen Staat Verluste durch eine schamlose Selbstbedienung durch Banken und Aktienhalter in Milliardenhöhe erspart geblieben. Es war allerdings auch ein

Arbeitskreis von beamteten Referatsleitern aus Bund und Ländern, die die Einwände der Ministerialbeamtin beiseitegewischt haben. Wo in diesem Prozess die Kommunikation zwischen Politik und Verwaltung hakte, warum die politische Ebene des Bundesfinanzministeriums nicht informiert war oder nichts unternahm, ist mir bis heute ein Rätsel.

Nicht minder rätselhaft ist mir, wie der von der linken und grünen Bundestagsopposition initiierte »Parlamentarische Untersuchungsausschuss Cum-Ex-Geschäfte« trotz nachweislicher Untätigkeit staatlicher Behörden zu dem Ergebnis kommen konnte, seine Einsetzung sei eigentlich unnötig gewesen. Bei allem Verständnis für parlamentarische Taktik: Ein so durchsichtiges Abwiegeln der Defizite im Bundesfinanzministerium und seinen nachgeordneten Behörden durch die großkoalitionäre Ausschussmehrheit erweist dem Kampf gegen die betrügerischen Steuertricks der Finanzbranche einen Bärendienst. Die Lektüre des mehrheitlich beschlossenen Abschlussberichts und der beiden noch umfangreicheren Sondervoten des grünen Bundestagsabgeordneten Gerhard Schick und des linken Abgeordneten Richard Pitterle ergeben ein bemerkenswertes Mosaik aus rigorosem Schaffen und Ausnutzen von Gesetzeslücken durch Finanzakrobaten, aber auch von mangelndem Informationsfluss und erschreckender Ignoranz in Politik und Verwaltung. Zur Glaubwürdigkeit der Politik im Kampf gegen die Selbstbedienung einer vermögenden Minderheit auf Kosten der großen Mehrheit hat der Umgang mit diesem parlamentarischen Untersuchungsausschuss gewiss nicht beigetragen.

*

Leider war der parlamentarische Untersuchungsausschuss zu Cum-Ex kein Einzelfall, bei dem Zweifel am Willen zu vorbehaltloser Aufarbeitung von milliardenschwerer Steuerumgehung aufkamen. Der Versuch des Bundesfinanzministeriums im November 2016, die Banken mit einem Federstrich von drohenden Schadensersatzansprüchen im Zusammenhang mit den bereits beschriebenen Cum-Cum-Geschäften zu entlasten, war ebenfalls kein Ruhmesblatt. In diesem Fall ging es um ein Urteil des Bundesfinanzhofes. Er hatte entschieden, dass das Verleihen von Wertpapieren für gerade einmal zwei Wochen mit dem Ziel, die Kapitalertragsteuer auf die in dieser Zeit gezahlten Dividenden zu umgehen, nicht rechtens war. Der konkrete Fall betraf zwar ein inländisches Maschinenbauunternehmen, ähnelte aber den Cum-Cum-Geschäften, bei denen Banken ausländischen Aktienbesitzern im großen Stil geholfen hatten, durch eine kurzfristige »Wertpapierleihe« Milliarden an Kapitalertragsteuern zu umschiffen. Die Rede ist von mindestens 5 Milliarden Euro, möglicherweise aber auch viel mehr, die durch Verjährung für immer verloren zu gehen drohten. Manche Schätzungen reichen sogar bis zu 20 Milliarden Euro, um die das Staatssäckel erleichtert wurde. Die Gesetzeslücke war zwar seit 2016 geschlossen, aber die Frage stand im Raum, ob das Vorgehen der Banken bis einschließlich 2015 rechtswidrig und damit schadensersatzpflichtig war.

Trotz eines unmissverständlichen Vetos meinerseits paukte das Bundesfinanzministerium ein sogenanntes BMF-Schreiben[1] durch – eine offizielle rechtsverbindliche Hilfestellung in Zweifelsfragen. Für die Banken war das Schreiben vom 11.11.2016 tatsächlich eine überaus wertvolle Hilfestellung. Es kam nämlich zu dem Ergebnis, dass der vom Bundesfinanzhof beurteilte Fall nicht zwingend auf Cum-Cum-Geschäfte anzuwenden war – von einer Nachforderung an die Banken in Milliardenhöhe also nicht auszugehen war. Eine so folgenschwere Urteilsauslegung sollte ohne Einbeziehung der Ministerebene nach einer Beratung unter den Steuerabteilungsleitern von Bund und Ländern und am besten ohne großes Aufheben über die Bühne gebracht werden. Hätte der Steuerabteilungsleiter des nordrhein-westfälischen Finanzministeriums den Fall wie andere Kollegen als reine Verwaltungsroutine

---

[1] BMF = Bundesministerium der Finanzen

eingestuft und mich nicht ausdrücklich auf den Vorgang hingewiesen, wären unwiderrufliche Fakten geschaffen worden. So gelang es wenigstens, noch Schlimmeres zu verhindern. Auf meine Initiative hin und unterstützt von sozialdemokratischen, grünen und linken Länderkollegen setzte die Finanzministerkonferenz der Länder die Rücknahme des Schreibens und eine rechtliche Neubewertung durch. Allerdings hatte Hessen mit dem bedeutenden Bankenstandort Frankfurt – wie mir berichtet wurde – in der zeitlichen Lücke zwischen Herausgabe und Aufhebung des BMF-Schreibens schon einige Aktendeckel endgültig zugeklappt und damit auf Schadensersatz durch wichtige Banken verzichtet.

Wie der Abschlussbericht des parlamentarischen Untersuchungsausschusses zu den Cum-Ex-Geschäften, so hat auch der am Ende gescheiterte Freibrief des Bundesfinanzministeriums zu Cum-Cum mindestens ein Geschmäckle. Diesmal stand die Gefahr milliardenschwerer Rückforderungen des Fiskus mit möglicherweise beträchtlichen Folgen für einige Banken im Raum. Nicht nur gegenüber privaten, sondern auch gegenüber öffentlich-rechtlichen Instituten, die sich nach dem Motto »Wer mithalten will, muss auch mitmachen« an den gemeinschaftsschädigenden Dienstleistungsangeboten beteiligt hatten. Das sorgte für Nervosität bei Bankenvertretern und mitverantwortlichen Politikern. Deshalb sollten die Altfälle unter den Tisch gekehrt werden. Der Aufmerksamkeit meines Steuerabteilungsleiters und seinem Instinkt dafür, was Verwaltungsroutine ist und wo eine politische Dimension beginnt, war es zu verdanken, dass die Rechnung nicht aufging.

In Sachen Transparenz und Glaubwürdigkeit gibt es auch in Deutschland Luft nach oben

Mit nochmals achtmonatiger Verzögerung gab es im August 2017 ein neues BMF-Schreiben, auf dessen Grundlage jetzt auch für die Zeit vor 2015 gegen Banken vorgegangen werden kann, die sich an den dubiosen Cum-Cum-Geschäften beteiligt hatten. Aber der geschilderte Weg dahin macht deutlich, dass in

Sachen Transparenz und Glaubwürdigkeit der Steuergesetzgebung und ihrer Durchsetzung auch in Deutschland noch viel Luft nach oben besteht. Wenn Steuerbetrug und Steuerumgehung glaubhaft bekämpft werden sollen, dann gehören dazu auch die konsequente Ahndung von Vergehen und die Bereitschaft, organisatorische und kommunikative Schwachstellen kritisch zu überprüfen. Wenn der Eindruck entsteht, dass der Elan von Wirtschaftsinteressen oder Koalitionsdisziplin gebremst wird, dient das der Glaubwürdigkeit nicht.

*

Verwaltung hat Macht. Diese Macht kann sie, wenn sie will, in einem erheblichen Umfang an der Politik vorbei ausüben. Verdroschen wird dafür im Zweifelsfall die politische Führung. Die Öffentlichkeit kann den Unterschied zwischen Politik und Verwaltung ja auch kaum erkennen. Politik in konsequentes Verwaltungshandeln zu übersetzen, geht umso besser, je mehr es gelingt, die Verwaltung zum Mit- und Vorausdenken im Rahmen der politischen Schwerpunkte des Ministers beziehungsweise der Regierung zu begeistern. Das wiederum gelingt am besten, wenn der Minister seine politischen Schwerpunkte klar erkennen lässt – und wenn er zu diesen Schwerpunkten steht.

Komplexität macht anfällig für falsche Freunde

Diese Kultur der Zusammenarbeit von Verwaltungsapparat und politischer Führung ist jedenfalls eine Grundbedingung dafür, widerstandsfähig gegen Vorstöße von Lobbyisten zu sein, die gut genug wissen, wann man auf die Politik und wann auf die Verwaltung einwirken muss.

Die Schwachstelle des Systems, die Lobbyisten unangemessen großen Einfluss verschafft, liegt wie schon erwähnt darin, dass viele Sachverhalte, zu denen eine Ministerialverwaltung Entscheidungsvorlagen erarbeiten muss, enorm komplex sind. Ohne

Hinzuziehung von externem Sachverstand – internationalen Anwaltskanzleien, Fachverbänden und wissenschaftlichen Gutachtern – wären die hochspezialisierten Fragestellungen gar nicht zu bewältigen. Eine einzige Ministerialverwaltung müsste Jahr für Jahr Millionen investieren, wenn sie für jede Spezialfrage eigenes Personal vorhalten wollte. Ganz abgesehen davon, dass die in diesen Kreisen üblichen Gehälter im öffentlichen Besoldungssystem überhaupt nicht möglich wären.

Als Finanzminister habe ich das vom ersten Tag an erlebt, weil ich mit einem ungemein diffizilen und einem für das Finanzsystem extrem gefährlichen Fall konfrontiert war. Es ging um den Rückbau der WestLB, der Landesbank Nordrhein-Westfalens, die am Anfang ihrer Abwicklung noch in einem Umfang in den globalen Derivatehandel eingebunden war, der um ein Vielfaches höher war als der von Lehman Brothers bei deren Absturz. Ohne Hilfe von Investmentbankern und Anwaltskanzleien mit internationalen Netzwerken hätte das Verfahren überhaupt nicht in der Spur gehalten werden können.

Nun hat nicht jedes Gesetzesvorhaben im Bund und erst recht nicht auf Länderebene die Dimension der Abwicklung einer großen Landesbank. Aber Gesetzentwürfe des Bundesfinanzministeriums zur Bankenregulierung oder zur besseren Kontrolle und Besteuerung von Finanzprodukten sind nicht wesentlich anders gelagert.

So kommt es, dass sich die großen Beratungs- und Anwaltskanzleien in den Ministerien die Klinke in die Hand geben. Als ausgewiesene Experten beraten sie allerdings zugleich auch Mandanten, vor denen sie die Allgemeinheit schützen sollen. Das kann dann schon einmal zu Ergebnissen führen wie im schon erwähnten Fall der Cum-Ex-Gesetzgebung, die mit der Hilfe eines Experten zustande kam, der vom Bankenverband zum Bundesfinanzministerium abgestellt worden war. Später nutzten Banken – gestützt durch Gutachten global tätiger Anwaltskanzleien – das löchrige Regelwerk, um durch mehrfache Steuerrückerstattung auf nur ein

Mal gezahlte Kapitalertragsteuern Milliarden aus der Staatskasse zu erschleichen.[2]

Das ist beileibe nicht nur ein deutsches Phänomen, wie das Beispiel der Steuerrechtlerin Susanna Masi zeigt. Die Dame begleitete den italienischen Finanzminister als Beraterin sogar zu vertraulichen Konsultationen der Euro-Finanzministergruppe. Erst später stellte sich heraus, dass sie zeitgleich auf der Payroll der internationalen Steuerberatungsgesellschaft EY stand – unter anderem, als die Euro-Gruppe über die Einführung der Finanztransaktionssteuer auf Hochfrequenz-Spekulationsgeschäfte beriet.[3] EY gehört zu den Aktivisten gegen die Einführung dieser Steuer. Was auch immer das heißen mag: Eine vertrauensbildende Maßnahme für eine am Gemeinwohl orientierte Politik ist das nicht. Organisationen, die sich für die Interessen der großen Mehrheit von Klein- und Normalverdienern einsetzen, haben nicht annähernd so viel Einblick und können keinen Einfluss geltend machen wie die Berater von Großkonzernen und Mega-Vermögenden.

Regierungsamtliche Hinweise auf dieses Ungleichgewicht schmecken nicht jedem. Zur Entstehungsgeschichte des Armuts- und Reichtumsberichts der Bundesregierung, der alle vier Jahre veröffentlicht wird, gehört es beispielsweise, dass der Entwurf des Fachministeriums auf dem Weg zur Beschlussfassung durch das Bundeskabinett um nicht einigungsfähige Passagen bereinigt wird. Im Armuts- und Reichtumsbericht 2017 sollte auf Wunsch des Bundeskanzleramtes der Hinweis darauf entfallen, dass Menschen mit mehr Geld einen stärkeren Einfluss auf politische Entscheidungen haben als Einkommensschwache.[4]

Geld regiert mit

Ausgangspunkt war die Entscheidung der damaligen Bundes-

---

2 Hans Leyendecker, Klaus Ott: Große Kanzleien, großer Einfluss, *SZ*, 24.10.2017
3 sueddeutsche.de: »Unsere Frau in Rom«, 21.12.2017
4 Ebd., außerdem Christina Deckwirth: »Armuts- und Reichtumsbericht: Bundesregierung zensiert unliebsame Studie«; Beitrag auf Lobbycontrol.de, 15.12.2016

arbeitsministerin Andrea Nahles, im Armuts- und Reichtumsbericht erstmals den Einfluss von Eliten und Vermögenden auf politische Entscheidungen untersuchen zu lassen. Die ernüchternden Erkenntnisse des Osnabrücker Politikwissenschaftlers Armin Schäfer, der mit der Untersuchung beauftragt war, durften dann aber nicht als regierungsamtliche Feststellung das Licht der Öffentlichkeit erblicken. Dem Koalitionspartner CDU/CSU und insbesondere den Kontrolleuren im Kanzleramt gefiel das Ergebnis nicht.[5] Schäfer hatte der *Süddeutschen Zeitung* zufolge geschrieben: »Personen mit geringerem Einkommen verzichten auf politische Partizipation, weil sie Erfahrungen machen, dass sich die Politik in ihren Entscheidungen weniger an ihnen orientiert.«[6] Stattdessen sei, so die *SZ* weiter, in der Fassung des Regierungsberichts nur noch erwähnt worden, dass »eine Politikänderung wahrscheinlicher ist, wenn diese den Einstellungen der Befragten mit höherem Einkommen mehrheitlich entsprach«. Und weiter: »Die Untersuchung liefere aber ›keine belastbaren Erkenntnisse über Wirkmechanismen‹. Ebenfalls herausgenommen wurden auch die Hinweise auf den ›Einfluss von Interessenvertretungen und Lobbyarbeit‹.«

Angesichts der Mehrwertsteuersenkung auf Hotelübernachtungen (Stichwort »Mövenpick-Steuer«) oder des Zustandekommens der Erbschaftsteuernovelle mit weitestreichender Steuerfreiheit für Unternehmenserben reibt man sich verwundert die Augen darüber, dass es keine belastbaren Erkenntnisse über »Wirkmechanismen« der Interessendurchsetzung Hochvermögender geben soll.

---

5   Regierung strich heikle Passagen aus Armutsbericht, *SZ-online*, 14.12.2016
6   Ebd.

3. Allgemeine Stimmungsmache gegen Steuern: einschlägige Lobby-Organisationen in Deutschland

Ich selbst habe Lobbyarbeit nie unverhohlener erlebt als im Zuge einer Gesetzesberatung, die vom Bundesverfassungsgericht angestoßen worden war, weil den Richtern die Privilegierung von Unternehmenserben viel zu weit ging.

In Gesprächen mit der Politik sind die Vertreter der globalen Unternehmenslobby dabei oft verblüffend ehrlich. Da rechnen sie kühl vor, was passieren wird, wenn die Politik kein Verständnis für ihre Wünsche zeigt. Aber reicht es, den politisch Verantwortlichen die Pistole auf die Brust zu setzen, wenn die ihrerseits befürchten müssen, vom Wahlvolk für Steuergeschenke an Unternehmensmultis abgestraft zu werden? Man kann sich leicht vorstellen, dass es nicht genügt, allein die Politiker für diese Sichtweise zu erwärmen. Deshalb ist der Aufbau von engen Kontakten zu Politikern und der ministerialen Führungsebene auch nur ein Baustein. Die direkte Ansprache der Politik verspricht erst dann durchschlagenden Erfolg, wenn auch ein anderes Feld ordentlich bestellt ist: die öffentliche Meinung.

Das ist kein leichter Auftrag für Lobbyisten, denn wie wir aus vielen Umfragen wissen, fände die große Mehrheit der Menschen im Land die Schließung von Steuerschlupflöchern, die Bekämpfung von Steuerbetrug und einen größeren Finanzierungsbeitrag der Reichen richtig. Wenn die Minderheit der immer reicher werdenden Deutschen ihre Privilegien sichern will, braucht sie also

Helfer, die dafür sorgen, dass die in Umfragen immer wieder bestätigte Mehrheitsmeinung der Öffentlichkeit nicht zu entsprechenden Mehrheiten in den Parlamenten führt. Anders gesagt: Ein Teil der Mehrheit muss dazu gebracht werden, bei Wahlen gegen die eigene Überzeugung zu stimmen.

In den USA ist das seit dem Amtsantritt von Donald Trump offenkundig. Eine Steuerreform für Milliardäre, die Bekämpfung der von Obama gegen erbitterte Widerstände auf den Weg gebrachten Krankenversicherung für die Masse der US-Bürger, der Ausstieg aus Umweltschutz- und Klimastandards waren nur möglich, weil Trump für seine Ziele Menschen begeistern konnte, die ganz sicher nicht zu den Profiteuren seiner Politik zählen. Wie das jenseits des Atlantiks geht, hat die Journalistin Kerstin Kohlenberg in der *ZEIT* eindrucksvoll erläutert.[1] Sie beschreibt, wie zwei der superreichen Familien hinter US-Präsident Donald Trump das Feld der öffentlichen Meinung für ihn bestellen, und zitiert dabei die amerikanische Journalistin Jane Mayer. »Die Kochs« – so Mayer über eine der beiden Familien – »sind ausgezeichnet darin, Arbeiter dazu zu bringen, gegen die eigenen ökonomischen Interessen zu wählen, indem sie ›big government‹ dämonisieren und den freien Markt im Gegenzug vergötzen.«

Diese Strategie beschränkt sich nicht auf die Kochs und auch nicht auf die USA. Es gibt sie auch bei uns. Hierzulande erledigen Lobby-Organisationen wie die Initiative Neue Soziale Marktwirtschaft (INSM) oder der Bund der Steuerzahler (BdSt) das Geschäft der höchsten Einkommens- und Vermögenskreise, indem sie als Anwälte der kleinen Leute und »der Mitte der Gesellschaft« auftreten. Hier wie da nutzen sie ihre bestens funktionierenden Drähte in Politik und Medienwelt, die mal erkennbar bewusst die Rolle des Transmissionsriemens, mal gutgläubig vor-

> **Einspannen der Kleinen für die Interessen der Großen – nicht nur bei Trump**

---

1 Kerstin Kohlenberg: Geld stinkt nicht, es regiert!, Beitrag in der *ZEIT* vom 8.6.2017

gefertigte Botschaften unkritisch übernehmen und weiterverbreiten.

Auch die »Influencer« agieren höchst erfolgreich. Ihr Rezept: den Menschen zu suggerieren, dass es bei Vorstößen für eine gerechtere Verteilung der Steuerlast am Ende keine Gewinner gäbe. Auch hier ist es »big government« – der Staat –, der als gefräßige Krake dargestellt wird, der den Beziehern kleiner Einkommen vorgaukele, für mehr Gerechtigkeit sorgen zu wollen, indem er den Reichen etwas abnehme, das aber nie bei den Kleinen ankommen würde. Im Gegenteil. Die Normalverdiener seien doppelt Leidtragende, weil der Substanzverlust der Reichen zu wirtschaftlichem Niedergang und Verlust von Arbeitsplätzen führen würde. Außerdem nähme sich der Staat vielleicht für den Anfang nur die Großen vor, nach und nach mache seine Gier aber auch nicht vor den Kleinen halt.

Die Methode verfängt: Der Staat wird als etwas dargestellt, das nicht wir alle gemeinsam sind, sondern als eine gegen die Bürgerinnen und Bürger gerichtete Kaste von Politikern und Beamten, denen die Bedürfnisse der Menschen egal sind, ja die die Sorgen und Nöte nicht einmal kennen.

*

Das Muster ist immer gleich. Es geht darum, der öffentlichen Mehrheitsmeinung eine Strategie der Verunsicherung entgegenzusetzen. Für die große Mehrheit sind Steuerbetrug und Steuertricks verabscheuenswürdige Taten einer kleinen Geldelite. Die Mehrheit weiß auch, wer die Leidtragenden sind. Es sind die ehrlichen Steuerzahler, die auf den Kosten für Bildung, Infrastruktur, Sicherheit und gesellschaftlichen Zusammenhalt sitzen bleiben. Die einzige Möglichkeit, die Verursacher aus der Schusslinie zu nehmen, besteht darin, einen anderen Schuldigen zu präsentie-

Gefühlte Steuerverschwendung als Rechtfertigung für Drückebergertum

ren: den Staat. Dazu leistet die Befeuerung althergebrachter Klischees wertvolle Dienste.

Es beginnt damit, dass man dem Staat und der Politik abspricht, sorgsam mit dem sauer verdienten Geld der Bürger umzugehen. Bei uns in Deutschland, wo der Staat aus historischen Gründen, anders als beispielsweise in Skandinavien, eher nicht als das »Gemeinwesen« aller Bürgerinnen und Bürger, sondern als »gemeines Wesen« – als Obrigkeit – betrachtet wird, kann man sich mit Staatsschelte, wie sie der Bund der Steuerzahler sehr geschickt betreibt, hoher Zustimmungswerte gewiss sein. Besonders dann, wenn sich skurrile Beispiele für Steuerverschwendung finden lassen – etwa eine Autobahnbrücke, die ohne jede Straßenanbindung seit Jahrzehnten in der Landschaft steht und – anstatt wenigstens abgerissen zu werden – auch noch unter Denkmalschutz gestellt wird. Oder eine 80 Zentimeter hohe Aussichtsplattform für Wanderer in einem mehr oder weniger flachen Gelände, von der aus nicht mehr zu sehen ist als von ebener Erde.

Ja, so etwas gibt es wirklich, und das Herausstellen solcher Absurditäten verfängt immer. Wer sich allerdings mit ihnen etwas eingehender beschäftigt, wird feststellen, dass oft eine Geschichte dahintersteht, die vieles erklärt. Zum Beispiel, dass Klagen von Anwohnern oder Grundeigentümern nach dem Bau einer Brücke am Ende zum Verzicht auf einen Autobahnabschnitt geführt haben. Zugegeben: Dass die Ruine Jahrzehnte später als erhaltenswertes Denkmal eingestuft wird, erschließt sich auch mir nicht.

Ich verhehle nicht, dass auch ich als Finanzminister solche Kuriositäten intern zum Anlass genommen habe, auf sorgfältigeren Umgang mit den Abgaben der Bürgerinnen und Bürger zu drängen. Ich bin sicher, dass auch in weniger spektakulären Fällen vieles kostengünstiger erledigt werden könnte, als das geschieht. Es ist richtig, dass kritische Geister mehr Transparenz fordern und immer wieder den Finger in die Wunden legen. Das war ja nicht zuletzt Thema in meinen in Kapitel I geschilderten Gesprächen mit dem Multimillionär Josef Rick. Wir waren uns aber auch darin einig, dass nur in wenigen Staaten so genau über die Ausgabe der Steuergelder gewacht wird wie in Deutschland. Die Rechnungshöfe von Bund und Ländern und Gemeindeprüfungsämter legen die Schwachstellen regelmäßig offen und lassen sich berichten, wie die Verantwortlichen für Abhilfe sorgen wollen. Gerade deshalb sind die Kritikpunkte ja auch bekannt. Das unterscheidet die öffentliche Verwaltung übrigens von Privatunternehmen, deren Revisionsberichte nicht Gegenstand von Pressekonferenzen und veröffentlichten Prüfungsberichten sind. Dabei ist Missmanagement in Privatunternehmen beileibe nicht nur Privatangelegenheit. Für Managementfehler wie in der Dieselaffäre oder der milliardenschweren Fehlinvestition in ein Stahlwerk in Südamerika haften wir am Ende auch – als Kunden und nicht selten auch als Steuerzahler. Das alles entbindet die Politik nicht davon, noch mehr für die transparente und effiziente Verwendung des Steuergelds der Bürgerinnen und Bürger zu tun. Allerdings berechtigt der Hinweis auf Schwachstellen nicht zur Steuerhinterziehung.

Aber leider haben diejenigen, die ihren Klienten Hintertüren und Umgehungsmöglichkeiten offenhalten wollen, immer wieder einigen Erfolg, wenn Steuerhinterziehung in Mails, Leserbriefen und sozialen Netzwerken quasi als ziviler Ungehorsam gegen den Staat entschuldigt wird. In aller Regel gehören nämlich die, die das schreiben, nicht zu den vermögenden Nutznießern, sondern zu denen, die die Folgen des Steuerbetrugs und der Steuertrickserei am Ende auszubaden haben. So holt man sich Mehrheiten bei den Opfern des eigenen Tuns. Wie die Familie Koch in den USA.

*

Misstrauen gegenüber dem Staat zu schüren, was die Verwendung von Steuergeld angeht, ist der eine Hebel. Der zweite ist die Stimmungsmache gegen eine viel zu hohe Abgabenquote. Ich kenne kaum jemanden im nahen oder fernen Bekanntenkreis, der nicht überzeugt davon ist, dass der Staat ihm oder ihr mindestens die

Hälfte des Einkommens abnimmt. Und hört man nicht sogar von Fällen, dass nach einer Gehaltserhöhung am Ende netto weniger bleibt als vorher? Auch zu dieser gefühlten Gewissheit einer großen Zahl von Menschen haben »Influencer« einen wesentlichen Beitrag geleistet. Bei näherem Hinsehen werden hier die Normalverdiener für die Interessen der Bezieher hoher Einkommen in Stellung gebracht.

Auch bei dieser Strategie marschiert der Bund der Steuerzahler vorneweg. Mit der jährlichen Ausrufung des Tags der Steuerzahler Mitte Juli suggeriert er, dass alle Steuerzahler mehr als ein halbes Jahr ausschließlich für »den Staat« arbeiten müssen und erst danach Geld verdienen können, das ihnen selber zugutekommt. Wenn mich etwas auf die Palme bringt, dann ist es diese bewusste Irreführung der Bürger mit dem Ziel, sie gegen ihre eigenen Interessen zu instrumentalisieren. Stefan Bach vom Deutschen Institut für Wirtschaftsforschung (DIW) hat diesen Gedenktag in einem lesenswerten Beitrag in der ZEIT inzwischen gründlich zerlegt. Sein fachlich fundiert begründetes Urteil fasst er treffend zusammen: »Die Berechnung ... ist falsch und nichts anderes als vulgärökonomischer Populismus.«[2] Er weist dem Bund der Steuerzahler eklatante Fehler in der Wahl der Berechnungsgrundlagen nach. Zufall oder Teil der Strategie, die »diffusen Überlastungsgefühle« (Bach) der Bürger anzuheizen? Tatsache ist: Der tatsächliche Teil des Einkommens, der an den Staat und damit in die gemeinsame Haushaltskasse der Gesellschaft fließt, macht pro Kopf für einen Großteil der Steuerpflichtigen weniger als ein Viertel des Bruttoeinkommens aus.

> **»Der Tag der Steuerzahler« – ein asoziales Konstrukt**

Ich wiederhole gern, was ich schon oft über dieses Datum gesagt habe: Es ist ein zutiefst asoziales Konstrukt. Dass die Belastung belegbar falsch berechnet und künstlich aufgeblasen wird,

---

2 Die Tea Party lässt grüßen, Gastbeitrag von Stefan Bach, *ZEIT ONLINE*, 19.7.2017

um Staatsverdrossenheit zu schüren, ist nur ein Teil. Der andere ist, dass den Steuerzahlern der Eindruck vermittelt wird, ein Großteil ihrer Arbeitszeit gehe für Abgaben drauf, von denen sie nichts haben. Dass unsere Beiträge an unseren Staat für unsere Sicherheit, unsere Bildung und alle Voraussetzungen dafür, zu eigenem wirtschaftlichen Erfolg zu kommen, quasi als verlorene Arbeitszeit in Misskredit gebracht werden, zeugt von einem Gesellschaftsbild, in dem das Gemeinwohl aus dem Blick geraten ist. Stattdessen lautet die Devise: Wenn jeder an sich selber denkt, ist an alle gedacht. So gesehen könnte man den Tag der Steuerzahler auf den 1. Januar vorziehen – dann nämlich, wenn alle Abgaben gestrichen würden. Allerdings zu einem Preis, den sich die bundesrepublikanischen Durchschnittsbürger ganz sicher nicht leisten könnten. Dann nämlich müsste jeder für seine Verkehrswege, seine Polizisten, Lehrer privat zahlen. Übrigens gäbe es dann auch keine Rente, keine Absicherung im Krankheitsfall und bei Arbeitslosigkeit, denn die meisten, die den Behauptungen des Bundes der Steuerzahler beipflichten, rechnen die Beiträge zur Sozialversicherung bei den »Steuern« gleich mit.

Um zu verstehen, warum ein Verein, der das Wohl aller Steuerzahler im Namen trägt, so handelt, muss man wissen, dass die Mitglieder im Steuerzahlerbund mitnichten ein Abbild der gesamten Gesellschaft sind. Nach eigenen Angaben gehören 60 bis 70 Prozent der Mitglieder zum gewerblichen Mittelstand. Leicht in Erfahrung zu bringen ist das nicht, denn auf der eigenen Website ist über die Organisation, die Finanzierung und die Mitgliedschaft rein gar nichts zu erfahren. Für eine Institution, die für den transparenten Nachweis der Verwendung von Steuergeld eintritt, ist das nicht gerade vorbildhaft. Soweit also bekannt, rekrutiert sich die Mitgliedschaft vornehmlich aus den Kreisen, die bei einer stärkeren Beteiligung hoher Einkommen und Vermögen tiefer in die Tasche greifen müssten. Kein Wunder, dass der Steuerzahlerbund, unterstützt durch die finanzwissenschaftliche Arbeit des eigenen Karl-Bräuer-Instituts, vornehmlich darauf hinweist, dass die hohen Einkommen doch ohnehin schon den größten Teil der Steuerlast tragen. Dass sich in diesem Segment auch der größte Teil des Einkommens konzentriert und dass ein mit der Einkommenshöhe zunehmender Steuersatz seit den 1920er-Jahren in Deutschland Konsens ist, ist keine Erwähnung wert.

Das gesellschaftliche Segment, das der Bund der Steuerzahler als beim Deutschen Bundestag eingetragene Lobby-Organisation repräsentiert, ist in Wahrheit eine kleine Minderheit. Um ihre Interessen zur Geltung zu bringen, braucht sie die Mehrheit der anderen. Würde sie das mit offenem Visier und belegbaren Fakten tun, wäre nichts dagegen einzuwenden. Aber Staats- und Politikverdrossenheit um des eigenen Vorteils willen mit Falschdarstellungen zu befördern, ist absolut inakzeptabel.

Was mich vor diesem Hintergrund geradezu fassungslos macht, ist, dass nahezu alle Medien den Bund der Steuerzahler ohne eine Spur von Skepsis zu einer neutralen Institution erheben. Kritische Untertöne zur Intransparenz der Vereinsfinanzierung und seiner umstrittenen Rechenmethodik sind äußerst rar.[3] So wird der »Tag der Steuerzahler« regelmäßig zur zentralen Nachricht in fast allen Medien genauso wie das alljährlich erscheinende Schwarzbuch der Steuerverschwendung, ohne zu hinterfragen, über was sie da berichten – und damit auch, ohne ein Wort über die Absicht zu verlieren, die hinter den verzerrten Darstellungen stehen könnte. Ich habe Journalisten darauf angesprochen. Viele gaben unumwunden zu, sich darüber noch nie Gedanken gemacht zu haben. Andere beklagten, dass die Pressemitteilung des Steuerzahlerbundes die Redaktionen jedes Mal so kurzfristig erreiche, dass bei der hohen Arbeitsbelastung der Nachrichtenredakteure eine gründliche Recherche nicht mehr möglich sei. Dabei kommt der Tag je-

---

3 Zu den wenigen Ausnahmen gehört der SZ-Redakteur Marc Beise; siehe »Die Schuldenuhr«, SZ, 23.12.2017. Allerdings teile ich die Meinung des Autors nicht, dass der BdSt heute eher bedeutungslos sei. Über den »Tag der Steuerzahler« wird alljährlich prominent und weitestgehend unkritisch berichtet.

des Jahr etwa so überraschend wie Weihnachten. Vielleicht helfen meine Hinweise, sich in der Zukunft schon einmal auf die ganz sicher kommende nächste Pressemitteilung dieser Art einzustellen. Vielleicht tragen sie sogar dazu bei, den wahrhaftigen Tag des Steuerzahlers einmal von einem seriösen Institut berechnen zu lassen. Dann könnte schon im Frühjahr darüber berichtet werden. Allerdings sollte auch dann erwähnt werden, dass die Steuerzahler ihren Beitrag nicht an irgendjemanden geleistet haben, sondern an die gemeinsame Haushaltskasse, von der sie auch profitieren.

*

Auf der gleichen Klaviatur spielt eine andere Institution, von der man dem Namen nach nur Gutes erwarten müsste: die Initiative Neue Soziale Marktwirtschaft. Man muss immerhin einräumen, dass sie schon auf der Homepage deutlich macht, woher sie das Geld für ihre Kampagnen bezieht: von den Arbeitgeberverbänden der Metall- und Elektroindustrie. Nach eigenen Angaben flossen 2017 rund 7 Millionen Euro in die Lobbyarbeit der Initiative. Auch hier gibt es wissenschaftliche Begleitung aus der nahen Verwandtschaft. Im Fall der INSM erhält das arbeitgebernahe Institut der Deutschen Wirtschaft (IW)[4] in Köln Geld für die wissenschaftliche Begleitung. Das ist nicht zu beanstanden. Das IW ist eines der renommierten deutschen Wirtschaftsinstitute. Man sollte die Verbindung nur kennen, weil sie hilft, die eine oder andere Botschaft einzuordnen.

Wie sozial ist die »neue« soziale Marktwirtschaft?

Auch die Initiative Neue Soziale Marktwirtschaft repräsentiert die Interessen ihrer Träger in nicht zu übersehender Weise. Sie ist eine Lobby-Organisation der Arbeitgeberseite in der Rechtsform einer Gesellschaft mit beschränkter Haftung. Deren Interessen

---

4 Nicht zu verwechseln mit dem Deutschen Institut für Wirtschaftsforschung (DIW) in Berlin

vertritt die INSM mit großem Engagement, besonders in Bezug auf die Steuerpolitik. Am besten lässt man die Initiative Neue Soziale Marktwirtschaft für sich selbst sprechen. Auf der bereits erwähnten Website heißt es:

»Für uns zählen nicht das Parteibuch, sondern intelligente Sachargumente und Lösungsansätze für Reformen im Rahmen der sozialen Marktwirtschaft. Wir pflegen mit allen politischen Entscheidungsträgern und demokratischen Parteien regelmäßig das persönliche Gespräch und den fachlichen politischen Dialog. Unser Interesse ist die Verankerung der sozialen Marktwirtschaft in der Gesellschaft.«[5]

Nicht intelligent – das wird aus der Selbstdarstellung deutlich – sind nach Meinung der neosozialen Marktwirtschaftsvertreter Mindestlöhne oder eine Vermögensteuer. Die Vermögensteuer – die nach allen vorliegenden Konzepten nur Vermögen in Millionenhöhe beträfe – wäre nach dieser Lesart sogar ausdrücklich »sozial ungerecht«. Auch wenn man das anders sehen kann, ist es ebenso wie beim Bund der Steuerzahler natürlich das Recht von Vertretern einer bestimmten Denkrichtung, ihre Interessen zu vertreten. Namensgebung und Stoßrichtung der Lobbyarbeit hinterlassen allerdings nicht nur bei mir ein Störgefühl. In beiden Fällen wird ganz offenbar mit viel Geld und verzerrenden Darstellungen Meinung gemacht. Gleiche Ausgangsvoraussetzungen für ein demokratisches Ringen um den richtigen Weg sind das gewiss nicht.

Die Initiative Neue Soziale Marktwirtschaft beschreibt die Art ihrer Kommunikation selbst so: »Abhängig vom jeweiligen Thema werden hierzu klassische Werbung, PR und Pressearbeit sowie Online-Kommunikation kombiniert.« Ein Blick auf die Kampagnen der INSM auf der Homepage und in den sozialen Netzwerken hinterlässt keinen Zweifel, wo die Initiative politisch steht: Steuern müssen runter – für alle Einkommenshöhen! Natürlich

---

5 insm.de: Alles über die INSM

muss auch investiert werden, und natürlich darf es keine neuen Schulden geben. Die Schlussfolgerung ist klar, auch wenn sie nicht auf der Homepage steht: Wenn die Konjunktur einmal nicht mehr so läuft wie in den letzten Jahren, dann muss die Rechnung mit Sozialabbau bezahlt werden. Schließlich wird doch wohl niemand auf die Idee kommen, in schlechteren Zeiten die Steuern wieder zu erhöhen.

Was soll man davon halten, dass zur Öffentlichkeitsarbeit auch gut bezahlte Moderationsaufträge für Journalisten und Werbeanzeigen in den Medien gehören? Ist es vollkommen abwegig zu befürchten, dass sich Medienvertreter mit Kritik zurückhalten könnten, wenn damit ein künftiges lukratives Engagement oder die Anzeigenschaltung gefährdet sein könnten?

Wie auch immer: Viele Kampagnen sollen offenbar erst gar nicht den Eindruck von Information und Sachaufklärung erwecken. Sie sind reine Stimmungsmache, die im Ergebnis in die gleiche Kerbe schlägt wie die Propaganda des Steuerzahlerbundes. Es geht um die Suche

Der große Bluff mit dem Spitzensteuersatz

nach Mehrheiten bei den Beziehern kleiner und mittlerer Einkommen für die Interessenvertretung der Oberschicht – gegen einen Staat, dem man Respektlosigkeit gegenüber seinen Bürgerinnen und Bürgern unterstellt. In der Zeit der langwierigen Regierungsbildung in Berlin um den Jahreswechsel 2017/2018 herum, aber auch schon vor der Bundestagswahl war das besonders gut zu beobachten. Da tauchten in der *BILD*-Zeitung Anzeigen wie die auf der nächsten Seite auf.

Unterstellen wir einmal, die links abgebildete Arbeitnehmerin sei eine OP-Schwester im Alter von ca. 30 Jahren, wir nennen sie Frau Abel. Auf dem rechten Bild sehen wir vielleicht einen Heizungsinstallateur im Alter von etwa 35 Jahren und nennen ihn Herrn Bebel. Laut Statistik lagen die Jahresbruttoeinkommen der beiden im Jahr 2017 bei 31.000 (Heizungsinstallateur) beziehungsweise 37.500 Euro (OP-Schwester). Das zu versteuernde Einkom-

Abb. 2 und 3: Motive aus der Anzeigenkampagne der Initiative Neue Soziale Marktwirtschaft

men nach Abzug aller abzugsfähigen Kosten und Kostenpauschalen liegt etwa 10 bis 20 Prozent unter dem Jahresbrutto. Nehmen wir die Mitte. Bei Abzug von 15 Prozent müssen die beiden also zwischen 26.350 und 31.875 Euro versteuern. Die Steuerbelastung zu berechnen, ist ein Kinderspiel. Dafür gibt es nämlich im Internet einen Einkommensteuerrechner des Bundesfinanzministeriums.[6] Den wenden wir an und kommen so für einen Single mit 26.350 Euro zu versteuerndem Jahreseinkommen auf 17,3 Prozent inklusive Soli. Bei 31.875 Euro sind es 19,9 Prozent. Für den Fall, dass die beiden in einer Ehe oder eingetragenen Partnerschaft leben und jeweils Alleinverdiener sind, liegen die Steuersätze bei sage und schreibe 6,1 bzw. 9,7 Prozent. Von der Abschaffung des Soli – das nur nebenbei bemerkt – würde die verheiratete OP-Schwester Abel mit rund 13 Euro im Monat profitieren, der Heizungsinstallateur Bebel überhaupt nicht, weil der Soli bei seiner Einkommenshöhe noch gar nicht erhoben wird.

---

6 https://www.bmf-steuerrechner.de

Wie passen diese Zahlen zu der immer häufiger zu hörenden Behauptung, dass inzwischen schon Normalverdiener den Spitzensteuersatz von 42 Prozent zahlen?

*

In seiner Zeit als NRW-Ministerpräsident hat der spätere Bundespräsident Johannes Rau immer angemahnt, seine Partei – die SPD – müsse ihre Rolle als »Schutzmacht der kleinen Leute« ernst nehmen. Das ist lange her. Folgt man den Empfehlungen der professionellen Politikberater, dann kann man mit dem Versprechen, sich um die »kleinen Leute« zu kümmern, keinen Blumentopf mehr gewinnen. Wir Deutsche, sagen sie, sind gern Mitte. Wenn es um die Mitte geht, fühlen wir uns angesprochen. Egal, ob 3.000 Euro brutto im Monat für eine ganze Familie oder 6.000 Euro für einen oder eine allein – gemessen an dem, was über Armut und Reichtum auch im eigenen Land berichtet wird, ist das gefühlt alles Mitte. Wer also bei Wahlen punkten will, muss »die Mitte« ansprechen – und Entlastung von staatlichen Abgaben versprechen. Dann kann man auf breite Zustimmung hoffen. Und wer sehr gut Verdienenden noch mehr Gutes tun will, muss das möglichst vielen Menschen als Politik für die Mitte verkaufen. Das erreicht man am besten, wenn man möglichst viele Menschen davon überzeugt, dass es der Staat ist, der ihnen viel zu viel aufhalst. Man glaubt gar nicht, was man mit geschickt angestellten Berechnungen alles »beweisen« und was für einen Unmut man damit auslösen kann.

Gefühlt gehören fast alle zur »Mitte« der Gesellschaft

Nehmen wir noch einmal die beiden Durchschnittsverdiener Frau Abel und Herrn Bebel und unterstellen für den Augenblick, beide seien verheiratete Alleinverdiener. Herr Bebel zahlt dann 6,1 Prozent Einkommensteuer und Frau Abel 9,7 Prozent. Wohlgemerkt vom zu versteuernden, also dem schon um abzugsfähige Beträge verminderten Einkommen. Gemessen am Bruttoverdienst liegen die Steuersätze der beiden sogar bei lediglich 5,2 bzw. 8,3 Prozent.

Mit solchen Zahlen lässt sich nur schwer ein Aufstand »der Mitte« gegen zu hohe Steuern auslösen. Dafür muss man schon ein bisschen weiterrechnen, und das machen die Einflüsterer dann auch. Sie halten sich nicht damit auf, wie viel Arbeitnehmerinnen und Arbeitnehmer tatsächlich von ihrem Einkommen abgeben müssen. Sie brauchen große Zahlen, die die gefühlte Überlastung durch den Staat belegen. Wenn der Anteil, den man von seinem Einkommen abgeben muss, schon nicht sonderlich erschreckend ist, nimmt man die »Grenz«-Steuer und verlässt sich auch dabei darauf, dass die Begriffe verwischen und der Eindruck entsteht, die diskutierten Prozentsätze gingen vom brutto verdienten Monatslohn ab.

Deshalb rechnen uns die Initiative Neue Soziale Marktwirtschaft, der Bund der Steuerzahler und andere Stimmungsmacher vor, wie viel Prozent von einer etwaigen Gehaltserhöhung einbehalten werden. Laut Einkommensteuerrechner müsste Frau Abel – wenn alles andere gleich bleibt – von einem zusätzlich verdienten Euro 26,3 Prozent abgeben. Bei Herrn Bebel wären es 22,8 Prozent. Das ist zwar noch weit von Spitzensteuersätzen entfernt, klingt aber schon bedrohlicher als einstellige Steuerprozentzahlen. Doch was hat es damit auf sich?

Bleiben wir bei unseren Beispielfällen und nehmen an, Frau Abel und Herr Bebel bekämen eine Lohnerhöhung von 3 Prozent. Für den Heizungsinstallateur wären das aufs Jahr gerechnet brutto 930 Euro, für die OP-Schwester 1.125 Euro. Der Zuwachs wird höher besteuert als das bisherige Einkommen. Das liegt an der gewollten Steuerprogression, denn auf höhere Einkommen soll auch ein höherer Steuersatz erhoben werden. Gleichzeitig erhöht der Gesetzgeber aber regelmäßig den steuerlichen Grundfreibetrag. Damit dämpft er aber den Anstieg des Steuersatzes für alle Einkommenshöhen. So kommt es zu dem Ergebnis, dass Herr Bebel von den zusätzlichen 930 Euro brutto für das Jahr 2018 am Ende netto 834 Euro übrig behält. Statt wie bisher 5,2 Prozent muss er jetzt 5,3 Prozent von seinem gesamten Bruttoeinkommen an das Finanzamt abführen. Frau Abel hat 2018 brutto 1.125 Euro mehr und behält davon 973 Euro. Ihr Einkommensteueranteil am Bruttojahresverdienst steigt von 8,3 auf 8,4 Prozent.

Selbst wenn wir das Gesamteinkommen außen vor lassen und uns nur auf den Lohnzuwachs konzentrieren, gehen davon bei Frau Abel und Herrn Bebel nicht über 20 Prozent, sondern 10,3 (Heizungsinstallateur) bzw. 13,5 Prozent (OP-Schwester) ab, weil im Steuertarif des Jahres 2018 gegenüber 2017 wie in anderen Jahren auch Korrekturen zugunsten der Steuerzahler vorgenommen worden sind. Das alles verschweigen die Steuersenkungslobbyisten mitsamt ihren wissenschaftlichen Zuarbeitern.

*

Viele, die sich ihre Steuerbescheide einmal etwas genauer ansehen und nachrechnen, wie viel Prozent des Gesamteinkommens der vom Finanzamt festgelegte Steuerbetrag denn wirklich ausmacht, werden überrascht sein, wie stark die gefühlte von der tatsächlichen Steuerlast abweicht. Mit fatalen Folgen, denn wer viel weniger Steuern zahlt, als er glaubt, der wird im Fall einer Steuersenkung auch in weitaus geringerem Maß entlastet als erwartet – und damit regelmäßig bitter enttäuscht, wenn eine Steuersenkung pro Monat

Es ist Zeit, den Missbrauch der Mitte gegen ihre eigenen Interessen ins öffentliche Bewusstsein zu bringen

gerade einmal für zwei bis drei Cappuccino reicht, während Bezieher hoher Einkommen davon mehrere Besuche in einem Top-Restaurant finanzieren können. Allgemeine Steuersenkungen kommen zwangsläufig immer vor allem denen zugute, die tatsächlich in Regionen von 30 bis 40 Prozent Steuern auf das Gesamteinkommen zu finden sind. Das ist aber beileibe nicht die Mitte. Genau genommen ist es kaum jemand. Um den »Spitzensteuersatz« von

42 Prozent wirklich auf das Gesamteinkommen (inklusive Soli 44,3 Prozent) zahlen zu müssen, müsste ein Single brutto rund 600.000 Euro im Jahr verdienen, Verheiratete das Doppelte. Dieser Personenkreis hat zudem ganz andere Möglichkeiten, sein »zu versteuerndes« Einkommen kleinzurechnen. Die, die dann noch an eine Steuerlast von 40 Prozent heranreichen, sind ein Promilleanteil der Gesellschaft. Zur Mitte gehören sie gewiss nicht.

Die Machtverhältnisse bei der Interessenvertretung der Top-Verdiener und Top-Vermögenden einerseits und der Klein- und Normalverdiener anderseits gegenüber Politik und Verwaltung dürften klar geworden sein. Die aus dem Armuts- und Reichtumsbericht der Bundesregierung gestrichene Passage, dass die Wohlhabenden einen ungleich größeren Einfluss auf die Politik haben als die »kleinen« Leute, wäre eine zutreffende und wichtige Beschreibung der seit Jahrzehnten herrschenden Verhältnisse gewesen. Dass es erst gar nicht zu dieser regierungsamtlichen Feststellung kam, spricht für sich. Der Geldadel und die Global Player nutzen alle Kanäle, ihren finanziellen Beitrag zu einem Gemeinwesen zu drücken, von dem sie mindestens so sehr profitieren wie die Durchschnittsbürger. Die massive finanzielle Unterstützung der Parteien, die sich für die Interessen der Einkommens- und Vermögenselite starkmachen, gehört genauso zum Repertoire wie die Beeinflussung der öffentlichen Meinung. Es geht darum, bei der Mehrheit der Bevölkerung im entscheidenden Augenblick – besonders vor Wahlen – Zweifel daran zu säen, dass »die« Politik es wirklich gut mit den »Durchschnittsbürgern« meint, wenn sie die Minderheit der Großverdiener stärker zur Kasse bitten möchte. Kein Rechenkunststück ist zu abwegig, um vor allem gegen die staatlichen Ausgaben und Steuern Stimmung zu machen, die besonders Klein- und Mittelverdienern zugutekommen. Je besser das gelingt, umso mehr werden sich die Parteien »der Mitte« hüten, die Umverteilung von unten nach oben wirksam zu stoppen. Die Einflussnahme auf Gesetzgebung und Ministerialverwaltung und die Diskreditierung der staatlichen Stellen, die

Steuerbetrug und Steuerumgehung den Kampf angesagt haben, tun schlussendlich ein Übriges. Es ist Zeit, den Missbrauch der Mitte gegen ihre eigenen Interessen ins öffentliche Bewusstsein zu bringen. Und deutlich zu machen, dass es für alle fatal wäre, die Menschen unterhalb der Mitte aus den Augen zu verlieren. Besonders für die politischen Parteien des gemäßigt linken Spektrums ist es Zeit, über Wahltermine hinaus verlässlich Position zu beziehen. Eine Voraussetzung dafür ist die Bereitschaft, sich der für viele unangenehmen Auseinandersetzung mit den Fakten zur Steuerbelastung der Bürger zu stellen. Daher sollen diese Fakten im folgenden Kapitel einer genaueren Analyse unterzogen werden.

IV. Zerrbild und Wirklichkeit

1. Progression, Grenzsteuer und Durchschnittssteuer

Glaubt man den Meinungsäußerungen in Politik und Medien, dann gehört man mit einem monatlichen Bruttoeinkommen von 5.000 Euro zur Mitte. Und dieses Einkommen der Mitte, so sagt man uns, würde viel zu hoch besteuert. Schließlich gelte für Jahreseinkommen über 55.000 Euro doch schon der Spitzensteuersatz von 42 Prozent. Wie kann das sein, wenn 42 Prozent Steuern vom Einkommen für ein gemeinsam veranlagtes Paar erst bei einem Einkommen von 1,2 Millionen Euro im Jahr fällig werden?

Von Mark Twain stammt der Satz, dass »man Tatsachen erst einmal kennen muss, bevor man sie verdrehen kann«. Daran, dass die, die die Tatsachen systematisch verdrehen, wissen, wovon sie reden, habe ich keine Zweifel. Erschreckend ist, wie die verdrehten Tatsachen zum Allgemeingut der steuerpolitischen Debatte geworden sind und auch von den

»Starke Schultern sollen mehr tragen als schwache«

meisten Politikern weder in den Parlamenten noch in Talkshows in Zweifel gezogen werden. Viele publizistische Beiträge nehmen die Darstellungen des Steuerzahlerbundes und der Lobbyisten der Initiative Neue Soziale Marktwirtschaft als quasi amtliche Arbeitsgrundlage hin. Deshalb macht es Sinn, sich mit der tatsächlichen Steuerlast der Bürgerinnen und Bürger eingehender auseinanderzusetzen.

Wenn in der Zeitung etwas über Steuersätze steht, geht es fast immer um den sogenannten Grenzsteuersatz. Auch wenn vom Spitzensteuersatz die Rede ist, geht es in Wahrheit um einen Grenzsteuersatz. Die meisten wissen, dass es dabei irgendwie um Steuern auf

Lohnerhöhungen oder Boni geht. Wie das alles mit dem Prozentsatz zusammenhängt, der für das Gesamteinkommen und nicht nur für den Zuwachs fällig wird, ist allerdings den wenigsten klar. Die meisten Vermutungen gehen in die Richtung, dass der Gesamtsteuersatz nicht allzu weit vom Grenzsteuersatz entfernt sein dürfte. Viele empört es auch, dass das Finanzamt bei einmaligen Sonderzahlungen wie Urlaubs- oder Weihnachtsgeld so viel einbehält. Dass das im Rahmen des Lohnsteuerjahresausgleichs oder der Einkommensteuererklärung korrigiert wird, erschließt sich allerdings tatsächlich nicht aus einer schockierenden Monatsabrechnung.

Der Steuersatz, der für Gesamteinkünfte fällig wird, unterscheidet sich aber für die allermeisten erheblich vom Grenzsteuersatz. Der sogenannte Durchschnittssteuersatz ist viel niedriger. Der bei Weitem größte Teil der Steuerzahler zahlt mitsamt Soli deutlich weniger als 20 Prozent des Einkommens an den Fiskus.

Dass der Steuersatz auf das Gesamteinkommen und der Grenzsteuersatz für den nächsten Euro, den man dazuverdient, so stark voneinander abweichen, liegt an der Steuerprogression. Nicht an der so oft bemängelten »kalten« Progression – auf die ich noch zu sprechen komme –, sondern am gewollten Anstieg des Steuersatzes mit zunehmendem Einkommen. Die Progression folgt dem Grundgedanken, den Steuersatz so festzulegen, dass alle für die Gemeinschaft ein in etwa gleich großes Opfer bringen. Wäre der Steuersatz für alle Einkommen gleich, dann müssten Kleinverdiener auf mehr verzichten als Besserverdienende. 200 Euro Steuern wären bei einem Monatsverdienst von 1.000 Euro schwerer zu verkraften als 2.000 Euro bei monatlich 10.000 Euro. Ob mir 800 Euro zum Leben bleiben oder 8.000 Euro, macht einen Unterschied. Deshalb ist es plausibel, Kleinverdienern auch prozentual weniger und Besserverdienern mehr zuzumuten.

Unser Einkommensteuersystem trägt diesem Umstand Rechnung, indem der Prozentsatz, den wir an das Finanzamt abführen müssen, mit steigendem Einkommen wächst. Das ist die – gewollte – Steuerprogression. Nach dem 2018 geltenden Steuertarif muss ein Ehepaar deshalb bis zu einem zu versteuernden Jahreseinkommen von 18.000 Euro überhaupt keine Einkommensteuer zahlen. Ein Ehepaar mit 50.000 Euro pro Jahr muss 16,3 Prozent davon abgeben, und ein Paar mit 100.000 Euro Jahreseinkommen zahlt 26,2 Prozent. Alles inklusive Soli. Erst bei einer Million sind auf das gesamte steuerpflichtige Einkommen zusammen mit dem Soli 44 Prozent Steuern fällig. Da bleiben dann aber immerhin noch 560.000 Euro »zum Leben«.

*

Die mit der Einkommenshöhe nach und nach steigende Steuerbelastung wird in unserem Einkommensteuersystem dadurch erreicht, dass jeder einzelne Euro einen eigenen Steuersatz hat. Das ist der Grenzsteuersatz. Am besten wäre das nachzuvollziehen, wenn man sich das gesamte Jahreseinkommen in einzelnen Euro-Münzen auszahlen ließe und die unter die Abbildung 4 legen würde.

Bei dem für 2018 gültigen Einkommensteuertarif ist der Steuersatz für jeden einzelnen der ersten 9.000 Euro Jahresverdienst eines Singles null Prozent. 9.000 Euro sind der Grundfreibetrag. Für Ehepartner verdoppelt er sich. Alle zwei Jahre, wenn die Bundesregierung den Existenzminimumbericht vorlegt, wird dieser Wert entsprechend erhöht. 2017 waren es noch 8.821 Euro, 2018 sind es die besagten 9.000 Euro. Sie wandern unversteuert in das eigene Portemonnaie. Das gilt auch für einen Steuerzahler mit höherem Einkommen. Selbst bei einem Single mit einer Million Jahresverdienst sind die ersten 9.000 Euro steuerfrei. Jeder Euro darüber hinaus wird mit einem eigenen – zunehmenden – Steuersatz belegt. Für den 9.001sten Euro werden zum Beispiel 14 Prozent Steuern fällig. Vom 9.001sten Euro bleiben uns damit noch 86 Cent, vom 30.000sten noch 69 Cent für die Privatschatulle. Für den 54.950sten und jeden weiteren Euro werden jeweils 42 Cent Einkommensteuer fällig. Erst der Betrag, der über 260.533 Euro im Jahr hinausgeht,

Auch für Millioneneinkommen ist das Existenzminimum steuerfrei

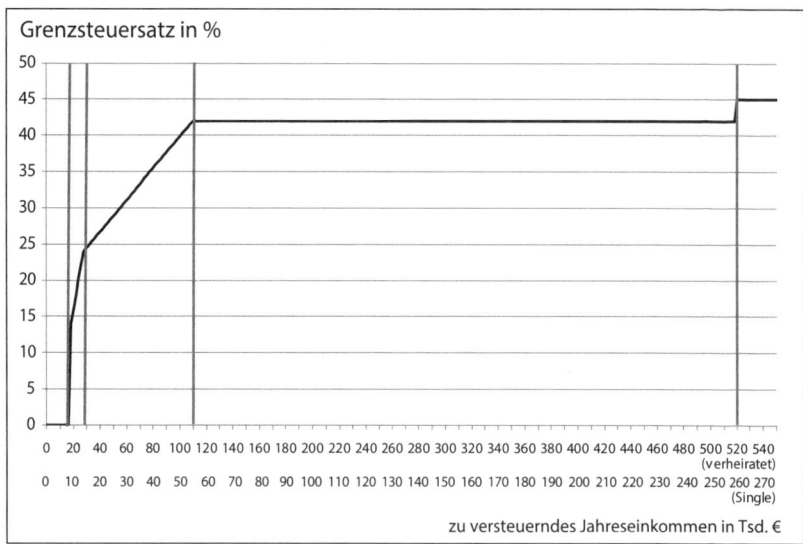

Abb. 4: Grenzsteuersätze 2018

Die Grenzsteuersätze gelten jeweils nur für den einen, zuletzt verdienten Euro. 42 % werden nur für den Teil des Einkommens fällig, der bei gemeinsam veranlagten Paaren oberhalb von 110.000 €, bei Singles oberhalb von 55.000 € liegt. Quelle: BMF

wird Euro für Euro mit 45 Cent Einkommensteuer belegt. Der Prozentsatz, der vom Gesamteinkommen abgeht, ist deshalb immer deutlich niedriger als der Prozentsatz für den zuletzt verdienten Euro. Schließlich werden die vorangehenden Euros ja zum Teil gar nicht oder viel geringer belastet. Wenn zum Beispiel für den 9.001sten Euro 14 Cent Steuern zu berappen sind, für die 9.000 Euro davor aber gar nichts, dann macht die Gesamtsteuer auf die gesamten Einkünfte von 9.001 Euro gerade einmal 0,0016 Prozent aus.

Das geht für die in unserer Vorstellung nebeneinandergelegten einzelnen Euros des Jahreseinkommens so weiter. Für den 30.000sten Euro allein ist der Steuersatz zwar 31 Prozent. Weil die Steuersätze für alle einzelnen Euro darunter aber deutlich niedriger sind, beträgt die Einkommensteuer für die 30.000 Euro zusammengenommen 5.348 Euro oder 17,8 Prozent. Der 50.000ste Euro

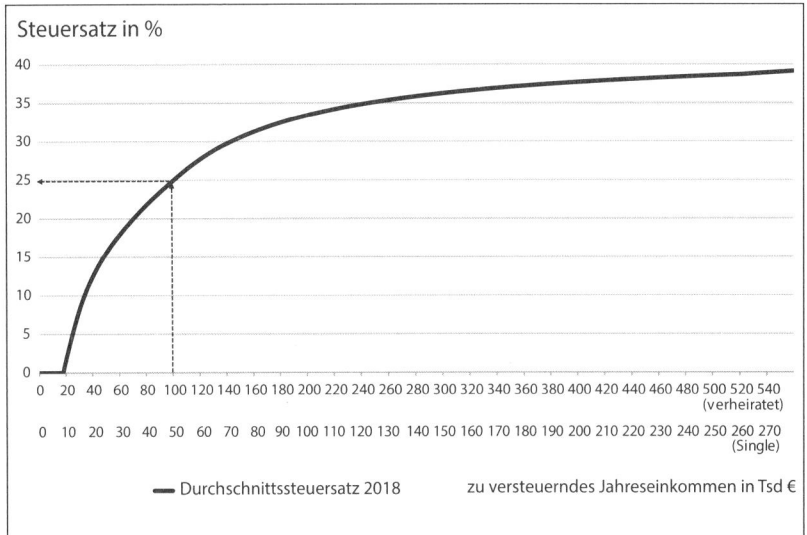

Abb. 5: So viel Steuern gehen vom Jahreseinkommen wirklich an das Finanzamt

Beispiel: Bei einem zu versteuernden Jahreseinkommen von 100.000 € summieren sich die einzelnen Steuer-Cents eines gemeinsam veranlagten Paares für jeden einzelnen Einkommens-Euro auf 24.864 € oder 24,9 %. Incl. Soli sind es 26.232 € oder 26,2 %. Quelle: BMF

wird mit knapp 40 Cent besteuert, der Gesamtbetrag von 50.000 Euro aber mit 12.432 Euro oder rund 25 Prozent. Das alles gilt für einzeln veranlagte Singles. Für gemeinsam veranlagte Paare greift der jeweilige Prozentsatz erst beim doppelten Euro-Betrag. Da werden 25 Prozent Einkommensteuer also erst bei 100.000 zu versteuernden Euro im Jahr fällig.

Um den tatsächlichen Prozentsatz zu berechnen, den ein Steuerzahler von seinem gesamten zu versteuernden Einkommen an den Staat abführen muss, müsste man die unterschiedlichen Steuerbeträge für jeden einzelnen Euro aufsummieren und durch das Gesamteinkommen teilen. Für diesen Durchschnittssteuersatz gibt es natürlich eine Rechenformel. Aus der ergibt sich die Abbildung 5.

Jeder Steuerzahler kann für sich leicht nachrechnen, wie viel Prozent seines zu versteuernden Einkommens tatsächlich an das Finanzamt gehen. Dazu bietet sich der schon erwähnte Steuerrechner des Bundesfinanzministeriums an:[1] einfach das zu versteuernde Einkommen – also das Bruttoeinkommen vermindert um die steuerlich abzugsfähigen Beträge – eintragen und Steuer und Prozentsätze berechnen lassen. Der Rechner bietet sogar die Möglichkeit, die aktuell geltenden Steuersätze mit denen früherer Jahre von 1958 an zu vergleichen. Wer das macht, wird feststellen, dass der Steuertarif in regelmäßigen Abständen zugunsten der Steuerzahler angepasst wurde. Auch 2018 gegenüber 2017.

Wer sich zudem einmal den Spaß machen will und in den Steuerrechner des Bundesfinanzministeriums Millionensummen einträgt, wird feststellen, dass eine durchschnittliche Einkommensteuerbelastung von 50 Prozent des Gesamteinkommens selbst bei noch so hohen Einkommen überhaupt nicht möglich ist. Am Verlauf der oben gezeigten Kurve erkennt man, dass bis weit hinter den Betrag von einer Viertelmillion Euro für einen Single (bei Verheirateten das Doppelte) sogar weniger als 40 Prozent Steuern fällig werden. Und wie schon gesagt: Erst bei weit über einer halben Million sind es 42 Prozent – für einen Single. Verheiratete zahlen erst bei deutlich über einer Million Jahreseinkommen 42 Prozent von ihrem (zu versteuernden!) Einkommen an das Finanzamt.

*

Nehmen wir zur Illustration der angeblichen Spitzenbesteuerung der »Mitte« einen Facharbeiter in einem großen Automobilkonzern und nennen ihn Herrn Cebel. Er verdient 2018 5.000 Euro brutto im Monat bei 13,2 Monatsgehältern im Jahr und lebt allein. Herr Cebel kommt auf ein Jahresbruttogehalt von 66.000 Euro. Abzüglich geschätzter 15 Prozent an steuerlich abzugsfähigen Be-

---

1 https://www.bmf-steuerrechner.de

trägen hätte er ein zu versteuerndes Einkommen von 56.100 Euro. Darauf zahlt Herr Cebel 2017 26,9 Prozent Einkommensteuer plus knapp 1,5 Prozent Soli. Obwohl Herr Cebel mit seinem Gehalt schon gut 1.000 Euro über der Grenze zum »Spitzensteuersatz« von 42 Prozent liegt. Wir erinnern uns: Die liegt bei knapp 55.000 Euro für einen Single, und nur von dem darüber hinausgehenden Teil des Einkommens werden 42 Prozent Steuern abgezogen. Auf das ganze Bruttoeinkommen bezogen geht sogar weniger als ein Viertel an das Finanzamt – genau genommen 24,1 Prozent.

Herr Cebel müsste allerdings für je 100 zusätzliche Euro Einkommen 42 Euro Steuern zahlen. Von 100 zusätzlichen Euro blieben ihm nach Steuern 58 Euro. Wenn er wie Frau Abel und Herr Bebel 2018 ein Lohnplus von 3 Prozent, in seinem Fall also 1.970 Euro brutto, mehr bekäme, blieben ihm davon rund 1.230 Euro. Sein Steueranteil vom Bruttoeinkommen würde von 24,1 auf 24,3 Prozent steigen. Weiterhin weniger als ein Viertel! Lediglich auf das zusätzlich verdiente Geld würden 42 Prozent fällig. Das ist aber die gewollte Folge des Grundsatzes, dass höhere Einkommen einen höheren Prozentsatz an Steuern tragen

Der Bluff mit der »Spitzen«steuer auf »mittlere« Einkommen

sollen. Lebte Herr Cebel nicht allein, sondern als Alleinverdiener in einer eingetragenen Partnerschaft oder Ehe, hätte er mit dem Steuersatz von 42 Prozent überhaupt nichts zu tun. Auch nicht bei einer weiteren Gehaltserhöhung. Von seinem Bruttolohn müsste er als Verheirateter 15,5 Prozent Einkommensteuer zahlen. Ein weiterer Euro würde mit rund 32 Cent Steuern belastet. Von 1.970 Euro brutto mehr blieben ihm rund 1.440 Euro. Und das, obwohl Herr Cebel mit seinem Einkommen gar nicht wirklich zur Mitte gehört. Er gehört zu weniger als 9 Prozent der deutschen Steuerzahler. Zehn von elf Steuerzahlern bekommen am Monatsende weniger auf ihr Konto überwiesen als er.

Trotzdem hält sich hartnäckig der Eindruck, der sogenannte Spitzensteuersatz treffe schon mittlere Einkommen in Gänze. Und dieser Eindruck wird von interessierter Seite immer wieder genährt.

Um in diesem Verwirrspiel wenigstens etwas Orientierung zu geben, habe ich 2015 für Nordrhein-Westfalen entschieden, künftig in jedem Steuerbescheid den Prozentsatz auszuweisen, der tatsächlich vom steuerpflichtigen Jahreseinkommen abgezogen wurde. Ebenso ausgewiesen wird der Unterschiedsbetrag zwischen dem Brutto- und dem schließlich zu versteuernden Einkommen. Wer einmal einen Blick auf den tatsächlichen Steuersatz in seinem eigenen Einkommensteuerbescheid wirft, wird überrascht sein, wie weit dieser Wert unter der gefühlten Belastung liegt.

Bei der Bürgerbefragung 2016, an der 33.000 Personen teilgenommen haben, hat diese Zusatzinformation übrigens großen Anklang gefunden. Bislang weist allerdings nur NRW den tatsächlichen Steuersatz im Steuerbescheid aus.

*

Die Durchsetzung der progressiven Besteuerung ist kein Werk eines Sozialisten oder Sozialdemokraten. Sie geht auf einen Zentrumspolitiker der Weimarer Republik zurück: auf Matthias Erzberger, Reichsfinanzminister von 1919 bis 1920 und Namensgeber der Erzberger'schen Finanzreform. Seither gibt es einen breiten gesellschaftlichen Konsens darüber, Einkommen nach der Leistungsfähigkeit der Einkommensbezieher und damit nach der Devise zu besteuern, dass starke Schultern mehr tragen sollen als schwache. Strittig war allerdings schon immer, welcher Prozentsatz für welches Einkommen die Leistungsfähigkeit am besten berücksichtigt. Und schon immer war es so, dass denen, die viel haben, ein Euro weniger mehr wehzutun scheint als manch einem Normalverdiener. Der Streit um die »richtige« Progression ist deshalb eine endlose Geschichte.

> **Niemand zahlt auf sein Gesamteinkommen den Spitzensteuersatz**

Nun könnte man behaupten, dass doch jeder weiß, was ein Grenzsteuersatz ist, und niemand glaubt, dass man als Normal- oder sogar Gutverdiener von seinem Einkommen 40 Prozent oder mehr an Steuern zahlen müsste. Dass dem nicht so ist, hat eine Kurzexpertise des Instituts der Deutschen Wirtschaft im Auftrag der Initiative Neue Soziale Marktwirtschaft von April 2017 eindrucksvoll belegt.[2] Noch eindrucksvoller war, welche Nachricht in den Medien daraus wurde.

Im Gutachten selbst heißt es: »Der Spitzensteuersatz von 42 Prozent trifft […] rund 4,2 Millionen Personen oder jeden elften Steuerzahler. Dabei handelt es sich um 1,1 Millionen zusammenveranlagte Ehepaare und 2 Millionen Singles.«[3] 1,1 Millionen Ehepaare haben also ein zu versteuerndes Einkommen von rund 110.000 Euro und 2 Millionen Singles eines von rund 55.000 Euro überschritten und mussten für den darüber hinausgehenden Teil des Einkommens 42 Prozent Steuern zahlen. Auch Herr Cebel, unser Beispiel-Facharbeiter aus der Automobilindustrie, würde als Single dazugehören. Sein zu versteuerndes Einkommen liegt ja bei gut 56.000 Euro. Wir erinnern uns aber, dass Herr Cebel nicht etwa 42 Prozent seines Einkommens an das Finanzamt abtreten muss, sondern weniger als 25 Prozent, und zwar inklusive Soli. Wie kann das sein?

Im Fall von Herrn Cebel werden aus dem Bruttoeinkommen von 66.000 Euro durch verschiedene Abzüge 56.000 »zu versteuernde« Euro. Die werden mit einem Steuersatz von 26 Prozent belegt. Nur für die 1.000 Euro oberhalb von 55.000 Euro zahlt er 42 Prozent. Insgesamt führt das zu Einkommensteuern in Höhe von 28,4 Prozent auf sein zu versteuerndes Einkommen oder 24,1 Prozent auf seinen Bruttolohn.

---

2 Institut der Deutschen Wirtschaft: Die Einkommensteuer im Zeitverlauf – Belastungswirkungen für verschiedene Haushaltstypen, Kurzexpertise für die INSM, April 2017
3 Ebd., S. 10

Die Formulierung des IW, jeder elfte Steuerzahler sei vom Spitzensteuersatz betroffen, ist überaus spitzfindig. Die Verfasser der Studie behaupten ja nicht, dass Menschen wie Cebel 42 Prozent von ihrem Gehalt abführen müssen. Sie sagen nur, dass der Steuersatz sie »trifft«. Ist es eine böswillige Unterstellung, wenn ich behaupte, dass mit der Formulierung des Instituts der Deutschen Wirtschaft das »Missverständnis«, dass über vier Millionen Menschen 42 Prozent ihres Einkommens als Steuern abgeben müssen, mehr als nur in Kauf genommen wurde? Jedenfalls lief an den Tagen, an denen das *Handelsblatt* über das »noch unveröffentlichte« Gutachten berichtete, in vielen Zeitungen, Magazinen und elektronischen Medien die Nachricht: »Jeder Elfte zahlt 42 Prozent an den Fiskus.«[4]

Man kann es nur so nennen: Alternative Fakten! Eine bedauerliche Missinterpretation von Journalisten, für die man nicht verantwortlich sei, wie das Institut mir gegenüber seine Pressemitteilung rechtfertigte? Ich habe schon glaubhaftere Erklärungen gehört. Die Medien sind mehr oder weniger auf diese falsche Interpretation gestoßen worden. Denjenigen, die das nicht als bewusste Stimmungsmache sehen mögen, empfehle ich die Lektüre der »sechs wichtigsten Fragen zur Steuerlast der Bundesbürger« auf der Website des Instituts der Deutschen Wirtschaft. Dort heißt es: »Den sogenannten Spitzensteuersatz zahlen auch Menschen, die zwar gut verdienen, aber alles andere als Spitzenverdiener sind. Ein kinderloser Single zum Beispiel muss bereits ab einem Jahresbruttoeinkommen von etwa 65.000 Euro den Einkommensteuerhöchstsatz von 42 Prozent berappen.«[5] Kann

Zweifelhaftes Zusammenspiel zwischen Lobby und Wissenschaft

---

4 Es lohnt sich, einmal »Jeder Elfte zahlt« zu googlen. Das Ergebnis sind zahllose Artikel vom 18. und 19.4.2017 in allen möglichen Medien mit der Botschaft »Jeder Elfte zahlt 42 % an den Fiskus«.
5 https://www.iwkoeln.de/themen/einkommen-und-vermoegen/einkommensverteilung.html

man an dieser Formulierung erkennen, dass **nicht** 42 Prozent vom Jahresbruttoeinkommen gemeint sind, sondern wie bei unserem Facharbeiter Cebel 42 Prozent Steuern lediglich auf rund 1.000 Euro dieses Einkommens entfallen, auf den Gesamtbetrag aber weniger als 25 Prozent? Würde man nachfragen, bekäme man vermutlich als Antwort, dass ja nur vom »sogenannten« Spitzensteuersatz die Rede war.

Immer wenn ich auf diese irreführende Formulierung hinweise, entgegnet man mir mit demselben Standardargument. Es komme doch schließlich darauf an, wie hoch zusätzliches Einkommen besteuert werde, denn davon hänge schließlich die Motivation ab, mehr zu arbeiten und im Beruf weiterkommen zu wollen. Selbstverständlich guckt sich jeder an, was netto vom Bruttoeinkommen übrig bleibt, aber doch wohl zuerst einmal insgesamt. Zusätzliches Einkommen wird immer höher besteuert. Das muss auch so sein, wenn wir die Grundphilosophie bejahen, dass höhere Einkommen mehr zur Finanzierung des Staates beitragen sollen. Wer der Auffassung ist, dass nur von Interesse ist, was für zusätzliches Einkommen zusätzlich an Steuern gezahlt werden muss, sollte den Menschen wenigstens nicht verschweigen, dass auch die Einkommenszuwächse nie so niedrig besteuert wurden wie heute – vor allem im Bereich der hohen Einkommen.

Wenn man sich etwas eingehender mit der Kurzexpertise des Instituts der Deutschen Wirtschaft für die Initiative Neue Soziale Marktwirtschaft beschäftigt, lernt man nämlich noch etwas: Die Steuersätze für hohe Einkommen waren nie so niedrig wie heute. Und auch die Steuersätze in der Mitte sind im Vergleich der letzten Jahrzehnte nicht gestiegen.

Doch auch hier gibt es wieder trickreiche Formulierungen, die einen anderen Eindruck erwecken. Vor allem für Nichtexperten, die auf der Suche nach einer verständlichen Botschaft sind. Denen bietet die IW-Studie Sätze wie diese: »Der Spitzensteuersatz trifft Steuerpflichtige, die das 1,9-Fache des durchschnittlichen Bruttogehalts aller Arbeitnehmer erhalten. Im Jahr 1965 lag der Wert beim 15-Fachen, 1980 beim 5-Fachen, 1990 beim 3,2-Fachen und 2000 beim 2,6-Fachen.«[6] Das mündet in die Feststellung: »Durchschnittslohn nähert sich dem Spitzensteuersatz an.«

*

Wie oft begegnet mir in Diskussionen um eine vermeintlich ständig steigende Steuerbelastung der Bürger das Argument, dass der Spitzensteuersatz vor 50 Jahren erst beim 15-fachen Durchschnittseinkommen fällig wurde, heute aber schon beim 1,9-fachen. Das ist eine gleichermaßen trickreiche wie irreführende Darstellung.

Dass der Spitzensteuersatz zum Beispiel 1980 erst für den Teil des Einkommens galt, der über das (knapp) Fünffache des Durchschnittseinkommens hinausging, ist zwar richtig. Die INSM hat aber etwas Wesentliches unterschlagen: Der Spitzensteuersatz war damals viel höher – stramme 56 statt der heutigen 42 Prozent. Ein seriöser Vergleich würde sich nicht der Frage widmen, von wo an ein zusätzlich verdienter Euro mit einem jeweils unterschiedlichen, über die Jahre enorm gesunkenen Höchstsatz zu versteuern war. Seriös wäre es zu fragen, von wo an für jeden weiteren Euro mindestens der heutige Spitzensteuersatz von 42 Prozent einsetzte. Das ergäbe aber eine ganz andere Darstellung.

Die Steuerreformen der Vergangenheit haben die Schere zwischen oben und unten geöffnet

1980 waren 42 Prozent nämlich schon fällig, wenn das 1,1-Fache des Durchschnittseinkommens überschritten wurde. Anders als heute stieg der Steuersatz danach aber weiter an. Die Spitze wurde in der Tat erst beim Fünffachen des Durchschnittseinkom-

---

6 Institut der Deutschen Wirtschaft: Die Einkommensteuer im Zeitverlauf – Belastungswirkungen für verschiedene Haushaltstypen, Kurzexpertise für die INSM, April 2017, S. 4

mens erreicht, aber es war wie gesagt eine deutlich höhere Spitze als heute: 56 Prozent.

2000 galt der Grenzsteuersatz von 42 Prozent ab dem 1,6-Fachen des Durchschnittseinkommens, also etwa wie heute auch. Allerdings auch da mit dem wichtigen Unterschied, dass der Grenzsteuersatz nicht bei 42 Prozent endete. Er stieg mit wachsendem Einkommen weiter bis auf 51 Prozent.

Einfach nur damit zu argumentieren, von welchem Einkommen an ganz unterschiedliche Höchstsätze fällig wurden, ist also zutiefst unredlich. Mehr noch, es ist pure Stimmungsmache, die sich endlos fortsetzen lässt. Mit jeder Senkung des Spitzensteuersatzes, die maximal den oberen 10 Prozent zugutekam, wurde kritisiert, dass der (viel niedrigere) Höchstsatz jetzt aber früher anfange. Um dann wieder eine Senkung des Spitzensatzes zu fordern.

Das wird aus der folgenden Darstellung des Grenzsteuersatzes deutlich, wie er 1986 und 2018 gültig war. Um die beiden Steuertarife miteinander vergleichbar zu machen, sind die Einkommenshöhen von 1986 selbstverständlich an das aktuelle Preisniveau angepasst worden.

Die zwischenzeitlich eingetretenen weiteren Steuervergünstigungen, wie höhere Kinderfreibeträge oder die steuerliche Absetzbarkeit häuslicher Dienstleistungen und vieles mehr, sind in diesem Vergleich noch nicht einmal berücksichtigt. Das Bild macht aber auch so schon deutlich, wie unbrauchbar der Hinweis auf das frühere Einsetzen des „Spitzensteuersatzes" von 42 Prozent im Tarif des Jahres 2018 als Beleg dafür ist, dass mittlere Einkommen heute höher besteuert werden als früher. Dass der Spitzensteuersatz 1986 nach heutigen Maßstäben erst bei rund 117.000 Euro für Singles und 234.000 Euro für Paare einsetzte, lag lediglich daran, dass er mit 56 Prozent viel höher war als heute. Der Grenzsteuersatz von 42 Prozent, den wir heute „Spitze" nennen, war 1986 (in heutigen Preisen) schon bei 37.000 Euro für Singles fällig.

Ganz nebenbei sei bemerkt, dass der Spitzensteuersatz heute gar nicht bei 42, sondern bei 45 Prozent liegt und erst die Teile

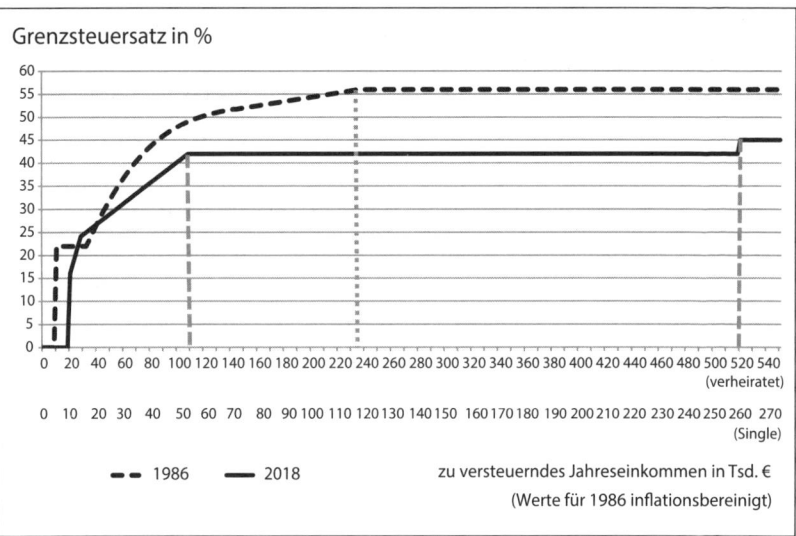

Abb. 6: Vergleich der Grenzsteuersätze 1986 und 2018

Um die Tarifverläufe miteinander vergleichbar zu machen, wurden die 1986 geltenden Einkommensgrenzen um die durch DeStatis ermittelte Inflationsrate von 75,8 % erhöht.
Quelle: BMF, DeStatis, eigene Berechnung

eines Single-Einkommens betrifft, die 2018 über 260.000 Euro hinausgehen. In Wahrheit greift der Spitzensteuersatz also erst oberhalb einer Viertelmillion für Singles und einer halben Million für Paare. Das ist das 8-fache eines Durchschnittseinkommens – und selbst da liegt der Höchstsatz, wie die Grafik zeigt, immer noch 9 Prozent unter dem Grenzsteuersatz von 1986.

Als die sogenannte Reichensteuer – der in der Grafik erkennbare Sprung von 42 auf 45 Prozent für Single-Einkommen oberhalb von mehr als einer Viertelmillion Euro – 2007 eingeführt wurde, ist nämlich kurzerhand unterschlagen worden, dass damit ein neuer »Spitzen«satz jenseits einer sehr hohen Einkommensgrenze entstanden war. Auch dieses Verschweigen erfüllt heute seinen Zweck. Denn würden wir den Reichensteuersatz von 45 Prozent für den Einkommensteil über 260.000 Euro als das bezeichnen, was er ist, nämlich der tatsächliche Spitzen(grenz)steuersatz, dann fiele die

Argumentation des Instituts der Deutschen Wirtschaft in sich zusammen. Ein Spitzensteuersatz von 45 Prozent für den Teil des Einkommens, der deutlich niedriger ist als vor dreißig Jahren, aber erst über dem Achtfachen eines Durchschnittsverdieners beginnt, würde nun wirklich die Wenigsten empören.

Was die völlig aus der Wahrnehmung verdrängten Steuersenkungen der letzten Jahrzehnte für das Portemonnaie einzelner Steuerzahler bedeuten, zeigt die folgende Tabelle für ein paar Beispielfälle:

Ersparnis durch Steuersenkungen seit 1986

Zu versteuerndes Jahreseinkommen	Steuerersparnis durch Steuersenkungen seit 1986		Zusätzliche Ersparnis bei Soli-Abschaffung	
	Euro	Steuersatzsenkung um …	Euro	Steuersatzsenkung um weitere …
Single, 30.000 €	1.161 €	3,9%	294 €	1,0%
Single, 50.000 €	2.315 €	4,6%	684 €	1,4%
Paar, 80.000 €	3.392 €	4,2%	954 €	1,2%
Paar, 500.000 €	47.100 €	9,4%	10.602 €	2,1%
Paar, 1.000.000 €	90.400 €	9,0%	22.942 €	2,3%

inflationsbereinigter Vergleich
Quelle: BMF-Einkommensteuerrechner, eigene Berechnungen

In den vergangenen drei Jahrzehnten sind die Steuersätze trotz der Zusatzbelastung durch den Soli für alle Einkommen erheblich gefallen. Allerdings haben die 90 Prozent der Steuerzahler, die als Single weniger als 50.000 Euro und als Ehepaar oder eingetragene Partnerschaft weniger als 100.000 Euro zu versteuern hatten, davon weit weniger profitiert als Top-Verdiener mit mehreren hunderttausend Euro im Jahr. In der Mitte bis hinein in die überdurchschnittlich verdienende Facharbeiterschaft sanken die Steuersätze nämlich um weniger als 5 Prozent. Spitzenverdiener zahlen demgegenüber heute fast 10 Prozent weniger von ihrem Einkommen an das Finanzamt. Wenn der Solidaritätszuschlag – wie von der großen Koalition geplant – für 90 Prozent der Einkommensbezieher abgeschafft wird, bedeutet das für die meisten eine Steuerersparnis von einigen hundert Euro im Jahr. Sollte der Soli – wie gefordert – auch für die hohen Einkommen ersatzlos entfallen, können sich Top-Manager noch einmal über eine Steuersenkung von 10.000 Euro und weit darüber freuen. Damit verbunden wäre ein Einnahmeausfall von über 10 Milliarden Euro für die öffentlichen Kassen.

*

Es ist geradezu ein Hohn. Die rot-grüne Bundesregierung des Kanzlers Gerhard Schröder hat die ehedem geltende Grenzsteuerbelastung für die höheren Einkommen deutlich nach unten abgeknickt. Zum Dank reagieren die entlasteten Besserverdiener mit dem Vorwurf, dass der viel niedrigere Spitzenwert jetzt so früh beginnt. Nicht genug damit: Sie erzählen den Normalverdienern, dass eine Abflachung des Tarifverlaufs der »Mitte« zugutekäme, und verschweigen, dass dabei erneut die hohen Einkommen am stärksten entlastet würden.

> **Wenn früher alles besser war – warum dann nicht zurück zu den Steuertarifen der 1980er-Jahre?**

Denen, die mit dem Totschlagargument eines heute viel zu früh einsetzenden Spitzensteuersatzes kommen, kann man getrost den Vorschlag machen, dann doch einfach zu dem ihrer Ansicht nach viel günstigeren Steuertarif der 1980er-Jahre zurückzukehren. Sie würden dankend ablehnen.

Tatsache ist: Die größten Steuersenkungen gab es bei jeder Reform der vergangenen Jahrzehnte immer für die hohen Einkommen. Daran hat auch die Einführung der »Reichensteuer« nur minimal etwas geändert. Trotzdem klagt die Steuersenkungslobby fast Tag für Tag über die Steuerlast hoch bezahlter Leistungsträger und bezichtigt jeden des puren Neids, der darauf hinweist, dass oben und unten in unserer Gesellschaft immer weiter auseinanderdriften.

Wenn die Grafik eines deutlich macht, dann das: Es gibt Anlass, die tatsächliche Mitte der Gesellschaft, also Jahreseinkommen eines Mehrpersonenhaushalts zwischen 30.000 und 70.000 Euro, weiter zu entlasten, aber es besteht keinerlei Veranlassung, die Entlastung der tatsächlichen Mitte immer wieder mit einer gleichzeitigen Steuersenkung für hohe Einkommen zu verbinden. Im Gegenteil: Die Reformen der Vergangenheit waren mit ein Grund dafür, dass die Schere zwischen oben und unten weiter auseinandergegangen ist. Es müsste im Interesse aller liegen, diese Schere ein Stück zu schließen. Das geht aber nur, wenn wir die Entlastung der kleinen und mittleren Einkommen mit einem zumutbar höheren Beitrag der Oberschicht verbinden. Es kann nicht sein, dass jede Reform der Einkommensteuer die Schere weiter öffnet, nur weil sich die Politik von vornherein aufgrund nachweislich falscher Argumente und der Drohung, dass Top-Verdiener im Fall einer höheren Belastung ungleich viel mehr Möglichkeiten haben, sich vor dem Finanzamt zu drücken, geschlagen gibt.

Denn tatsächlich ist die Steuerbelastung gar nicht gestiegen. Im Gegenteil: Sie ist deutlich gesunken. Einmal wegen der regelmäßigen Anpassung des Grundfreibetrages – davon profitieren alle steuerpflichtigen Einkommen. Für die Besserverdienenden aber zusätzlich wegen des drastisch gesenkten Spitzensteuersatzes. Die hohen Einkommen haben also doppelt profitiert.

Das Ergebnis ist ein Steuersatz auf das Gesamteinkommen, der mit einer Größenordnung von 40 Prozent nicht im Geringsten etwas zu tun hat. Das bestätigen übrigens auch die Verfasser der IW-Studie. Nur tun sie das so, dass man erst in die Tiefe des Textes gehen muss, um herauszufinden, in welch krassem Missverhältnis die einfachen Botschaften zu den in der Studie richtig dargestellten Tatsachen stehen. Man erkennt die Absicht und ist verstimmt.

*

Der sinnvolle Ansatz unseres progressiven Steuersystems, wie wir es seit den Zeiten des konservativen Weimarer Reichsfinanzministers Matthias Erzberger haben, ist für viele Steuerzahler mit einem faden Beigeschmack verbunden. Auch das ist ganz im Interesse derer, die bei progressiver Besteuerung überdurchschnittlich zur Kasse gebeten werden. Das sind vor allem die hohen Einkommen.

Wie kalt ist die Progression eigentlich? Die Progression zu verteufeln oder zumindest ihre weitere Abflachung zu fordern, kann eigentlich nicht im Interesse von Klein- und Mittelverdienern liegen. Um sie zu Verbündeten zu machen, wird immer wieder der Blick auf einen Nebeneffekt gelenkt, der alle Steuerzahler trifft: die sogenannte kalte Progression!

Die kalte Progression ist in der Tat nicht im Sinne ihres Erfinders. Aber was ist das eigentlich? Im Netz geistert ein YouTube-Video, in dem selbst die Bundeskanzlerin nicht sattelfest zu sein scheint. Damit steht sie nicht allein. In Gesprächen über eine gerechte Besteuerung kommt fast immer irgendwann die Forderung: Weg mit der kalten Progression! Bei etwas intensiverem Nachhaken stellt sich dann heraus, dass kaum jemand die tatsächlichen Auswirkungen auf das eigene Portemonnaie beschreiben kann. Sicher ist nur, dass es sie zumindest gefühlt gibt und dass sie schlecht ist. Und dass die kalte Progression sogar dazu führen kann, dass nach einer Lohnerhöhung de facto weniger übrig bleibt als vorher.

Unter bestimmten Voraussetzungen stimmt das. Nehmen wir an, unsere OP-Schwester Frau Abel aus dem Rechenbeispiel bekäme eine 3-prozentige Gehaltserhöhung. Wenn diese Erhöhung von einer annähernd gleich hohen Inflationsrate weitestgehend aufgefressen würde, hätte sie real am Ende weniger in der Tasche als vor der Gehaltserhöhung. Der geltende Steuertarif ignoriert nämlich die Steigerung der Lebenshaltungskosten. Frau Abel wird behandelt, als ob sie demnächst 3 Prozent mehr bekäme – und dafür soll sie auch ein bisschen mehr zur Staatsfinanzierung beitragen. Das ist die Folge der gewollten Progression.

Nicht gewollt sein kann, dass die Inflation ihre Gehaltserhöhung aufzehrt und sie trotzdem einen höheren Steuersatz bezahlen soll. Bildlich ausgedrückt soll die Last nicht steigen, wenn nicht gleichzeitig auch die Schultern stärker werden. 3 Prozent mehr Lohn bei zum Beispiel 2,6 Prozent Teuerungsrate bedeuten, dass man real 0,4 Prozent mehr verdient als vorher. Wenn dann aber der Steuersatz um mehr als 0,4 Prozent nach oben ginge, bliebe tatsächlich weniger übrig. Das wäre nicht gerecht, käme aber auch nur vor, wenn es gleichzeitig eine relativ hohe Teuerungsrate und kaum darüber hinausgehende Lohnzuwächse gäbe. Und wenn die Steuersätze tatsächlich unverändert blieben.

Ob das in der Vergangenheit so war, lässt sich leicht nachprüfen. Dann hätten die Steuersätze für einen bestimmten Haushaltstypus nämlich im Zeitablauf steigen müssen. Richten wir dazu noch einmal einen Blick auf die Ergebnisse der Expertise des Instituts der Deutschen Wirtschaft für die Initiative Neue Soziale Marktwirtschaft.

Die Grafik zeigt, dass der Einkommensteuersatz für ausgewählte Haushalte 2017 deutlich niedriger ist als vor 30 Jahren. Zwar ist nicht in jedem Jahr der Steuertarif an die Preisentwicklung angepasst worden, aber die regelmäßige Erhöhung des Grundfreibetrags (Existenzminimum), die allen Einkommenshöhen zugutekommt, und viele andere Steuersenkungen der letzten Jahre haben dazu geführt, dass die Steuerlast für alle Einkommenshöhen nicht gestiegen, sondern sogar gesunken ist.

Die IW-Forscher kritisieren denn auch nicht mehr eine andauernde kalte Progression über die gesamte Zeit, sondern konzentrieren sich jetzt auf das zurückliegende Jahrzehnt seit 2005. Da weisen die Belastungskurven – wenn auch auf einem für manchen überraschend niedrigen Niveau – Knicke nach oben auf. Aber ist dieser Anstieg tatsächlich »kalte« Progression? Oder sind die Durchschnittseinkommen im Lauf der Zeit auch real gestiegen, ist also der Wohlstand in der Mitte der Gesellschaft größer und sind die Schultern stärker geworden?

2005 lag das durchschnittliche Bruttojahreseinkommen nach Angaben der IW-Forscher bei 26.524 Euro. 2017 waren es 34.631 Euro. Die Einkommen sind in diesem Zeitraum um 30,6 Prozent gewach-

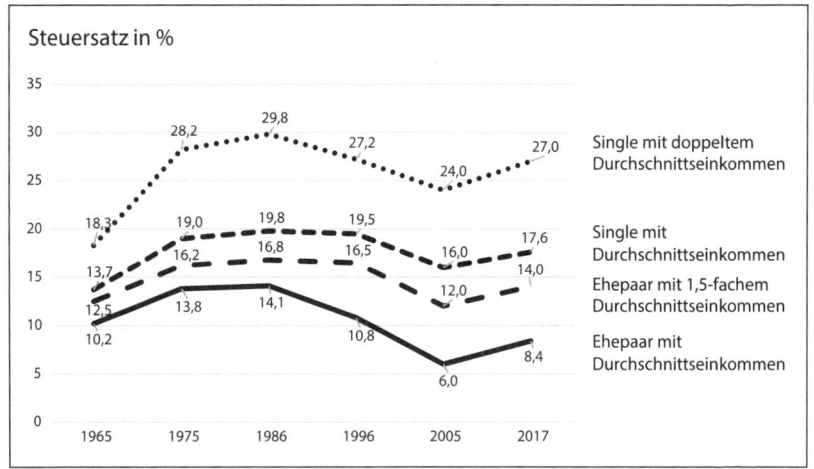

Abb. 7: Entwicklung der durchschnittlichen Steuerbelastung von Singles und Ehepaaren, in Prozent vom Einkommen.
Quelle: »Die Einkommensteuer im Zeitverlauf. Belastungswirkung für verschiedene Haushaltstypen«. IW Köln, April 2017

sen, die Preise aber nur um 18,1 Prozent. Bei einem realen Einkommenszuwachs von 12,5 Prozent (30,6 minus 18,1) ist ein etwas höherer Steuersatz also nicht »kalte«, sondern ganz normale Progression. Im Jahrzehnt davor, von 1996 bis 2005, sind tatsächlich die Preise (plus 13,4 %) stärker angestiegen als die Einkommen (plus 10,4 %). Da sind die Steuersätze wegen der großen Steuerreform der damaligen rot-grünen Bundesregierung aber auch deutlich gesunken. Darüber verlieren die Experten im Bericht an ihren Auftraggeber INSM aber kein Wort. Schließlich ging ja es darum, die viel zu hohe Steuerlast mit dem Steuerzahler als ewigem Verlierer zu beweisen.

*

Die vorangegangene Beschreibung unseres Einkommensteuersystems und seiner Interpretationsmöglichkeiten mag für manche Leserin und manchen Leser schwer verdaulich sein. Damit sind sie nicht allein. Es ist selbst in den Reihen der Politik enorm schwer, die Bereitschaft zu wecken, sich mit diesem Komplex eingehender zu beschäftigen und sich die Folgen verlockend klingender Steuergeschenke bewusst zu machen. Das ist aber nötig, wenn man nicht denjenigen ausgeliefert sein will, die Steuervereinfachungen und Steuersenkungen als Geschenk für die »Mitte« verkaufen, in Wahrheit aber vor allem hohe Einkommen entlasten wollen.

Die steuerpolitische Agenda nicht den Neoliberalen überlassen

Dabei wird gern verdrängt, dass der Einnahmeausfall am Ende durch die Ausgabenkürzungen aufgefangen werden müsste, von denen besonders kleine und mittlere Einkommen betroffen wären.

Die Scheu, sich wenigstens so intensiv mit dem Steuersystem zu beschäftigen, dass man die teilweise perfiden Desinformationsstrategien entlarven und ihnen in Diskussionen vor Ort überzeugend begegnen kann, ist deprimierend. Konservative und Neoliberale haben bei diesem Thema inzwischen eindeutig die Lufthoheit über den Stammtischen und punkten mit gut kaschierten Absichten, die den Interessen der meisten Stammtischteilnehmer zuwiderlaufen würden. Das kann man nicht den Stammtischen vorwerfen, sondern dieser Vorwurf richtet sich an die Adresse derer, die das Thema »Steuern und Finanzen« lieber ausklammern, weil sie glauben, für eine Auseinandersetzung nicht gerüstet zu sein. Das trifft auch viele im eigenen politischen Freundeskreis.

Schlimmer noch: Der Lobby der Top-Verdiener ist es gelungen, vielen in der Politik das Gefühl zu vermitteln, sie seien wirtschaftlich nur dann kompetent und könnten nur dann mit Geld umgehen, wenn sie die Haltung derer verinnerlichen, auf die sich Einkommen und Vermögen zunehmend konzentrieren. So wurden und werden die Privilegien der höchsten Einkommenskategorien nicht nur gesichert, sie wurden in den vergangenen Jahrzehnten immer weiter ausgebaut. Das Auseinanderdriften von Arm und Reich ist eine der Konsequenzen.

Denn auch für Betrachter, die nicht viel mit mathematischen Kurven anfangen können, genügt ein Blick auf den Verlauf des durchschnittlichen Steuersatzes in der Abbildung auf Seite 173 um zu erkennen, wie rasant die prozentuale Steuerlast im unteren und mittleren Einkommensbereich ansteigt. Zwischen 10.000 und 50.000 Euro steuerpflichtigem Einkommen pro Jahr liegt die Steuerlast für einen Single zwar unter 25 Prozent. Sie steigt auf dieser Strecke aber rapide von 1,5 auf 24,9 Prozent. Das ist eine Versiebzehnfachung des Steuersatzes bei fünffachem Einkommen. Bei einer weiteren Verfünffachung des Einkommens auf 250.000 Euro steigt der Steuersatz aber nur noch um das 1,5-Fache auf 38,6 Prozent. Danach ändert sich der Steuersatz kaum noch. Der steile Anstieg am Anfang und die flache Steigung im Bereich hoher Einkommen ist dem Umstand zu verdanken, dass sich die Debatte über die Einkommensteuer immer besonders um die Forderung nach einer niedrigeren Spitzensteuer für hohe Einkommen drehte. Dadurch wurde der Verlauf der Steuerkurve bei hohen Einkommen immer weiter nach unten gedrückt – und im Bereich der tatsächlichen Mitte immer bauchiger.

Schlankheitskur für die Besserverdienenden – ein Bauch für die Mittelschicht

Mit Gerechtigkeitsüberlegungen hat das nichts zu tun. Im Gegenteil: Immer wurde in den letzten Jahrzehnten dem Druck der Top-Verdiener nachgegeben. Im Bereich der tatsächlichen Mitte hätte es sich der Staat gar nicht leisten können, ähnlich hohe Steuernachlässe zu gewähren, weil die Staatseinnahmen dann zusammengebrochen wären. Mit den Steuersätzen ist es ähnlich wie bei den Gehaltserhöhungen: 20 Prozent mehr für das Top-Management fallen bei den Gesamtkosten für Löhne und Gehälter gar nicht auf. Aber 2 Prozent mehr für alle Arbeitnehmerinnen und Arbeitnehmer lassen den Finanzvorstand stöhnen.

So ist das auch mit dem Mittelschichtsbauch. Ihn ein Stück abzuflachen, würde rasch zu Steuermindereinnahmen in zweistelliger Milliardenhöhe führen. Die Konsequenz war deshalb immer, dass die hohen Einkommen nicht nur schneller stiegen als die kleinen, sondern dass auch die Steuern auf hohe Einkommen schneller sanken als auf die kleinen.

Die Masse der Steuerzahler verdient nun mal nicht das, was die Initiative Neue Soziale Marktwirtschaft als »Mitte« bezeichnet. Ein zu versteuerndes Jahreseinkommen von über 55.000 Euro pro Steuerpflichtigem haben weniger als 10 Prozent aller Haushalte. Eine spürbare Entlastung aller Einkommen bis zu diesem Betrag ginge also weit über die »Mitte« hinaus und würde schnell zu Einnahmeausfällen von 20 bis 30 Milliarden Euro führen. Gleichzeitig hätten die unteren 10 Prozent der Einkommensskala von Steuersenkungen überhaupt nichts, weil sie schon heute keine Einkommensteuer zahlen müssen.

*

Mehr als die Hälfte aller Steuerzahler versteuern pro Kopf zwischen 15.000 und 35.000, als Paar also zwischen 30.000 und 70.000 Euro im Jahr. Da liegt die wahre Mitte. Da wäre wirklich jeder Euro mehr im Portemonnaie eine Erleichterung. Deshalb sollte sich eine Steuerentlastung auf diesen Teil der Steuerzahler konzentrieren. Hier sucht man allerdings vergebens nach einer ernst zu nehmenden lautstarken Lobby.

Wissenswerte Fakten

Im Übrigen wäre auch die Entlastung dieses Personenkreises sehr teuer. Was nützt aber eine Steuerersparnis, wenn dafür staatliche Leistungen entfallen und selbst bezahlt werden müssen. Damit wäre aber zu rechnen, wenn der Wille zu einer Steuererhöhung für hohe Einkommen und Vermögen und für steuertricksende Konzerne nicht ernsthaft vorhanden ist, weil

- Singles (oder Ehepaare pro Kopf) mit Bruttoeinkommen unter 12.000–15.000 Euro im Jahr (je nach Zahl der Kinder) gar keine Einkommensteuer zahlen müssen – von einer Steuersenkung also auch nicht entlastet würden
- über 90 Prozent aller Steuerzahler weniger als 50.000 Euro (bei Ehepaaren pro Kopf) brutto verdienen
- 5.000 Euro Bruttomonatsverdienst für einen Single oder

10.000 Euro pro Monat für Paare nicht die Mitte der Gesellschaft sind
- Einkommen bis zu dieser Größenordnung in Deutschland nicht mit 42 Prozent, sondern mit maximal 25 Prozent besteuert werden, mehrheitlich sogar mit weniger als 15 Prozent
- im Steuerrecht regelmäßig Änderungen zugunsten der Steuerzahler vorgenommen werden. Dadurch fällt selbst die Besteuerung einer Lohnerhöhung oft deutlich niedriger aus als der Grenzsteuersatz
- ein Single mit Durchschnittseinkommen (bei Vollzeitbeschäftigung zurzeit rund 40.000 Euro brutto) eine Einkommensteuerbelastung von 17,5 Prozent hat, bei doppelt so hohem Gehalt 26,3 Prozent
- ein Ehepaar mit Durchschnittseinkommen eine Einkommensteuerbelastung von 8,9 Prozent hat, bei eineinhalb Mal so hohem Gehalt 17,5 Prozent
- 42 Prozent Steuer vom Gesamteinkommen erst bei rund 600.000 Euro brutto im Jahr für einen Single oder 1,2 Millionen für ein Ehepaar fällig werden
- auf das Gesamteinkommen bezogen niemand den tatsächlichen Spitzensteuersatz von 45 Prozent zahlen muss
- regelmäßige Änderungen des Einkommensteuerrechts dazu geführt haben, dass die prozentuale Steuerlast für vergleichbare Einkommen heute deutlich niedriger ist als früher – vor allem aber für hohe und höchste Einkommen
- wer in Wahrheit viel weniger Einkommensteuer zahlt als er glaubt, auch von Steuersenkungen enttäuschend wenig profitiert
- ohne strikte Bekämpfung von Steuerhinterziehung und -umgehung, aber auch ohne einen größeren Beitrag von Mega-Einkommen und Mega-Vermögen auf Dauer keine Entlastung kleiner und mittlerer Einkommen möglich ist, die anschließend nicht wieder über staatliche Leistungskürzungen bei den Steuerzahlern eingesammelt wird

2. Mehrwertsteuer und Sozialabgaben

Nun weisen viele Gesprächspartner zu Recht darauf hin, dass unsere Abgabenlast ja nicht nur aus den direkten Abzügen vom Einkommen besteht. Die Einkommensteuer verursacht aber unter allen Steuerarten offenbar besonders große Schmerzen. Nicht nur, weil sie gefühlt viel höher ist, als das tatsächlich der Fall ist. Sie macht das »Opfer für die Allgemeinheit« auch deshalb besonders fühlbar, weil sie unmittelbar beim sauer verdienten Arbeitslohn ansetzt – Monat für Monat.

Aber es gibt ja auch noch die Mehrwertsteuer. Mit 226 Milliarden Euro nahm der Staat damit 2017 fast so viel ein wie aus den Steuern auf Löhne und Gehälter (258 Mrd. Euro). Dazu kommen Mineralölsteuer, Versicherungssteuer, Tabaksteuer, Kfz-Steuer und einige mehr. Und es gibt die Beiträge zur Sozialversicherung. Für viele Bürgerinnen und Bürger macht das alles keinen Unterschied. Sie schmälern allesamt das frei verfügbare Einkommen. Abgabe ist schließlich Abgabe.

Für die Finanzminister von Bund und Ländern und auch für die Kämmerer von Städten, Gemeinden und Kreisen macht das allerdings schon einen Unterschied. Einkommen, Körperschaft- oder Umsatzsteuer sind Gemeinschaftssteuern, die nach einem festgelegten Schlüssel auf die Gebietsebenen verteilt werden. Steuerarten wie die Gewerbesteuer oder die Grundsteuer stehen dagegen allein der kommunalen Ebene zu, die Erbschaftsteuer oder die Grunderwerbsteuer allein den Ländern, die die Kommunen daran allerdings beteiligen. Fast alle anderen Steuern wie Mineralöl-, Kraftfahrzeug-, Versicherungs- oder Tabaksteuer, aber auch der Soli stehen allein dem Bund zu. Deshalb hängt es sehr von der

Steuerart ab, wem Steuermehreinnahmen Geld in die Kassen spülen und wer bei Mindereinnahmen die Ausfälle tragen muss.

Die Beiträge für Kranken-, Arbeitslosen- und Rentenversicherung fließen überhaupt nicht in die Haushalte von Bund, Ländern und Gemeinden. Das unterscheidet sie von Steuern. Es sind Versicherungsprämien für Lebensrisiken. Wie wichtig und wie vorteilhaft es ist, im Fall von Krankheit versichert zu sein, zeigen die Zustände in den USA. Die vor Obamacare oft fehlende Absicherung der Menschen machte Arztbesuche, Krankenhausbehandlung oder den Kauf von Medikamenten für Millionen unerschwinglich, weil die freiwillige private Versicherung als einzige Alternative zu teuer war oder einfach vernachlässigt wurde. Wir kennen die erregten Debatten darüber, dass Präsident Trump gern in die Zeit vor Obamacare zurückmöchte und eine gesetzliche Absicherung aller für sozialistisches Teufelswerk hält. Beim Blick auf so manchen Kommentar in den sozialen Medien kann man nur mit dem Kopf schütteln, wenn hierzulande Menschen auf Trumps Linie argumentieren, die von den Lebensverhältnissen in den USA offenbar nur die Licht- und nicht die Schattenseite kennen.

Die Beiträge zur Sozialversicherung stehen den Finanzministern von Bund und Ländern jedenfalls nicht für Investitionen, Personalausgaben oder Förderprogramme zur Verfügung. Im Gegenteil: Ein Teil der Steuermittel fließt sogar aus dem Steuertopf in die Sozialversicherung – auf direktem Weg oder indirekt, weil die Beiträge teilweise von der Einkommensteuer abgesetzt werden können und auf diese Weise nicht in den Staatshaushalt fließen, sondern in den Sozialversicherungstopf.

*

Das Deutsche Institut für Wirtschaftsforschung (DIW) in Berlin hat die Abgabenlast der Bürgerinnen und Bürger für die einzelnen Abgabenarten genauer untersucht – nicht nur für die direkten Abgaben vom Einkommen, sondern auch für die indirekten Steuern

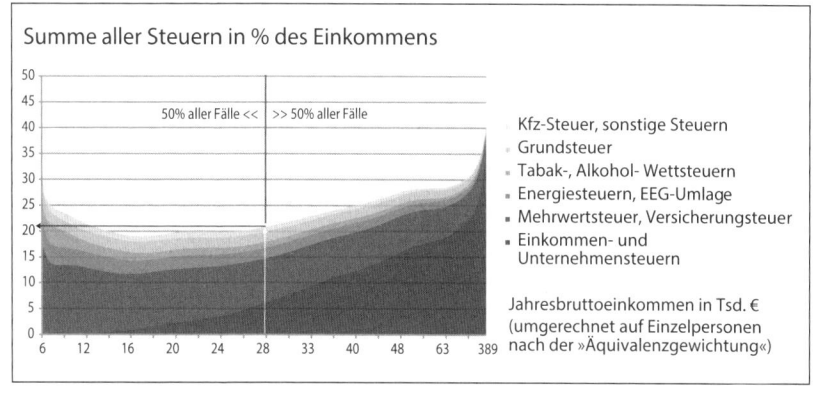

Abb. 8: Steuern in Prozent des Bruttoeinkommens 2015

Lesehilfe: Unter der Grafik steht in der Mitte die Zahl 28. Rund 28.000 € betrug 2015 das Einkommen eines Single-Haushalts, das von je der Hälfte der Steuerzahler unter- bzw. überschritten wurde. Das war zu diesem Zeitpunkt »die Mitte«. Alle Steuerarten zusammen machten für diese Einkommenshöhe ca. 21 % des Einkommens aus. Quelle: DIW, eigene Berechnungen

und für die Beiträge zur Sozialversicherung. Dazu hat der Wirtschaftsforscher Stefan Bach die Abgabenbelastung für jede Einkommenshöhe errechnet.[1]

Lassen wir zunächst einmal die Beiträge zur Sozialversicherung außen vor und konzentrieren uns nur auf die wirklichen Steuern. Schon auf den ersten Blick wird deutlich, dass Einkommen-, Mehrwert-, Kfz-, Mineralöl- und weitere Steuern zusammengerechnet von den kleinsten Einkommen anteilsmäßig fast so viel abzwacken wie von den Top-Verdienern mit mehreren Hunderttausend Euro Jahreseinkommen.

Der »Wal in der Wanne« – das Märchen von den höheren Lasten auf den starken Schultern

Nur die Einkommensteuer nimmt mit steigendem Einkommen prozentual zu. Das ist die untere Schicht. Einkommen- und Un-

---

1 Stefan Bach: Wer trägt die Steuerlast in Deutschland, DIW Wochenbericht Nr. 51+52/2016

ternehmensteuern spielen für die kleinsten Einkommen so gut wie keine Rolle. Danach nimmt ihr Anteil zu, erreicht aber – wie schon vorher beschrieben – für so gut wie niemanden die oft zitierten 42 Prozent.

Die darüberliegende Schicht stellt die Mehrwertsteuer dar. Bei dieser Steuer ist der Verlauf umgekehrt. Von kleinen Einkommen bleibt am Monatsende in der Regel nichts übrig. Das verdiente Geld wird vollständig für die Deckung des Alltagsbedarfs verbraucht. Für Ersparnisse reicht es kaum. Deshalb geht von kleinen Einkommen der größte Steuerbetrag an der Ladenkasse als Mehrwertsteuer an das Finanzamt. Von hohen Einkommen wird umso mehr gespart. Nur ein kleiner Teil wird für Einkäufe verwendet. Deshalb ist der Anteil der Mehrwertsteuer am Gesamteinkommen sehr gering.

Über die ganze Bandbreite, von den niedrigsten bis zu den höchsten Einkommen betrachtet, bildet die Steuerbelastung eine Art Wanne – links (niedrige Einkommen) und rechts (hohe Einkommen) ein hoher Rand, in der Mitte eine Mulde. Unterhalb der Mitte nimmt die gesamte Steuerlast also kaum ab, im Gegenteil: Vor allem die Mehrwertsteuer führt dazu, dass die Bezieher niedriger Einkommen eine hohe Belastung tragen. Der Vorstellung von einem gerechten Steuersystem, das starken Schultern mehr zumutet als schwachen, entspricht dieser Verlauf sicher nicht.

Wenn wir jetzt die Sozialabgaben in die Betrachtung einbeziehen, wird es anders, aber nicht besser. Kleine Einkommen werden zwar kaum davon belastet, die ganz großen aber auch nicht, weil die Zahlungen an die Sozialkassen oberhalb der Beitragsbemessungsgrenzen nicht mehr zunehmen. Für die Renten- und die Arbeitslosenversicherung bedeutet das, dass die Beiträge 2018 oberhalb eines Einkommens von 78.000 Euro (West) bzw. 69.600 Euro (Ost) nicht weiter ansteigen. Für die Kranken- und Pflegeversicherung liegt die Grenze bundeseinheitlich bei 53.100 Euro. Jenseits dieser Beträge sinkt der Prozentanteil der Sozialversicherungsbeiträge am Einkommen also wieder. Außerdem treffen die Sozialabgaben keine Einkommen aus Vermietung, Verpachtung und aus

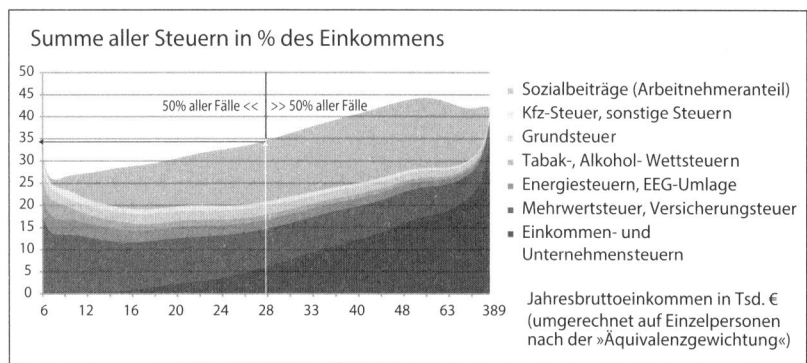

Abb. 9: Steuern und Sozialabgaben (Arbeitnehmeranteil) in Prozent des Haushaltsbruttoeinkommens 2015

Lesehilfe: Unter der Grafik steht in der Mitte die Zahl 28. 28.000 € betrug 2015 das Einkommen eines Single-Haushalts, das von je der Hälfte der Steuerzahler unter- bzw. überschritten wurde. Das war zu diesem Zeitpunkt »die Mitte«. Alle Steuerarten plus Beiträge zur Sozialversicherung zusammen machten für diese Einkommenshöhe knapp 35 % des Einkommens aus. Quelle: DIW, eigene Berechnungen

Kapitalerträgen. Gerade hohe Einkommen, besonders die von reichen Erben, bestehen aber zu einem überdurchschnittlichen Anteil aus Mieteinnahmen, Dividenden und Zinsen. Dadurch ergibt sich eine buckelförmige Verteilung der Belastung mit Abgaben an die Sozialversicherung. Bildlich gesehen liegt also in der Steuer-»Wanne« ein Sozialabgaben-»Wal«.

In der Zusammenschau aller Abgaben – Steuern und Beiträge zur Sozialversicherung – ergibt sich jenseits von rund 40.000 Euro Jahreseinkommen eines Single-Haushalts tatsächlich eine Belastung von mehr als 40 Prozent. Die Ursache dafür sind aber nicht die Steuern, sondern die Beiträge zur Sozialversicherung. Über die Lastenverteilung auf die Bürgerinnen und Bürger und die wirtschaftliche Effizienz des Systems kann man streiten. Eines lässt sich dabei aber nicht unter den Tisch kehren: Wer bezahlen will wie in den USA, kriegt auch eine Versorgungsqualität wie in den USA und nicht die, die wir bei aller Kritik am geltenden System in Deutschland gewohnt sind. Und behalten wollen.

Das alles führt zu einem Fazit, das Ansporn zur Veränderung sein müsste: Gefühlte und tatsächliche Steuerlast unterscheiden sich bei näherem Hinsehen deutlich voneinander. Dafür gibt es gute Gründe. Wir reden vom Steuersatz und meinen den Grenzsteuersatz, den Prozentsatz, den das Finanzamt nicht etwa vom gesamten Einkommen beansprucht, sondern ausschließlich von dem, was obendrauf kommt – etwa Bonuszahlungen und Gehaltserhöhungen. So wird aus tatsächlichen 26 Prozent Steuern für einen Single schnell eine behauptete Spitzensteuerlast von 42 Prozent. Dass sich selbst die 26 Prozent nicht auf das gesamte, sondern nur auf das »zu versteuernde Einkommen« beziehen, fällt da erst recht nicht mehr ins Gewicht. Denn ein Teil des Bruttoeinkommens ist steuerfrei, weil Auslagen steuerlich abgesetzt werden können.

Wen kann es da wundern, dass sogar Menschen, die bei der Einkommensteuer im einstelligen Prozentbereich liegen, davon ausgehen, die Hälfte ihres Einkommens an das Finanzamt abtreten zu müssen. Prozentsätze dieser Größenordnung erreichen sie nicht einmal unter Einbeziehung aller anderen Steuerarten wie zum Beispiel der Mehrwert-, der Mineralöl- oder Mobilitätssteuer. Selbst wenn wir die Arbeitnehmerbeiträge zur Sozialversicherung in die Betrachtung einbeziehen, bleibt die Abgabenlast deutlich unter der Hälfte des Bruttoeinkommens.

Ganz der Wahrnehmung hat sich entzogen, dass die Einkommensteuerlast in den vergangenen Jahrzehnten nicht etwa gestiegen, sondern deutlich gesunken ist. Auch die oft beschworene »kalte Progression« hat daran nichts geändert. Denn mehr als die Verluste durch eine inflationsbedingt übermäßige Progression ist durch Steuererleichterungen wettgemacht worden.

*

Gerecht ist die Verteilung der Abgabenlast trotzdem nicht. Denn die Steuerreformen der Vergangenheit haben abwechselnd einmal alle Steuerzahler entlastet, etwa durch die regelmäßige Erhöhung des Grundfreibetrags, dann aber wieder nur die oberen Einkommenskategorien, etwa durch die teils drastische Senkung des sogenannten Spitzensteuersatzes. Auf diese Weise haben die Besserverdienenden immer, Klein- und Mittelverdiener aber nur hin und wieder von den Steuersenkungen der Vergangenheit profitiert. Der tiefer werdenden Kluft zwischen Arm und Reich haben die Steuerreformen also nicht entgegengewirkt, sie haben sie verstärkt.

Neoliberale Kräfte wollen diesen Trend noch verstärken. Sie sehen weiterhin den Rückzug des Staates als grundlegende Voraussetzung für wirtschaftliche Dynamik. Deshalb setzen sie viel daran, unsere Steuern in einem Licht erscheinen zu lassen, das die wahren Verhältnisse höchst verzerrt widerspiegelt. Bestens verdrahtete Lobbyisten bearbeiten Politik, Verwaltungen, Medien und Öffentlichkeit mit zum Teil abenteuerlichen Rechenkunststücken und plakativen Geschichten über Steuergeldverschwendung, die vor allem ein Ziel haben: den Staat nicht als Interessenvertreter, sondern als gierigen Gegenspieler seiner Bürgerinnen und Bürger erscheinen zu lassen. Das verfängt. Wer plädiert schon dafür, so einem Staat noch mehr Einnahmen zuzugestehen?

Steuersenkungen haben die Besserverdienenden immer, Klein- und Mittelverdiener aber nur hin und wieder entlastet

Besonders Einnahmen, die in die soziale Sicherung fließen und für den gesellschaftlichen Zusammenhalt sorgen, werden von dieser Seite gern mit dem Etikett einer luxuriösen Wohlfahrtsgesellschaft versehen. In dem Maß, in dem es gelingt, auch der Mitte der Gesellschaft das Gefühl einer zu hohen Steuerlast und fehlgeleiteter Sozialausgaben zu vermitteln, wächst die Chance, Mehrheiten gegen »den Staat« zu organisieren, selbst wenn die Mitte am Ende zu den Leidtragenden einer Sparpolitik gehört, wie Neoliberale sie vor Augen haben.

Deren Devise heißt weiterhin »Privat vor Staat«, auch wenn sie heute weniger schroff formuliert wird. Heute nennt man das »die richtige Balance von Privat und Staat«. Wer könnte dem widersprechen? Dann aber können nicht Steuersenkungen für die höchsten Einkommen und Steuerbefreiungen von zig Millionen schweren Erbschaften gemeint sein, sondern eine verantwortungsvolle Revision unseres Steuersystems. Wo hat es Schlupflöcher, durch die sich einige zulasten aller davonmachen? Wo ist der Anspruch, starken Schultern mehr abzuverlangen, über die Jahre Stück für Stück aufgegeben worden und wie kann er angesichts enormer Verschiebungen in der Art der Einkommenserzielung und Einkommensverteilung wieder mit Augenmaß zur Geltung gebracht werden?

3. Steuergerechtigkeit – wachsende Lücke zwischen Anspruch und Wirklichkeit

Die Liberalisierung und die Digitalisierung der weltweiten Finanzbeziehungen haben über die Jahre vor allem für besonders Begüterte enorme Möglichkeiten geschaffen, Steuern in großem Stil legal oder illegal zu umgehen. Auf einige der einschlägigen »Finanzprodukte« zur Steuervermeidung habe ich schon hingewiesen. Die Steuerpolitik stand dieser Entwicklung auch deshalb lange hilflos gegenüber, weil der breiten Öffentlichkeit die zunehmende Lastenverschiebung zu ihren Ungunsten kaum bewusst war. Unterhalb dieser Wahrnehmungsschwelle gelang es den Nutznießern dieser Unwucht allzu oft, den Regierenden Korrekturen zugunsten der Mehrheit auszureden. Die Politik hat sich in Steuerfragen regelmäßig von der Lobby des Geldes vor sich hertreiben lassen. Ihr gelang es immer wieder, ein Meinungsklima zu schaffen, in dem die Politik der Mut verließ, wirklich gegenzusteuern. Egal, ob Handeln angesagt war, weil riesige Schlupflöcher in der nationalen und internationalen Steuergesetzgebung erkennbar wurden, oder ob das Bundesverfassungsgericht Änderungen bei der Besteuerung großer Unternehmenserbschaften anmahnte, weil die geltenden Regelungen nicht oder nicht mehr zu einer gerechten Besteuerung der Bürgerinnen und Bürger führten: Am Ende trugen die Neuregelungen immer erkennbar die Handschrift des vermögenden Teils der Gesellschaft. Die Chance, für mehr Gerechtigkeit zu sorgen, wurde nicht genutzt.

*

Aber nicht nur die Entfesselung der Finanzmärkte hat dafür gesorgt, dass unser Steuersystem nach und nach aus dem Ruder gelaufen ist. Auch die Veränderung der gesellschaftlichen Wirklichkeit bei uns im Land hat steuerliche Regelungen ad absurdum geführt, die zum Zeitpunkt ihrer Entstehung noch Sinn machten. Ein Beispiel dafür ist das Ehegattensplitting.

Das Ehegattensplitting fußt auf der Lebenswirklichkeit der 1950er-Jahre. Der überwiegende Teil der deutschen Haushalte bestand aus einem alleinverdienenden Ehemann, einer nicht berufstätigen Ehefrau und mehreren Kindern. Für die Ermittlung der Einkommensteuer wurden deshalb bis in die späten 1950er-Jahre die Einkünfte beider Partner in bestimmten Fällen einfach zusammengerechnet und – progressiv – besteuert. In anderen Fällen wiederum wurden beide Partner wie Einzelpersonen behandelt.[1] Solange ein einziger Partner die Familie ernährte, war das kein Problem. Als aber zunehmend auch die Frauen am Erwerbsleben teilnahmen, führte dieses System zu einer extremen Ungerechtigkeit. Das Einkommen einer selbstständig tätigen oder im Betrieb ihres Ehemannes angestellten Ehefrau wurde quasi wie eine Lohnerhöhung des Ehemannes behandelt. Es wurde oben draufgepackt. Infolge der Steuerprogression war der Steuerbeitrag einer Ehefrau viel höher als der einer Nichtverheirateten mit gleichem Gehalt. So wurde ein Ehepaar viel höher besteuert als zwei Unverheiratete. Das hat das Bundesverfassungsgericht 1957 als verfassungswidrig beanstandet.[2]

Das Ehegattensplitting – überholte Regelung aus den 50er-Jahren des vorigen Jahrhunderts

---

1 Grundsätzlich wurde das Einkommen beider Ehepartner zusammengerechnet. (EstG 1952, § 26). Die Durchführungsverordnung zum Einkommensteuergesetz von 1952 bestimmte in § 43 allerdings, dass beide getrennt zu veranlagen waren, wenn die Ehefrau in »einem dem Ehemann fremden Betrieb« nicht selbstständig beschäftigt war.
2 Vgl. Bundesverfassungsgericht: Beschluss des Ersten Senats vom 17. Januar 1957 – 1 BvL 4/54 –. Geklagt hatte ein Ehepaar mit einer als Selbstständige tätigen Ehefrau.

Die Regierung Adenauer beseitigte 1958 mit dem Ehegattensplitting nicht nur die fallweise steuerliche Benachteiligung der Ehe. Der Staat wollte sie künftig auch bewusst besserstellen, weil Ehepaare in der Regel Kinder großzogen und Kinder außerhalb einer ehelichen Gemeinschaft eine Seltenheit waren. Das hat sich aber grundlegend geändert. Heute ist fast die Hälfte der nach dem Splitting-Verfahren veranlagten Haushalte kinderlos oder die Kinder sind erwachsen. Stattdessen lebt heute jedes vierte Kind in einem Haushalt, der den Splittingtarif gar nicht in Anspruch nehmen kann. Das betrifft vier Millionen Kinder. Dazu kommen weitere sieben Millionen, die in einer Familie mit einem Jahreseinkommen von unter 30.000 Euro leben.

Zwei Berufstätige Durchschnittsverdiender haben vom Ehegattensplitting kaum etwas

Dort führt das Splitting kaum zu einer Steuerersparnis. Denn es gilt die Faustregel, dass das Ehegattensplitting umso mehr bringt, je höher das Einkommen des höher verdienenden Partners ist und je ungleicher die Einkommen beider Partner sind. Ein Ehepaar, das sich gar nicht leisten kann, wenn ein Partner ganz aus dem Berufsleben aussteigt, weil Kinder da sind, hat infolgedessen vom Ehegattensplitting kaum etwas. Lediglich rund fünf von 16 Millionen Kinder sind besser dran. Ihre Eltern verdienen mehr und haben deshalb auch mehr vom Splitting. Ab einem Jahreseinkommen von etwa 60.000 Euro erhalten sie durch den Kinderfreibetrag zudem eine höhere Unterstützung als Eltern unter dieser Einkommensgrenze.

Ein paar Beispiele mögen die extrem ungleiche Wirkung des Ehegattensplittings verdeutlichen. Unsere schon erwähnten Durchschnittsverdiener Abel und Bebel hätten im Fall einer Eheschließung sage und schreibe eine Steuerersparnis von 36 Euro im Jahr. Auch einem deutlich besser verdienenden Paar würde die Eheschließung nur wenig Entlastung bringen, wenn beide einen relativ großen Anteil am gemeinsamen Einkommen haben. Bei steuerpflichtigen Jahreseinkommen von 75.000 und 45.000 Euro ergäbe sich zum Beispiel eine Steuerersparnis von gerade einmal 230 Euro im Jahr.

Nun kann man argumentieren, dass in einer Familie mit Kindern meistens nicht beide voll berufstätig sind. Würde in der Ehe Abel/Bebel der Partner mit dem kleineren Einkommen nur noch halbtags arbeiten, dann kämen die beiden mit einem Trauschein um knapp 370 Euro im Jahr günstiger davon. Im Fall des besser verdienenden Paares ergäbe sich durch das Splitting allerdings schon ein Steuervorteil von knapp 2.270 Euro im Jahr. Aber ein alleinverdienender Top-Manager ohne Kinder mit beispielsweise 600.000 Euro Jahresgehalt würde durch das Steuersplitting gegenüber dem Single-Dasein über 17.000 Euro Steuern im Jahr sparen. So viel staatliche Unterstützung bekäme eine Normalverdiener-Familie unter Einbeziehung des Kindergeldes erst dann, wenn sie sechs bis sieben Kinder hätte. Das Ehegattensplitting ist also nicht nur aus der Zeit gefallen, weil ein großer Teil der Kinder nicht in Haushalten aufwächst, die vom Ehegattensplitting begünstigt werden – es hat seit seiner Einführung auch zu einer immer weiteren Entfernung vom Ziel der Familienförderung geführt. Eine zeitgemäße und gerechte Förderung von Haushalten mit Kindern müsste heute jedenfalls ganz anders aussehen.

Auch beim Ehegattensplitting weichen – wie in den vorangehenden Abschnitten in diesem Kapitel aufgezeigt – gefühlte und tatsächliche Be- oder Entlastungswirkungen stark voneinander ab. Das gilt ganz besonders für Paare mit durchschnittlichen Einkommen und einer Berufstätigkeit beider Partner. Alleinerziehende haben unabhängig vom Einkommen gar nichts davon. Eigentlich müsste es eine breite Zustimmung dafür geben, den größten Teil der Entlastung durch das Ehegattensplitting in Höhe von fast 22 Milliarden Euro (im Jahr 2016) gezielt für Bildung, Kinderbetreuung und eine spürbare Entlastung *aller* Haushalte mit Kindern einzusetzen. Zwar dürfte die steuerliche Begünstigung einer Ehe ohne Kinder nach Ansicht von Verfassungsexperten nicht vollständig gestrichen werden, sie könnte aber auf einen Maximalbetrag gedeckt und damit weitestgehend unabhängig von der Einkommenshöhe gemacht werden. Das wäre ein enormer Fortschritt für mehr Gerechtigkeit. Viele Ehepaare glauben aber leider, dass ihnen eine zeitgemäße Umgestaltung des Splittings mehr Lasten als Nutzen brächte. Das ist ein wichtiger Grund, warum sich die Politik mit einem wirklich hörbaren Bekenntnis zu einer Reform äußerst schwertut. Vorschläge, wie sie die SPD mit einem für alle gleich hohen Steuerabzug pro Kind in ihrem Bundestagswahlprogramm hatte, wurden zumeist nur hinter vorgehaltener Hand thematisiert.

*

Die erprobte Strategie Hochvermögender und ihrer Lobbyisten, die wahre gesellschaftliche Mitte zu verunsichern, damit sie Veränderungen zu ihren Gunsten eine Absage erteilt und die schleichend größer werdenden Privilegien der Oberschicht hinnimmt, zeigt sich auch bei der Vermögen- und der Erbschaftsteuer. Das Plakat des Künstlers Klaus Staeck mit dem Text »Deutsche Arbeiter: Die SPD will euch eure Villen im Tessin wegnehmen!« zusammen mit dem Bild einer Villa in der italienischsprachigen Schweiz hing schon Anfang der 1970er-Jahre in meiner Studentenbude. Das war eine geniale Verballhornung der Versuche, alles, was der Oberschicht etwas abverlangte, zu einem Problem der kleinen Leute umzudeuten.

> **»Deutsche Arbeiter: Die SPD will euch eure Villen im Tessin wegnehmen!«**

Die Lobby der Vermögenden hat ihre Taktik seither nicht geändert. Steuern auf Millionen-Erbschaften und Mega-Vermögen glaubt sie am besten dadurch verhindern zu können, dass sie der Mittelschicht einredet, auch für Sparbuch oder Häuschen Vermögensteuer zahlen oder sie im Fall des eigenen Ablebens nicht den eigenen Kindern, sondern dem Staat vermachen zu müssen. Das Staeck-Plakat hat nichts an Aktualität verloren.

Die in Deutschland bis 1997 erhobene Vermögensteuer betraf nie die Mittelschicht. Das Bundesverfassungsgericht hat mit seiner Entscheidung auch nicht ihre Existenz gerügt, sondern nur verlangt, dass der Wert von Immobilien nicht künstlich kleingerechnet und so gegenüber anderen Vermögensarten bevorzugt werden dürfe. Es ging also um eine gerechtere Vermögensbesteuerung und nicht um ihre Abschaffung. Dass die Vermögensteuer seit 1997 trotzdem nicht mehr erhoben wird, liegt einerseits an der damaligen Bundesregierung von CDU/CSU und FDP. Ihre damalige Rechtfertigung, vorerst auf eine Korrektur zu verzichten und sie damit de facto abzuschaffen, lautete unter anderem, dass Deutschland mit damals 53 Prozent ohnehin einen hohen Spitzensteuersatz habe und zusätzlich 7,5 Prozent Solidaritätszuschlag erhoben würden.

Der Wegfall der Vermögensteuer war also keine Entscheidung von Sozialdemokraten und Grünen. Wohl aber, dass nach der drastischen Senkung des Spitzensatzes auf 42 Prozent und des Soli auf 5,5 Prozent durch die rot-grüne Bundesregierung keine Rede von einer möglichen Wiederbelebung der Vermögensteuer war. Ein ursprünglicher Abschaffungsgrund war schließlich entfallen. Es war auch damals wieder die Furcht vor einer aufgebrachten Mittelschicht, die zwar gar nicht betroffen gewesen wäre, sich aber potenziell betroffen gefühlt hätte. Dafür hätten die tatsächlich Betroffenen schon gesorgt. Bis heute erklären uns Gewerkschaftsvertreter, dass viele ihrer Mitglieder Angst vor einer Vermögen- oder Erbschaftsteuer haben, obwohl es nie um Vermögen unterhalb des Millionenbereichs ging und der gewerkschaftliche Organisationsgrad unter Multimillionären überschaubar ist. Im Ergebnis hat der Auftrag des Bundesverfassungsgerichts, für eine gerechtere Besteuerung hoher Vermögen zu sorgen, zu ihrer vollständigen Steuerbefreiung geführt.

Mit der Entscheidung der Verfassungsrichter zur Erbschaftsteuer im Jahr 2014 verhielt es sich nicht anders als 1997 bei der Vermögensteuer. Bemängelt wurde, dass Unternehmenserben in einer unangemessenen Weise gegenüber anderen Erben bevorzugt wurden – selbst mit dem Teil des Erbes, der mit dem Unternehmen gar nichts zu tun hat. Im Kern ging es um die Frage, was passiert, wenn die Erbschaft pro Erbe über 26 Millionen Euro beträgt und die fällige Erbschaftsteuer nicht aus anderen Quellen als der Unternehmenssubstanz oder über einen längeren Zeitraum verteilt gezahlt werden könnte.

Schon für 2012 wies das Bundesfinanzministerium aus, dass Erbschaften und Schenkungen in Höhe von 51,4 Milliarden Euro gerade einmal mit 4,2 Milliarden Euro besteuert wurden. Gut die Hälfte, nämlich 26 Milliarden Euro, waren damals Schenkungen zu Lebzeiten. Auf sie entfielen sogar nur 0,6 Milliarden Euro Steuern – ein Steuersatz von 2,3 Prozent. Schenkungen sind aus nachvollziehbaren Gründen nicht nur besser planbar als Erbschaften. Sie können auch alle zehn Jahre unter Nutzung der Freibeträge wiederholt werden. Wer gut plant, bleibt steuerfrei. Die 2009 beschlossene und vom Bundesverfassungsgericht 2014 als zu weitgehend verworfene Verschonung von Betriebsvermögen hat allein in diesem Fünfjahreszeitraum nach Berechnungen des Bundesfinanzministeriums zu Steuermindereinnahmen von mehr als 43 Milliarden Euro geführt.[3]

Daran wird sich nach der Erbschaftsteuernovelle von 2016 nichts ändern. Nach einer gemeinsamen Studie des DIW und des Instituts für Makroökonomie und Konjunkturforschung (IMK) werden in jedem der nächsten Jahre 400 Milliarden Euro vererbt oder vor dem Erbfall verschenkt.[4] Dabei bleiben die allergrößten Erbschaften zum allergrößten Teil steuerfrei. Die Forscher rechnen nach der Gesetzesnovellierung mit einem Rückgang der Einnahmen aus der Erbschaftsteuer von 2016 rund 7 auf 2021 rund

---

3 Katja Rietzler: Schriftliche Stellungnahme für die Anhörung des Haushalts- und Finanzausschusses der Bremischen Bürgerschaft am 16.02.2018 zum Antrag der Fraktion DIE LINKE »Reichtum gerechter verteilen – Vermögensteuer als Millionärssteuer wieder erheben«, IMK Policy Brief, Februar 2018
4 DIW-Pressemitteilung vom 5.7.2017

6 Milliarden Euro. Das wäre dann eine Steuerlast von 1,5 Prozent. Die ganz großen Erbschaften werden selbst von einem Beitrag dieser Größenordnung verschont bleiben.

Wie bei der Vermögensteuer hat die Politik den Auftrag des Bundesverfassungsgerichts, für eine gerechtere Besteuerung von Erbschaften und Schenkungen zu sorgen, in sein Gegenteil verkehrt. Auch diesmal hatte es geholfen, die Mittelschicht für die Interessen des Geldadels einzuspannen. Einzelne Arbeitgeber hatten ihren Beschäftigten nämlich deutlich zu verstehen gegeben, dass Steuern auf Unternehmenserbschaften zum Beschäftigungskiller würden. Vor der Novellierung der Erbschaftsteuer Ende 2016 hatte ich deshalb nicht nur regelmäßig Besuch aus den Reihen der Familienunternehmer, sondern auch von besorgten Betriebsratsdelegationen.

*

Steuern sparen zu können, indem man Ausgabenbelege von der Steuer absetzen darf – das löst bei uns Deutschen ein ganz besonderes Lustgefühl aus. Steuern sparen ist Volkssport. Ein früherer Bundesfinanzminister hat einmal gesagt, dass der Steuerspartrieb in Deutschland stärker ausgeprägt sei als der Fortpflanzungstrieb. Meiner Erfahrung nach hatte der Mann recht. Und das liegt nicht nur an der im Weltvergleich niedrigen Reproduktionsrate der Deutschen.

Wunderwaffe »steuerliche Absetzbarkeit«

Fachpolitikern aller nur denkbaren Disziplinen fällt denn auch immer das eine ein, wenn sie der Bevölkerung ein bestimmtes Verhalten schmackhaft machen wollen. Sie fordern dann, Anschaffungs-, Sanierungs-, Unterhaltungskosten und Spenden für wohltätige Zwecke steuerlich absetzbar zu machen. Das klappt als Anreizgeber besser als jeder in Aussicht gestellte staatliche Zuschuss. Dabei ist vielen offenbar gar nicht bewusst, dass die Förderung durch steuerliche Absetzbarkeit Großverdienern für denselben Förderzweck einen deutlich höheren Steuernachlass gewährt als Otto Normalverbraucher. Denn steuerliche Absetzbarkeit bedeutet ja, dass die getätigten Ausgaben das zu versteuernde Einkommen verkleinern. Sie schmälern die Steuerbemessungsgrundlage. Wer 1.000 Euro von der Steuer absetzen kann, muss also für die zuletzt verdienten 1.000 Euro keine Einkommensteuer zahlen. Der Steuersatz ist aber für die zuletzt verdienten Euro bei einem hohen Einkommen höher als bei einem niedrigen. Zum Beispiel zahlen Ehepartner mit einem steuerpflichtigen Jahreseinkommen von 150.000 Euro für die zuletzt verdienten 1.000 Euro inklusive Soli 44,3 Prozent Einkommensteuer. Wenn die letzten 1.000 Euro also nicht versteuert werden müssen, weil ein Beleg über eine steuerlich absetzbare Ausgabe vorgelegt werden kann, verringert sich die Steuer um 443 Euro. Bei einem Ehepaar mit 50.000 Euro steuerpflichtigem Jahreseinkommen fiele der Steuernachlass für ebenfalls belegte 1.000 Euro Ausgaben mit rund 300 Euro deutlich niedriger aus, weil sein Steuersatz für die zuletzt verdienten 1.000 Euro 30 Prozent beträgt. Wer mit 35.000 Euro im Jahr klarkommen muss, erhält nur noch eine Förderung von knapp 270 Euro.

Ein anderes Beispiel: Wenn der Gutverdiener 100 Euro für Erdbebenopfer spendet, kostet ihn das im Ergebnis 55,70 Euro. Seine Steuer wird ja um 44,30 Euro vermindert. Die beiden geringer verdienenden Haushalte, die für die zuletzt verdienten 100 Euro ihres Einkommens bei einem Steuersatz von knapp 30 Prozent liegen, bekommen deshalb auch nur rund 30 Euro Steuernachlass. Sie spenden also über 70 Euro aus der eigenen Tasche.

Bei der seit Langem geforderten »energetischen Gebäudesanierung«, das sind Investitionen in Wärmedämmung und andere energiesparende Umbauten, wäre das nicht anders. Warum aber sollte ein Besserverdiener für eine 1.000 Euro teure Doppelverglasung bis zu 475 Euro[5] Zuschuss bekommen, ein Durchschnittsver-

---

5 Da der Grenzsteuersatz bei Einkommen über 600.000 Euro inklusive Soli 47,5 % beträgt, steigt die Zuschusshöhe in den ganz hohen Einkommensregionen noch einmal an.

diener aber weniger als 300 Euro? Der Effekt für die Umwelt oder für hilfsbedürftige Menschen ist doch bei allen der gleiche. Und so förderwürdig eine Spendenaktion zweifellos ist: Sie dient nicht der Erzielung des Einkommens. Dann nämlich müsste die Steuerbemessungsgrundlage entsprechend verkleinert werden. Spenden, Umweltinvestitionen und andere förderwürdige Tatbestände sind Einkommensverwendungen, die Kleinverdienern mehr wehtun als Beziehern von Top-Einkommen. Wenn überhaupt, dann müsste man eher Kleinverdienern eine Hilfestellung geben als Millionären. In jedem Fall gibt es keine Rechtfertigung für Zuschüsse, die mit dem Einkommen wachsen. Für Aufregung oder gar Empörung sorgt die steuerliche Absetzbarkeit nicht – im Gegenteil: Auch hier würden wohl viele aus der Mittelschicht gegen eine sinnvolle Umstellung auf für alle gleich hohe Zuschusssätze protestieren, weil sie Nachteile fürchten würden, obwohl sie dann Gewinner wären. Hierbei spielt die Unübersichtlichkeit des Systems einer Minderheit in die Karten, die den Durchblick hat – und in aller Regel von der Gerechtigkeitslücke profitiert.

Noch viel weniger als bei Energiesparinvestitionen, Denkmalschutz oder Spenden ist zu erklären, warum Kinder in einer reichen Familie viel höher bezuschusst werden als in einer armen. Mit dem Kindergeld ist zwar eine Mindestunterstützung gewährleistet; so erhalten auch Haushalte, die im Fall eines steuerlich absetzbaren Kinderfreibetrags nur wenige Euro bekämen oder ganz leer ausgehen würden, 2018 einen garantierten Zuschuss von 194 Euro im Monat. Bei einem monatlichen Bruttofamilieneinkommen von rund 6.000 Euro an nimmt die staatliche Unterstützung aber zu. Von da an lohnt es sich, statt des Kindergeldes den Kinderfreibetrag in Anspruch zu nehmen – mit anderen Worten: Kinder von der Steuer abzusetzen. Von da an übersteigt nämlich der Steuervorteil aus dem Kinderfreibetrag das Kindergeld – und zwar

> **Warum ist das Kind einer Verkäuferin dem Staat weniger wert als das Kind eines Top-Verdieners?**

umso mehr, je höher das Einkommen der Eltern ist. Die Familie des Vorstandsvorsitzenden einer großen Sparkasse mit einem Bruttoeinkommen von gut 50.000 Euro im Monat bekommt deshalb 278,55 Euro im Monat für jedes Kind.[6]

Es ist bemerkenswert, dass auch diese Ungerechtigkeit in der Öffentlichkeit kein Aufregerthema ist. Ich sehe wieder nur die Erklärung, dass die Intransparenz der steuerlichen Regelungen verbunden mit der Scheu, sich damit auch nur ansatzweise auseinanderzusetzen, dafür sorgt, dass alles so bleibt, wie es ist – auch in der neuen Großen Koalition.

*

Im Lauf der Jahre gab es noch mehr Verzerrungen zu Ungunsten kleinerer Einkommen. Zum Beispiel durch die Erhöhung der Mehrwertsteuer. Ein kurzer Blick zurück auf die »Wanne« in Abb. 8 auf Seite 195 genügt, um zu sehen, wen sie besonders trifft: Je geringer das Gehalt, desto größer ist ihr Gewicht. Wer als Single weniger als 1.500 Euro im Monat verdient, zahlt von diesen 1.500 Euro einen fast genauso großen Anteil an das Finanzamt wie ein Top-Verdiener.

Die Mehrwertsteuer hat die Progression pervertiert

Mehr als die Hälfte seiner Steuern wandern bei dem Geringverdiener allerdings auf dem kaum sichtbaren Weg der Mehrwertsteuer an den Staat. Das ist auch trotz der Aufteilung der Mehrwertsteuer in den vollen und einen ermäßigten Steuersatz von 19 bzw. 7 Prozent so.

Auch die Entwicklung der Mehrwertsteuer ist ein Beispiel dafür, dass die Einnahmenpolitik bei uns leider keine ausgeprägte Platt-

---

6 Für die ersten beiden Kinder. Für das dritte Kind zahlt der Staat 200 Euro, für jedes weitere 225 Euro. Der Koalitionsvertrag von 2018 sieht die schrittweise Anhebung des Kindergeldes um 25 Euro pro Kind und Monat vor. Zugleich soll aber auch der Freibetrag für Besserverdienende entsprechend erhöht werden.

form für Gerechtigkeitsdebatten ist. Gerade die Mehrwertsteuer ist zu einem Exempel für Klientelpolitik verkommen. Ihre Erhöhung um 3 Prozentpunkte im Jahr 2007 nach der drastischen Senkung des Spitzengrenzsteuersatzes bei der Einkommensteuer und der enormen Senkung der Unternehmenssteuern wenige Jahre zuvor war nicht mehr und nicht weniger als ein Schritt krasser Umverteilung von unten nach oben. Weil klar wurde, dass diese Maßnahmen zu enormen Steuerausfällen geführt hatten, war eine Kompensation nötig. Aber den Ausgleich von den gerade erst entlasteten Besserverdienenden zurückzufordern, war in der nunmehr regierenden Großen Koalition nicht durchsetzbar. Deshalb musste die nur mittelbar spürbare Steuerart als Ausgleich herhalten, die sich im Budget eines Kleinverdiener-Haushalts deutlich heftiger auswirkt als bei Beziehern hoher und erst recht höchster Einkommen.

Anfällig für Klientelpolitik ist die Mehrwertsteuer auch deshalb, weil der Grundgedanke des gespaltenen Mehrwertsteuersatzes im Lauf der Zeit immer mehr pervertiert wurde. Weil die Mehrwertsteuer kleine Einkommen stärker belastet, sollte der ermäßigte Steuersatz für die Grundversorgung dem wenigstens ein bisschen entgegenwirken. Das sind vor allem Nahrungsmittel. Sie machen bis heute den größten Teil der Waren mit ermäßigtem Steuersatz aus. Wer die Diskussion in den vergangenen Jahrzehnten verfolgt hat, wundert sich aber zu Recht, was auf einmal alles zum Anlass für einen ermäßigten Steuersatz wurde. Nahverkehr 7 Prozent, weil arme Leute nicht vom Transport in ihrer Umgebung abgeschnitten werden dürfen. Für den Fernverkehr über 50 Kilometer beträgt die Mehrwertsteuer aber 19 Prozent, er gehört nach Ansicht des Gesetzgebers also nicht zur Grundversorgung. Bücher und Theater liegen bei 7 Prozent. Ein Kunstwerk von Gerhard Richter für x Millionen? Das gehört zur förderwürdigen Kunst, die nicht nur Reichen vorbehalten sein darf: also 7 Prozent! Mir ist bisher noch kein Kleinverdiener begegnet, der sich wegen des ermäßigten Mehrwertsteuersatzes zum Kauf eines Richter-Gemäldes entschlossen hätte.

Kein Wunder, dass die CSU als Spezialistin für die Sonderbehandlung heimischer Wirtschaftszweige und einer betuchten Wählerklientel irgendwann entdeckte, dass Bergbahnen und Skilifte zum Nahverkehr gehören. Ihre Fahrstrecke ist ja kürzer als 50 Kilometer. Und dann kam die Sache mit den Hotels – gewiss nicht, weil sie vorwiegend gering verdienenden Zeitgenossen als Übernachtungsort dienen. Dass Hotels von 19 auf 7 Prozent heruntergestuft wurden, wurde mit ähnlichen Vergünstigungen in anderen Ländern begründet. Das alles dient natürlich den Beherbergungsunternehmen jedweder Größe und nicht den Gästen, denn zu einer Preissenkung führte der Steuerrabatt und der damit verbundene Steuerausfall von über einer Milliarde Euro nicht. Nicht anders verhält es sich mit der Unterscheidung, ob ich einen Hamburger bei McDonald's esse (Restaurantbewirtung: 19 Prozent) oder im Drive-in kaufe (Lebensmittelkauf: 7 Prozent). Die Preise unterscheiden sich nicht, wohl aber die Gewinnmarge des Anbieters.

Überhaupt: Die Anlage 2 zum Umsatzsteuergesetz[7], in der die »dem ermäßigten Satz der Umsatzsteuer unterliegenden Gegenstände« abschließend aufgezählt werden, eignet sich ohne Weiteres als Vorlage für Satirebeiträge – man hat die Lacher ganz gewiss auf seiner Seite. Eine Kostprobe: »Fische und Krebstiere, Weichtiere und andere wirbellose Wassertiere, ausgenommen Zierfische, Langusten, Hummer, Austern und Schnecken.«[8] Fische und Krabben sind demnach fürs Volk – Hummer und Langusten für die, die es sich leisten können! Die Pampers für den inkontinenten alten Herrn dienen der Linderung eines Gebrechens – deshalb 7 Prozent. Beim Baby ist dieses »Gebrechen« alltäglich – also 19 Prozent.

Steuerberater ringen auch schon einmal mit den Finanzämtern darum, ob ein elektrisch angetriebenes Golf-Cart nicht auch

---

7 Anlage 2 zu § 12, Abs. 2, Nr. 1 und 2) des Umsatzsteuergesetzes
8 Anlage 2 zu § 12, Abs. 2, Nr. 1 und 2) des Umsatzsteuergesetzes, lfd. Nr. 3

als Elektrorollstuhl durchgehen kann, damit es als förderwürdige Fortbewegungshilfe nur mit 7 Prozent Mehrwertsteuer belastet wird.

Die aufgezeigten Beispiele erheben keinen Anspruch auf Vollständigkeit. Es gab viele weitere Reformen und Reförmchen, die die hohen Einkommen und die großen Konzerne stärker begünstigten als Normalverdiener und gewerblichen Mittelstand. Sie alle haben der fortschreitenden Umverteilung von unten nach oben zumindest nicht entgegengewirkt. Oft genug haben sie sie verstärkt. Das gilt erst recht, wenn man die Erhöhung der Hebesätze für Grund- und Gewerbesteuern dazunimmt, mit denen Not leidende Kommunen den Einnahmeausfall kompensieren mussten, den ihnen die Steuersenkungen auf der Bundesebene mitbeschert haben. Schließlich sind die Städte und Gemeinden über bundes- und landesgesetzliche Bestimmungen an den Steuereinnahmen beteiligt und müssen deshalb auch Einnahmeausfälle in entsprechendem Umfang mittragen.

V. Zeit zu handeln: klare Kante und offene Karten

1. Global agierende Konzerne brauchen global geltende Regeln

Ansatzpunkte dafür, es besser zu machen, gibt es genug. Dazu muss die Politik aber die Zaghaftigkeit aufgeben, ihre ordnende Rolle wahrzunehmen und konsequent zu handeln – international, aber auch auf der nationalen Ebene. Ganz am Anfang muss dabei das Ziel stehen, die Steuerpflicht gegenüber allen durchzusetzen – und zwar so, dass die wirtschaftliche Leistungsfähigkeit und der Ort der Wertschöpfung Grundlage für die Abgabenhöhe sind und nicht das Geschick, sich zulasten der Allgemeinheit davonzustehlen. Die Politik lässt dafür immer noch viel zu viele Hintertüren offen.

Vermögens- und Gewinnverschiebungen in Steueroasen und illegale Steuerflucht sorgen nach Schätzungen der Brüsseler EU-Kommission EU-weit jedes Jahr für Steuerausfälle von einer Billion Euro. Vorsichtige Schätzungen kommen für Deutschland auf einen Schaden von 160 Milliarden Euro pro Jahr. Vielleicht helfen ein paar Zahlenspiele, diese Größenordnung zu verdeutlichen: Mit 160 Milliarden Euro könnte der Staat alle Einkommen bis zu 50.000 Euro im Jahr für Singles und bis zu 100.000 Euro für Verheiratete vollständig von der Lohn- und Einkommensteuer befreien. Dafür wären rund 120 Milliarden Euro pro Jahr nötig. Mit den restlichen 40 Milliarden Euro aus einem einzigen Jahr könnte der Staat nebenbei noch die gesamte Verkehrsinfrastruktur auf Vordermann bringen. Oder er könnte die Einkommensteuer für alle halbieren und mit den Restmitteln eines Jahres alle Schulen in Deutschland sanieren und sie noch dazu technisch fit für die Zukunft machen.

Nun basieren die Zahlen auf einer groben Schätzung der EU-Kommission, und jeder weiß, dass es illusionär wäre, zu glauben, Steuerflucht vollständig verhindern zu können. Wo eine Hintertür geschlossen wird, machen sich Heerscharen findiger Finanzprofis daran, neue aufzutun. Aber schon jeder Teilerfolg würde vieles ermöglichen. Wichtige Investitionen in die Zukunft, ob in Bildung oder moderne Infrastrukturen, müssten nicht aus Geldmangel unterbleiben. Die Altersversorgung könnte auf eine wirklich stabile Grundlage gestellt und viel mehr für den sozialen Zusammenhalt getan werden. Die Lasten der Verschuldung könnten überall da spürbar gemindert werden, wo sie die staatliche Handlungsfähigkeit empfindlich einengen – in den Problemregionen Deutschlands genauso wie in den Krisenstaaten der EU.

Wenn die Staaten nicht zu einer gemeinsamen Haltung finden, wird das Volumen trickreich vermiedener Steuern aber nicht ab-, sondern weiter zunehmen. Grund dafür ist vor allem die enorme Macht der Global Player, die über Vermögen in Höhe des Vielfachen der Wirtschaftsleistung ganzer Volkswirtschaften verfügen. Apple erzielte allein im Weihnachtsgeschäft 2017 nach Angaben seines Chefs Tim Cook mit 20 Milliarden US-Dollar einen Gewinn, der rund ein Zehntel der griechischen Wirtschaftsleistung eines ganzen Jahres ausmacht. Der Umsatz des Unternehmens war 2017 laut Geschäftsbericht mit rund 230 Milliarden US-Dollar gleich groß wie die Wirtschaftsleistung Finnlands und deutlich größer als das Bruttoinlandsprodukt Portugals, Tschechiens oder Griechenlands.

Global Player haben zu viel politische Macht

Die Macht der Global Player geht aber weit über das rein Ökonomische hinaus. Es ist der Trend zur Monopolisierung im digitalen Kapitalismus, die mittelfristig kaum ein Ausweichen auf Alternativen zulässt und den Konzernen politischen Einfluss sichert. Wie es um die wahren Machtverhältnisse bestellt ist, haben die Anhörungen des Facebook-Chefs Mark Zuckerberg vor dem US-Kongress und vor dem Europäischen Parlament hinreichend belegt. Nicht die demokratisch gewählten Parlamentarier bestimmten die Agenda, sondern ein junger Multimilliardär, an dem für die Nutzer sozialer Medien kein Weg vorbeizuführen scheint.

Die Verlagerung von materiellen auf immaterielle Investitionen stellt die Steuerpolitik vor immense Probleme. Eine Chemie-Fabrik könnte nicht ständig von einem Ort an einen anderen verlegt werden, nur weil dort gerade niedrigere Steuern winken. Das ist bei einer Holding, die lediglich Rechte für Markennamen, Rezepturen, Produktionsverfahren oder einfach Vermögen verwaltet, viel einfacher. Diese Unternehmen können jederzeit ohne großen Aufwand verlagert werden. Dann kann die materielle Produktion an einer Stelle bleiben. Die erzielten Gewinne werden an Tochter- oder Schwesterfirmen in Steueroasen verschoben. Für deren Leistungen zahlt das hiesige Unternehmen Preise, die der gemeinsame Konzern weitgehend frei festlegen kann. Das sind die sogenannten internen Verrechnungspreise.

Diese Preise sind praktisch unkontrollierbar. Es gibt bei Monopolen ja keinen externen Anbieter, mit dem man Preise vergleichen und ihre Angemessenheit beurteilen könnte. Wenn Facebook seinen Markennamen oder ein Patent in einem anderen Land verwalten lässt und für die weltweite Nutzung durch die eigene Muttergesellschaft horrende Lizenzgebühren verlangt – wie soll dann ein Finanzamt beweisen, dass sie viel zu hoch angesetzt sind? Was ist ein vergleichbar wertvolles Patent, an dem sich ablesen ließe, ob Facebook zu viel Gewinn in eine Steueroase verschiebt?

Deshalb hängt viel davon ab, wann die internationale Staatengemeinschaft sich auf gemeinsame Vorschriften einigt, wie der Gewinn eines Unternehmens ermittelt wird. Es muss Standards für die Festlegung der internen Verrechnungspreise für bestimmte konzerninterne Leistungen geben. Und wir brauchen einen Mindeststeuersatz, der in keinem Staat unterschritten werden darf.

Globale Unternehmen brauchen auch einen globalen Rahmen. Sonst bleibt es für sie ein Leichtes, die konkurrierenden Einzelkämpfer-Nationen gegeneinander auszuspielen.

*

Erkannt ist das Problem des »Base Erosion and Profit Shifting«, kurz: BEPS, seit Langem. Damit ist die völlig uneinheitliche Berechnung des steuerpflichtigen Gewinns (Base) und die willkürliche Verschiebung von einem Staat in einen anderen (Profit Shifting) gemeint. Die OECD hat dazu mit den G20-Staaten und zahlreichen Schwellen- und Entwicklungsländern einen Aktionsplan mit konkreten Empfehlungen entwickelt, der 2015 vorgestellt wurde. Ein enorm wichtiger Schritt, keine Frage. Das Bundesfinanzministerium feierte die erreichte Verständigung denn auch als »Meilenstein in der internationalen Steuerpolitik«.[1]

OECD setzt Meilensteine

Tatsächlich waren sich die Staaten in der Formulierung der Ziele und auch in der Benennung konkreter Schritte nie so einig. Zu den insgesamt 15 vereinbarten Aktionspunkten gehören Lizenzschranken, mit denen die grenzüberschreitende Verschiebung von Gewinnen unterbunden werden soll. Des Weiteren zählen dazu die Besteuerung der digitalen Wirtschaft, Leitlinien für Verrechnungspreise und das sogenannte Country-by-Country-Reporting, also die Nachweispflicht darüber, wie sich Umsätze, Gewinne und Steuerzahlungen von Global Playern auf einzelne Länder verteilen.

Ein besonderes Augenmerk haben die Verhandlungspartner auf die digitale Wirtschaft gelegt. Gegenüber den Internetkonzernen und digitalen Handelsplattformen herrscht bislang große Unklarheit darüber, wo Gewinne zu versteuern sind. Noch vor

---

1 Siehe bundesfinanzministerium.de: Base Erosion and Profit Shifting (BEPS) – Übersicht über die 15 Aktionspunkte

wenigen Jahren gab es kaum die Möglichkeit, mit einem Klick am heimischen Computer Bestellungen bei einem chinesischen Anbieter vorzunehmen. Das hat sich geändert, und auch hier ist es eine Frage der Gerechtigkeit, dass nicht nur der Händler in der Nachbarschaft die Mehrwertsteuer an das Finanzamt abführt, sondern auch der einige Zehntausend Kilometer weit entfernt agierende Wettbewerber mit der gleichen Kundennähe. Kaum einer dieser Anbieter hat aber eine deutsche Umsatzsteuer-Identifikationsnummer. Eine Überprüfung von 3.531 Händlern mit Sitz in China beziehungsweise Hongkong auf der Plattform E-Bay ergab 2017, dass nur 375 in Deutschland registriert waren und ganze drei (!) eine Identifikationsnummer besaßen, die eine ordnungsgemäße Besteuerung ermöglicht.

*

Ein entscheidender Grund für die erkennbare Bewegung der OECD-Staaten war, dass sich die öffentliche Meinung über Steuertricks zulasten der Allgemeinheit seit der Finanzkrise nicht nur in Deutschland verändert hat.

Das hat auch die Europäische Kommission erkannt. Es hat selbst engagierte Europa-Parlamentarier überrascht, dass die Kommission das Thema Steueroasen ausgerechnet unter der Führung von Jean-Claude Juncker mit seiner in Steuerfragen nicht gerade rühmlichen Vergangenheit als luxemburgischer Regierungschef sehr beherzt aufgegriffen hat. Die Kommissare Margrethe Vestager und Pierre Moscovici machen in dieser Hinsicht klare Ansagen. Gemessen an den schwierigen Umständen, die sich aus den teilweise gegenläufigen Interessen der Mitgliedstaaten ergeben, ist das bemerkenswert. In der Verantwortung der dänischen EU-Kommissarin Margrethe Vestager haben Entscheidungen der Kommission, wie die gegen den 12 Milliarden Euro teuren Steuerrabatt Irlands für den IT-Giganten Apple,

EU-Kommission: In punkto Steuerfairness ein echter Schrittmacher

für Aufsehen gesorgt. Brüssel hat auch Vorschläge für eine Finanztransaktionssteuer gemacht, die dringend nötig wäre. Während Umsätze der Realwirtschaft mit der Mehrwertsteuer belegt werden, können Zocker an den Kapitalmärkten im sogenannten Hochfrequenzhandel Millionen Transaktionen in Bruchteilen einer Sekunde vornehmen. Damit verdienen sie nicht nur steuerfrei viel Geld, sondern betreiben auch Spekulation auf dem Rücken ganzer Volkswirtschaften.

An Vorstößen von OECD und EU-Kommission mangelt es also nicht. Fragezeichen in Bezug auf den ernsthaften Umsetzungswillen sind nicht gegenüber der Kommission, sondern gegenüber dem Rat der europäischen Finanzminister und Regierungschefs angebracht. Offen als Steueroase zu agieren, kann sich kaum mehr ein Staat leisten. Die Frage ist nur: Was wird aus den hehren Absichten und vollmundigen Erklärungen?

In der Koalitionsvereinbarung von Anfang 2018 haben CDU, CSU und SPD der Europapolitik immerhin viel Raum gegeben. Der Kampf gegen Steuerdumping, -betrug, -vermeidung und Geldwäsche wird ausdrücklich als ein Schwerpunkt in einem Europa der Chancen und der Gerechtigkeit erwähnt.[2] Auch die Finanztransaktionssteuer soll auf europäischer Ebene vorangetrieben werden. Konkrete Maßnahmen stehen noch nicht im Vertrag. Die Regierung wird sich aber daran messen lassen müssen, ob der Ankündigung Taten folgen.

*

Leider scheidet die einfachste Lösung, den Steuertricks Einhalt zu gebieten, immer noch aus. Die bestünde darin, dass alle Regierungen auch bei der Umsetzung des Aktionsplans der OECD und den Vorstößen der EU-Kommission an einem Strang ziehen. Die Staaten der Welt achten bisher aber keineswegs auf die strikte Einhal-

---

2 Koalitionsvertrag Bund 2018, Kap. I

tung verbindlicher Regeln. Alle wollen ein möglichst großes Stück vom Kuchen der Weltwirtschaft. Dafür graben sich die Nationalstaaten weiterhin gegenseitig das Wasser ab. Der ernsthafte Wille zur Besserung ist nicht zu erkennen. Beschlussvorlagen von Experten wie der OECD oder der EU-Kommission sind das eine, die Zustimmung der Regierungen und in diesem Fall die Art der Umsetzung etwas ganz anderes. Es gibt immer neue Formen des internationalen Bluffs – etwa

Für internationale Solidarität stehen die Zeichen schlecht

die Ankündigungen einiger Steueroasen, bestehende Regeln zu überprüfen und gegebenenfalls zu ändern. Denn es geht meistens darum, Zeit zu gewinnen und alternative Umgehungsmöglichkeiten zu erfinden.

Seit 2015 haben sich die weltweiten Bedingungen sogar erheblich verschlechtert. Als die OECD-Staaten zusammen mit anderen ihre BEPS-Empfehlungen verabschiedeten, sah die Welt um uns herum noch ganz anders aus. Der Brexit und die Wahl eines nicht gerade auf internationale Kooperation ausgerichteten US-Präsidenten schienen da noch utopisch.

Und nun lassen die zwischenzeitlichen Ankündigungen der britischen Regierung, die Folgen einer Fehlentscheidung durch weitere Fehlentscheidungen wettzumachen, nichts Gutes ahnen. Als die Regierung in London erkannte, was mit dem Brexit tatsächlich für die britische Wirtschaft und für die Bürger des Vereinigten Königreichs droht, kam nämlich postwendend die Ankündigung, die Folgen des Austritts aus der EU mit steuerlichen Lockangeboten abzumildern und damit noch mehr Durcheinander zu stiften. Wir dürfen gespannt sein, was daraus wird.

Auch Donald Trumps US-Steuerreform verfolgt nicht das Ziel, eine stabile Grundlage für den Wohlstand der Welt zu schaffen. Die Reform folgt allein der Devise »America first«. Das ist aber ein Trugschluss, weil Trump die drastischen Abgabensenkungen für die Top-Verdiener unter den Konzernen und Privatpersonen mit der Aufnahme von mehr Schulden und mit der Senkung von

Gesundheits-, Umwelt- und Sozialstandards zulasten der Unter- und Mittelschicht finanzieren will. So verschärft sich die Tendenz zur Ungleichheit nicht nur weltweit, sondern auch innerhalb der Vereinigten Staaten.

Die USA haben in Steuerfragen allerdings schon lange vor der Präsidentschaft Donald Trumps immer knallhart ihre eigenen Interessen vertreten und die westliche Staatengemeinschaft notfalls auch mit Druck an ihre Seite geholt. Dabei hat die klare Ansage Amerikas gegenüber anderen in vielen Fällen zweifellos Schrittmacherfunktion gehabt. Etwa mit FATCA – dem Foreign Account Tax Compliance Act. Damit stellen die USA sicher, dass andere Staaten steuerlich relevante Informationen über Auslandskonten von US-Bürgern und US-Firmen an die US-amerikanische Steuerbehörde liefern. Andernfalls würde den Auslandsbanken eine Tätigkeit auf dem US-Markt verwehrt oder mit hohen Strafsteuern belegt. Mit ihrer Marktmacht zwangen die USA alle in die Knie, die ein Interesse daran haben, in den USA Geld zu verdienen. Selbst die großen Schweizer Banken hat das gefügig gemacht.

Für Steuern gilt nicht erst seit Trump: »America first«

Wünschenswert wäre allerdings, dass die USA den Interessen anderer Staaten das gleiche Gewicht einräumen. Die Amerikaner denken aber nicht im Traum daran, im selben Umfang Daten über deutsche Konteninhaber und Firmenniederlassungen etwa im US-Bundesstaat Delaware an unsere Steuerbehörden zu liefern. Dort residieren Tausende von Niederlassungen auch deutscher Unternehmen unter einer einzigen Postadresse – der eines kleinen Bürohauses – und profitieren von den örtlichen Ministeuern. Briefkastenfirmen gibt es nicht nur in Panama.

Für ein einzelnes EU-Mitglied ist es schwer, seine Interessen gegenüber den USA durchzusetzen. Die EU als Ganzes hätte diese Möglichkeit. Damit sind wir wieder bei der mangelnden Geschlossenheit innerhalb der Europäischen Union. Während die USA jeden in den Staaten lebenden Bürger, gleich welcher Nationalität, mit seinem weltweiten Einkommen und Vermögen ebenso zur Steuerpflicht heranziehen wie Staatsangehörige der USA außerhalb der Staaten, haben die Steuerbehörden hierzulande nur Zugriff auf die überwiegend hier lebenden Einwohner. Prominente US-Amerikaner zahlen US-Steuern auch dann, wenn sie außerhalb ihres Heimatlandes leben. Andernfalls riskieren sie hohe Strafen im Fall ihrer Heimkehr und sogar die Aberkennung ihrer Staatsbürgerschaft – für die meisten Amerikaner schon rein emotional ein GAU. Bei uns hingegen ist es üblich, dass Stars aus dem Show-Business oder dem Sport ihr Domizil in einem Nachbarland aufschlagen und ihre Schäfchen ins Trockene bringen. Ihrem Ansehen schadet das kaum. Schlimmstenfalls gibt es – wie in den Fällen von Franz Beckenbauer oder Sebastian Vettel – einen kleinen medialen Seitenhieb ohne materielle Folgen. Damit kann die Prominenz leben.

Für Normalsterbliche, die Monat für Monat ihre Steuerabzüge auf dem Gehaltszettel sehen, ist das alles schwer erträglich. Bislang war deren Reaktion eher Resignation. Aber wenn wir bei der dringend gebotenen Reform der EU nicht auch in Steuerfragen vorankommen, kann die Resignation auch hierzulande in eine ablehnende Haltung gegenüber der Staatengemeinschaft und in den Wunsch nach nationaler Abschottung umschlagen. Grund genug, endlich zu handeln.

Stattdessen formieren sich auch bei uns wieder die Kräfte, die Steuersenkungen vor allem für diejenigen fordern, die am leichtesten vom internationalen Steuergefälle Gebrauch machen und sich vom Acker machen können. Nur im Steuerwettlauf nach unten, so die Begründung, sei der Innovationswille und damit unser Wohlstand auf Dauer zu sichern. Für Leute dieser Glaubensrichtung kommen Trump & Co wie gerufen. Politik für die Mitte der Gesellschaft ist das nicht, schon gar nicht für die am unteren Ende der Einkommensskala – und auch nicht für die Gewährleistung eines zukunftsfähigen staatlichen Leistungsangebots. Denn eines ist sicher: Trumps Steuersätze sind nicht vereinbar mit dem, was wir in Mitteleuropa an Grundsicherung und sozialer Stabilität von unseren Staaten erwarten. Viele derer, die sich vor den Karren der wirklichen Profiteure von Steuersenkungen spannen lassen, würden nicht ernsthaft mit der unteren Mittelschicht oder erst recht der Unterschicht in den USA tauschen wollen.

2. Deutschland muss mehr tun

Schon im Koalitionsvertrag der Großen Koalition von 2013 habe ich mich in Bezug auf die damals noch laufenden BEPS-Verhandlungen für den Satz starkgemacht: »Im Vorgriff auf diese internationale Regelung werden wir in Deutschland erforderlichenfalls gesetzgeberisch voranschreiten.«[1] Dieser Satz hat damals tatsächlich alle Kompromissrunden bis zur finalen Vertragsversion überlebt. Eine der Konsequenzen bestand in einem Bundesratsantrag Nordrhein-Westfalens, die steuerliche Absetzbarkeit von Lizenzzahlungen einzuschränken.

Und tatsächlich: Beim ausufernden Missbrauch mit den schon ausführlich beschriebenen Lizenzzahlungen an eigene Tochter- oder Schwesterunternehmen hat Deutschland inzwischen gehandelt. Wie über Jahre von Nordrhein-Westfalen gefordert, gilt seit dem 1. Januar 2018 eine Lizenzschranke. Danach dürfen die ins Ausland überwiesenen Lizenzgebühren für Markennamen oder Gebrauchsmuster hierzulande nur als Betriebsausgaben geltend gemacht werden, wenn im anderen Land mindestens 25 Prozent Steuern erhoben werden oder aber nachweislich Forschungs- und Entwicklungsarbeit geleistet wird, für die das Unternehmen einen finanziellen Aufwand betreiben musste. Mit weniger als 25 Prozent Steuern belegte Forschungs- und Entwicklungstätigkeiten müssen die dafür geltenden Bedingungen der OECD erfüllen. Die Staaten haben bis 2021 Zeit, ihre Regeln für Steuerrabatte an diese Bedingungen anzupassen. Tun sie das bis dahin und halten sich die Unternehmen an diese Auflagen, dann greift die deutsche Lizenz-

---

1 Koalitionsvertrag Bund 2013–2017, Kapitel »Solide Finanzen«

schranke allerdings nicht mehr. Man darf gespannt sein, wie die anderen Staaten OECD-Anforderungen und Rabattgewährung auslegen. Davon hängt am Ende ab, ob die Gewinnverschiebung wirklich gestoppt wird oder sich neue Lücken auftun. Für einen Vertrauensvorschuss besteht wenig Anlass.

Wenigstens zeigt die gemeinsame Erklärung der Finanzminister von Deutschland und Frankreich, Olaf Scholz und Bruno Le Maire, dass die beiden wirtschaftsstärksten EU-Mitgliedstaaten das Problem erkannt haben und handeln wollen. Ende Juni 2018 stellten die beiden Minister die Kernelemente für eine deutsch-französische Besteuerungsinitiative vor. Dazu gehört eine international geltende Lizenzschranke nach dem deutschen Muster. Auch andere, in diesem Buch angesprochene Defizite haben die beiden Minister auf die Tagesordnung gesetzt, etwa die Durchsetzung einheitlicher Gewinnermittlungsvorschriften für alle Unternehmensgrößen, das Verbot fiktiver Zinsen und grenzüberschreitender Verluste, vor allem aber eine effektive Mindestbesteuerung – als »kraftvolles Mittel gegen einen Steuerwettlauf nach unten, der am Ende allen schadet«.[2] Damit nehmen sie einige der schädlichsten Umgehungsmöglichkeiten ins Visier.

Schon beklagen aber einige, dass Deutschland wieder einmal als einer von ganz wenigen vorangeprescht sei und seine Hausaufgaben zu streberhaft gemacht habe.

Bisher ist es mit der Schrittmacherrolle Deutschlands für einen europäischen Feldzug gegen Steuerflucht allerdings bei Weitem nicht so weit her, wie oft behauptet wird. Beim sogenannten Country-by-Country-Reporting etwa sollen nach dem Willen Deutschlands nicht die Öffentlichkeit, sondern nur die Steuerbehörden informiert werden. Aber reicht es, wenn diese Informationen vor der Öffentlichkeit verborgen bleiben? Konsequentes Handeln des Gesetzgebers und die strikte Anwendung von Geset-

---

2 Briefing der Finanzminister Deutschlands und Frankreichs, Olaf Scholz und Bruno Le Maire, nach ihrem Treffen am 28.6.2018

zen hat es bisher immer nur nach öffentlichem Druck und unter öffentlicher Beobachtung gegeben, zum Beispiel in der Folge des Erwerbs von Steuer-CDs, nach der Veröffentlichung der Panama Papers oder im Zusammenhang mit dem Streit über das Steuerabkommen mit der Schweiz. Wirklich wirksam wäre deshalb die öffentliche Nachvollziehbarkeit, wo Global Player ihre Geschäfte machen, wo schließlich die Gewinne landen und ob und wie sie dort versteuert werden. Musterknaben sind also auch wir Deutschen nicht. Wir haben allen Anlass, mit dem Kehren vor der eigenen Haustür zu beginnen.

Ob daraus in der laufenden Legislaturperiode etwas wird, werden wir sehen. Die Behauptung, der nationalen Politik seien im Einsatz gegen das ungehemmte Hin- und Herschieben von Unternehmensgewinnen die Hände gebunden, weil immer irgendeine Steueroase wirksame internationale Vereinbarungen unterläuft, überzeugt jedenfalls nicht. Denn die global agierenden Konzerne würden ungern auf den deutschen Markt verzichten. Wenn die Hintertüren für die Steuerflucht versperrt wären, würden die meisten Unternehmen wohl doch eher in Deutschland Steuern zahlen, als sich die hier erzielbaren Gewinne entgehen zu lassen. Selbstverständlich würde das in noch stärkerem Maß für ein gemeinsames Handeln mit Frankreich und noch mehr mit jedem weiteren Partner gelten, der als Produktionsort oder Absatzmarkt Gewicht hat.

*

Es bleibt richtig, dass international flächendeckende Vereinbarungen unser Ziel bleiben müssen. Aber auch dafür kann und muss Deutschland sein wirtschaftliches Gewicht deutlicher als bisher in die Waagschale werfen. Deutschlands Anteil an der Wirtschaftsleistung der Europäischen Union beträgt immerhin mehr als 20 Prozent. Nach dem Brexit werden es 25 Prozent sein.

Bei den Brexit-Verhandlungen mit Großbritannien, aber auch

bei Gesprächen über Freihandelsabkommen, muss Deutschland unmissverständlich klarmachen, dass es Vereinbarungen verhindern wird, die keine klaren Positionen zur Steuerkooperation enthalten. Wir klagen bisher immer dann über fehlende Regelungen und scheunentorgroße Lücken, wenn es zu spät ist. Wir wissen inzwischen doch, dass Reparaturen immer von mindestens einem Profiteur unter den EU-Partnern blockiert werden. Wenn Deutschland in der Entstehungsphase internationaler Abkommen die Chance hat, wirklich hartnäckig auf der Schließung von Steuerschlupflöchern zu bestehen, winden wir uns allzu oft wachsweich aus Konflikten mit anderen heraus. Es fällt schwer, dahinter keine Absicht zu vermuten. Es fällt leider auch schwer zu glauben, dass sich das in naher Zukunft ändert.

Am glaubwürdigsten gelänge das, wenn wir im Gegenzug anerkennen würden, wo unser Land Profiteur der Schieflage in den Handelsbeziehungen ist, und wenn wir Bereitschaft zeigen würden, auch daran etwas zu ändern. Gerechtigkeit ist keine Einbahnstraße. Aber natürlich werden an den internationalen Verhandlungstischen immer auch Frösche sitzen, die nicht wollen, dass der Sumpf von Hinterziehung und Umgehung trockengelegt wird.

Besonders in Sachen Transparenz könnte Deutschland vorangehen. Dunkle Geschäfte – gerade solche, bei denen Steuerbetrug mit Drogen- und Waffenhandel bis hin zur Terrorismusfinanzierung Hand in Hand gehen – gedeihen am besten in der Anonymität. Deshalb brauchen wir ein Transparenzregister, das Klarheit schafft, wer wo Auslandsniederlassungen unterhält, wer hinter welchen Immobilientransaktionen steckt und wer dort die Geschäfte führt. Und wir brauchen spürbare Sanktionen bei Verstößen gegen die gesetzlichen Meldepflichten. Selbstverständlich kann es sein, dass Auslandsniederlassungen auch in Niedrigsteuerstaaten Sinn machen, etwa weil Aufträge aus diesen Staaten eine Firmenadresse vor Ort voraussetzen. Viele saubere Gründe gibt es allerdings nicht. In diesen Fällen gibt es aber keinen Anlass, die Niederlassung vor den Steuerbehörden geheim zu halten oder gar von Schein-Direktoren leiten zu lassen.

Auf der nationalen Ebene wäre noch vieles mehr erreichbar, ohne auf andere Staaten warten oder mit ihnen in Konflikte geraten zu müssen. Solange wir eine pauschale Abgeltungssteuer auf Kapitalerträge haben, haben wir auch innerhalb Deutschlands keinen vollständigen Informationsaustausch zwischen Banken und Steuerbehörden. Das zu ändern, liegt in unserer Hand. Wir haben auch kein Unternehmensstrafrecht, das dem Staat erlauben würde, eine Bank als Unternehmen insgesamt und nicht nur einzelne Bankberater zur Verantwortung zu ziehen. Dass es überhaupt zu Bußgeldern in einer Größenordnung von gut 700 Millionen Euro gekommen ist, die Schweizer Banken bisher im Zusammenhang mit Steuerbetrug an den deutschen Staat zahlen mussten, lag daran, dass die Banken die Strafprozesse gegen ihre Mitarbeiter durch Vergleiche abwendeten. 700 Millionen Euro sind eine Menge Geld und für deutsche Staatsanwaltschaften rekordverdächtige Summen. Gemessen an dem, was für die gleichen Delikte in den USA oder auch in einigen europäischen Staaten zu zahlen ist, dürften angesichts dieser Summen in den Chefetagen der Geldhäuser aber die Champagnerkorken geknallt haben.

Auch bei uns ist viel mehr Transparenz nötig – und möglich

Die Bankenaufsicht könnte außerdem in Sachen Aufklärungs- und Sanktionierungsbefugnis mit größeren Kompetenzen ausgestattet werden, aber auch die vorhandenen Kompetenzen besser nutzen. Dazu gehört beispielsweise, Geschäftsmodellen von Banken nachzugehen, die auffällig dauerhaft zu Verlusten führen. Wenn diese Modelle über Jahre aufrechterhalten werden, legt das den Schluss nahe, dass Gewinne aus anderen Quellen erzielt werden – etwa durch das Hinterziehen von Steuern.

*

Nur zu klagen und die mit deutscher Unterstützung erzielten Fortschritte auszublenden, wäre allerdings unredlich. Mit dem Anti-BEPS-Umsetzungsgesetz hat Deutschland Ende 2016 tatsächlich erste wichtige Schritte unternommen, um die Empfehlungen der OECD in der Gesetzgebung zu verankern.

Mit der Veröffentlichung der Panama Papers hat die Erwartungshaltung der Öffentlichkeit, gegen Steuerhinterziehung effektiv vorzugehen, noch einmal zugenommen. Das führte 2016 immerhin zu einem Zehn-Punkte-Plan des damaligen Bundesfinanzministers Wolfgang Schäuble, in dem er vieles von dem aufgriff, was wir in Nordrhein-Westfalen schon vorher unternommen oder von der Bundesebene schon seit Langem eingefordert hatten.

Besser spät als nie, könnte man sagen. In manchen Punkten bleibt der Plan aber hinter notwendigen und machbaren Maßnahmen zurück. So fehlt etwa immer noch die klare Ansage an die Banken, dass sie im Fall systematischer Beihilfe zu Steuerhinterziehung und Geldwäsche als Unternehmen insgesamt empfindliche Strafen zu erwarten hätten.

Die Ansätze sind da – was fehlt, ist Konsequenz in der Umsetzung

Auch die Umsetzung einiger Punkte, die der Schäuble-Plan wenigstens benennt, lässt zu wünschen übrig. Auf der schwarzen Liste der Steueroasen stehen zum Beispiel keine Mitgliedstaaten der EU, obwohl die Praktiken Maltas, der Isle of Man, aber auch unserer Nachbarn hinreichend bekannt sind. Doch eine Nennung ist in der EU nicht durchsetzbar. Und von den Staaten außerhalb der EU, die auf der Liste stehen, sind die ersten – unter anderem Panama – von den EU-Finanzministern schon nach wenigen Wochen wieder gestrichen und auf eine »graue« Bewährungsliste gesetzt worden. Nur weil diese Länder vage angekündigt haben, etwas unternehmen zu wollen.

Geradezu entlarvend ist die Umsetzung des zehnten Punktes in Schäubles Plan. Mit der Bildung der Financial Intelligence Unit

Reaktion auf die Veröffentlichung der Panama Papers – Schäubles 10-Punkte-Plan

1. Steuerlicher Informationsaustausch mit Panama

2. Schwarze Listen

3. Weltweiter automatischer Informationsaustausch

4. Überwachung des Informationsaustauschs

5. Transparenzregister

6. Registervernetzung

7. Offenlegungspflichten für Steuergestaltungen

8. Schärfere Verwaltungssanktionen

9. Keine »Flucht in die Verjährung«

10. Zentralstelle für Geldwäsche-Verdachtsmeldung – Financial Intelligence Unit (FIU)

Quelle: BMF

(FIU) wurde das Personal für die Bekämpfung der Geldwäsche von den Ländern auf die Bundesebene verlagert – und beim Bund selber vom Bundeskriminalamt auf den Zoll. Anschließend ließ sich der damalige Bundesfinanzminister dafür feiern, dass der Bund die Zahl der Ermittler von 25 auf 50 verdoppelt habe. 50 Köpfe gegen ein Volumen von schätzungsweise 100 Milliarden Euro im Jahr, die Kriminelle zur Geldwäsche nach Deutschland bringen und von denen bis zu 20 Milliarden Euro jährlich in Immobilieninvestitionen bei uns fließen.[3] Eine Personalstärke von 50 Leuten ist nicht nur ein Witz, die angebliche Verdopplung ist eine Täuschung. Durch die Verlagerung der gesamten Zuständigkeit auf den Bund wurden nämlich 275 Expertinnen und Experten bei den Landeskriminalämtern ausgebootet, wie Sebastian Fiedler vom Bund Deutscher Kriminalbeamter vorrechnet. Es sind also nicht 50 statt vorher 25, sondern nur noch 50 statt vorher 300 Köpfe. Die Folge ist, dass die so kraftvoll klingende Ermittlungseinheit FIU 24.000 unbearbeitete Verdachtsfälle vor sich herschiebt – und Deutschland seinem Ruf als Paradies für Geldwäscher noch mehr Ehre macht als schon zuvor.[4]

Da ist er wieder, der Bluff, dem ich immer wieder begegnet bin: rhetorisches Muskelspiel mit merkwürdig gedämpftem Tatendrang bei der Umsetzung. Zu dem, was zu tun ist, gehört es deshalb ganz besonders, Reden und Tun aufmerksam zu beobachten und darauf zu drängen, dass beides übereinstimmt.

---

3 Tausende Geldwäsche-Meldungen stauen sich beim Zoll, in SPIEGEL-online, 12.12.2017
4 Ebd.

3. Verteilungsgerechtigkeit im deutschen Steuerrecht stärken

Die entschlossene Bekämpfung von Steuerbetrug und trickreicher Steuerumgehung könnte zweifelsfrei den größten Beitrag dazu leisten, dass die notwendigen Investitionen in die Zukunft gestemmt werden, ohne den ehrlichen Steuerzahlern die damit verbundenen Kosten noch auf ihren Steuerbeitrag draufzupacken oder die Finanzierung unangemessen auf künftige Steuerzahlergenerationen abzuwälzen. Ein gerechtes Steuersystem verlangt aber mehr von der Politik. Wenn wir der wachsenden Ungleichheit ernsthaft entgegenwirken wollen, dann müssen wir uns auch endlich ernsthaft mit den Verteilungswirkungen unseres nationalen Steuersystems auseinandersetzen. Der Investitionsstau ist das eine, das andere sind die Verwerfungen, die ein tiefer werdender Graben zwischen oben und unten mit sich bringt.

Zunehmende Ungleichheit wird auf Dauer auch ein Problem für die Wohlhabenden, weil sie die Stabilität einer Gesellschaft gefährdet. Deshalb gehört auch ein zumutbar höherer Beitrag der oberen Einkommen zu einer zukunftssichernden Steuerreform. Wir sollten es offen als das bezeichnen, was es ist: eine moderate Umverteilung von oben nach unten – nach Jahrzehnten einer von der Politik begünstigten Umverteilung in die entgegengesetzte

Faule Kompromisse bei den Einnahmen sind auf der Ausgabenseite nur schwer zu korrigieren

Richtung. Welchen Beitrag der Staat von seinen Bürgern und Unternehmen als Gegenleistung für Bildung und Infrastruktur, für Sicherheit und Zusammenhalt erhebt, ist für das Bewusstsein der Menschen, dass es gerecht zugeht, nicht minder wichtig als die

Art und Weise, wie er die Steuereinnahmen verwendet. Auf der Einnahmenseite kann mancher faule Kompromiss schnell mehr Ungerechtigkeit verursachen als auf der Ausgabenseite wettzumachen ist.

*

Die Vorwürfe schmerzen, aber sie treffen zu: Die steuerpolitisch motivierte Umverteilung von unten nach oben ist von der SPD in den letzten Jahrzehnten zumindest mitgetragen worden. Dabei sahen es die jeweiligen Wahlprogramme der SPD meistens ganz anders vor. Die SPD hat ihre steuerpolitischen Wahlziele in Koalitionsverhandlungen leider immer als Erstes wie eine heiße Kartoffel fallen lassen, wenn es um die Suche nach Kompromisslinien ging. Das gilt nicht nur für die Koalitionen mit CDU und CSU, sondern sogar besonders ausgeprägt in der Zeit der rot-grünen Bundesregierung von 1998 bis 2005. Es ist nur ein kleiner Trost, dass die FDP über den Bundesrat damals ein mitbestimmender Faktor war und die treibenden Akteure in der Koalition beileibe nicht nur Sozialdemokraten waren. Auch bei den Grünen gab es Kräfte, die für eine weitreichendere Steuersenkung eintraten, als sie im 1998er-Wahlprogramm der SPD standen. Der Druck auf alle Beteiligten kam indes immer aus den einschlägigen Kreisen der Wirtschaft.

Die letztlich vereinbarte Überdosierung an Steuersenkungen für hohe Einkommen und Gewinne hat jahrelang für hohe Steuerausfälle gesorgt. Damals gab es noch das Ventil der zusätzlichen Verschuldung. Das wurde bekanntlich auch in Anspruch genommen. In der Folge nahm die Staatsverschuldung enorm zu.

Die SPD hat sich zu so manchem Fehler treiben lassen

Heute kritisieren das ausgerechnet diejenigen, die vorher niedrigere Steuern gefordert hatten. Ihnen wäre es lieber gewesen, die Mindereinnahmen des Staates mit noch größeren Abstrichen bei der sozialen Sicherung zu bezahlen.

Eine wirksame Korrektur der Beiträge an den Staat mit dem Ziel, die schwachen Schultern zu entlasten und die stärksten Schultern ein Stück mehr in die Pflicht zu nehmen, müsste sinnvollerweise bei den größten Posten in unserem Abgabensystem ansetzen.

Nehmen wir uns die beiden größten Brocken, aus denen sich die 734 Milliarden Euro Steuereinnahmen von Bund, Ländern und Kommunen im Jahr 2017 zusammensetzten, etwas intensiver vor. Das eine Schwergewicht ist die Lohn- und Einkommensteuer. Sie trug 2017 mit rund 258 Milliarden Euro zu den Gesamtsteuereinnahmen bei. Nicht viel kleiner sind die Einnahmen aus der Umsatzsteuer (Mehrwertsteuer). Sie lagen bei 226 Milliarden Euro.[1] Diese beiden Quellen sorgen also für rund zwei Drittel aller Steuereinnahmen.

*

In Kapitel IV habe ich dargestellt, dass die Reformen der vergangenen Jahrzehnte nicht zu immer höheren, sondern zu deutlich niedrigeren Steuersätzen geführt haben. Allerdings mit dem Webfehler, dass die hohen Einkommen von Steuersenkungen besonders profitiert haben. Deutlich wurde auch, dass die Bezieher kleiner Einkommen von der Mehrwertsteuer viel stärker belastet werden als von der Lohn- und Einkommensteuer. Die begünstigten Besserverdiener – oder genau genommen ihre Interessenvertreter – nahmen das nicht etwa zum Anlass für Zurückhaltung. Im Gegenteil: Mit kunstvollen Rechenspielen wird aus einem drastisch gesenkten Steuersatz für hohe Einkommen mit einem Mal ein zu früh beginnender Spitzensteuersatz. Dass die Forderung, die Eintrittsgrenze nach oben zu verschieben, vor allem wieder hohe Einkommen entlasten würde, wird dabei nicht erwähnt.

Steuern auf Löhne und Gehälter – das Ärgernis schlechthin

Die Einkommensteuer erregt die Gemüter erfahrungsgemäß ganz besonders. Sie gehört zu den Abgaben, die direkt vom sauer

---

[1] Quelle: BMF; in den Zahlen für die Einkommensteuer sind knapp 30 Milliarden Steuern auf Kapitalerträge, vorwiegend Dividenden, noch nicht enthalten.

verdienten Arbeitslohn abgehen und die Fantasie beflügeln, was wäre, wenn brutto gleich netto wäre.

Im Grunde genommen ist unser gleitend progressiver Einkommensteuertarif ein gerechtes Prinzip. Jeder zusätzlich verdiente Euro wird etwas höher besteuert als der vorhergehende. Je höher das Einkommen, desto höher ist der Steuersatz. Wie beschrieben ist dieser Grundsatz über die Jahre aber immer weiter ausgehöhlt worden. Wenn wir Gerechtigkeit und gesellschaftlichen Zusammenhalt auch auf der Einnahmenseite des Staates ernst nehmen, dann müssen wir diese Fehlentwicklung korrigieren. Die kleinen und mittleren Einkommen – und dabei besonders Haushalte mit Kindern – brauchen eine Entlastung, die ihren Namen verdient. Große Einkommen und Vermögen können und müssen einen höheren Beitrag leisten. Vor allem müssen die vielen Verrechnungs- und Steuerbefreiungsregeln durchforstet werden, die dazu führen, dass Multimillionäre ihre Steuern fast auf null drücken können, wie es der eingangs erwähnte Josef Rick am Beispiel seines Firmengeflechts aus eigener Erfahrung beschreibt.

Das Lamento des Steuerzahlerbundes, der Anteil der besser verdienenden Bevölkerungshälfte am gesamten Steueraufkommen sei doch eh schon extrem hoch, entpuppt sich bei näherem Hinsehen als reine Stimmungsmache. Die 50 Prozent Steuerzahler mit den höchsten Einkommen würden doch, so argumentiert der Lobbyverband, schon heute mit 94,5 Prozent exorbitant viel zum Steueraufkommen beitragen. Dabei verschweigt er aber, dass auf die besser verdienende Hälfte auch 83,6 Prozent der Einkommen aller Steuerzahler entfallen.

Dass die obere Hälfte einen so hohen Anteil an der Einkommensteuer trägt, liegt also an der extremen Ungleichverteilung der Einkommen. Wenn eine Hälfte der Bevölkerung fast 84 Prozent der gesamten Gehaltssumme verdient und die andere Hälfte rund 16 Prozent, ist es nur gerecht, dass auch die Einkommensteuer ungleich auf die beiden Hälften verteilt ist. Die Hälfte aller Steuerzahler verfügt über steuerpflichtige Einkünfte von weniger als 30.000 Euro im Jahr. Diese 50 Prozent verdienen zusammen gerade einmal so viel wie die 2 Prozent der Steuerzahler mit den höchsten Einkommen. Wäre die Spannbreite der Einkommensskala nicht so enorm, dann ergäbe sich auch eine ausgeglichenere Verteilung der Steuerbeiträge. Bei rund 84 Prozent Einkommensanteil der oberen Hälfte der Einkommen sind knapp 95 Prozent der Steuern keine unangemessene Steuerbelastung der Besserverdienenden.

*

Die große Mehrheit der Bürgerinnen will nicht von Zahlenspielen geblendet werden. Sie will wissen, wie viel Netto vom Brutto bleibt, was mit dem Steuerbeitrag gemacht wird und mit wie vielen Euros sich eine Änderung des Einkommensteuertarifs am Ende in ihrem Portemonnaie niederschlagen würde. Selbstverständlich interessiert sie auch, ob sie von einer Gehaltserhöhung überhaupt etwas haben. Dass aber die Debatte seit Jahrzehnten fast ausschließlich um die Frage kreist, wie viel Steuern von *zusätzlichem* Einkommen abgehen, hat im Ergebnis die Umverteilung von unten nach oben begünstigt. Sie hat zu skurrilen Bündnissen von Top- und Normalverdienern zum Nachteil der Letztgenannten geführt. Die Fixierung allein auf das Lohnplus lässt nämlich vergessen, dass der weiterhin geltende Steuersatz für das bisherige Einkommen weit darunterliegt. Ich treffe jedenfalls immer wieder Menschen, die überzeugt davon sind, dass eine sogenannte Flat-Tax – also ein für alle geltender Einkommensteuersatz von beispielsweise 25 Prozent – für sie persönlich ein Riesengewinn wäre. Für die große Mehrheit der Steuerzahler wäre eine solche Flat-Tax aber eine enorme Steuererhöhung. Denn 25 Prozent Steuern zahlen die wenigsten – nicht einmal jeder Zehnte. Weniger Steuern würde eine Flat-Tax nur für die 5 bis 10 Prozent Bestverdienenden bedeuten.

Den Einkommensteuertarif vom Kopf auf die Füße stellen

Es ist also an der Zeit, über das zu reden, worauf es ankommt: den tatsächlichen Steuersatz auf das Einkommen. Ein großer Teil der Menschen im Land arbeitet für ein Einkommen, das nur knapp zum Leben reicht. Große Sprünge sind nicht drin, und das, was möglich ist, schrumpft mit exorbitanten Mietpreissteigerungen und nur bescheidenen Einkommenszuwächsen weiter zusammen. Auch wenn der Steuerprozentsatz relativ niedrig ist, schmerzen Abgaben in diesen Einkommenskategorien besonders. Wenn wir neben dringend nötigen Investitionen und der Entschuldung von Kommunen also auch von einer Abgabenentlastung reden, dann macht das in diesem Segment Sinn. Aber auch nur in diesem Segment. Keinen Sinn macht es, den Steuersatz so zu senken, dass die Kleinen meinen, sie würden entlastet, obwohl vor allem die Großen den Reibach machen.

Deshalb sollten wir keine Scheindebatte über »Grenz«steuersätze führen, sondern einfach offen und transparent darüber streiten, bis zu welchem Einkommen die Bürger entlastet werden sollen und von wo an eine Mehrbelastung geboten und zumutbar ist und wo der maximale Steuersatz auf das Gesamteinkommen eines Steuerzahlers liegen soll. Damit die Prozentsätze nicht einfach für jedes Einkommen willkürlich festgelegt werden können, könnte der Gesetzgeber ebenso wie bisher eine mathematische Formel festlegen, die die politisch entschiedenen Eckpunkte umsetzt. Ich selbst habe dazu 2016 einen Vorschlag gemacht, der als Einstieg in diese Debatte dienen könnte.[2] Auf dieser Grundlage müsste die Politik nur zwei Entscheidungen treffen. Erstens: Bis zu welcher Einkommensgrenze soll die Einkommensteuer gesenkt und ab wo erhöht werden. Zweitens: Wie hoch soll der maximale Steuersatz sein?

---

2 Für Feinschmecker: Die Formel für den Durchschnittssteuersatz ergibt sich in meinem Modell aus einer mathematischen Funktion, die die Tangensfunktion so streckt und biegt, dass ausgehend vom geltenden Steuerrecht demokratisch festgelegt werden kann, bis wohin entlastet und wie hoch darüber hinaus maximal mehr belastet werden soll.

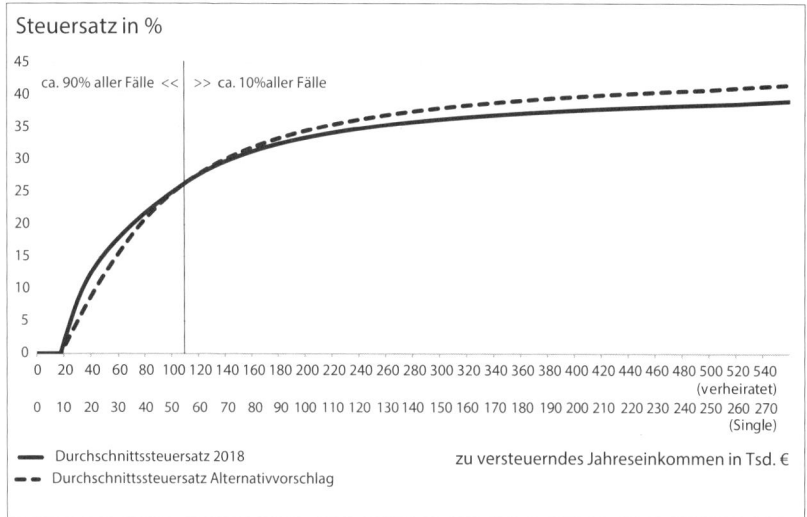

Abb. 10: So viel Prozent Steuern gehen vom Jahreseinkommen wirklich an das Finanzamt – und so viel könnten es sein

Nach dem Alternativvorschlag würden 90% der Steuerzahler erheblich entlastet und der Steuersatz auf die 10% höheren Einkommen moderat angehoben. Quelle: BMF, eigene Berechnungen

Wie das aussehen könnte, will ich im Folgenden exemplarisch skizzieren.

Im abgebildeten Beispielfall eines viel harmonischeren und im Bereich der kleineren Einkommen deutlich schwächer ansteigenden Tarifverlaufs würden die steuerpflichtigen Jahreseinkommen unterhalb von 55.000 Euro (Single) bzw. 110.000 Euro (gemeinsame Veranlagung) um über ein Drittel des bisherigen Einkommensteuerbetrags entlastet. Das beträfe rund 90 Prozent der Steuerzahler. Die bestverdienenden 10 Prozent würden nur moderat höher belastet.[3] Anders gesagt: Der Kassierer oder die Kassiererin im Supermarkt mit 1.500 Euro brutto im Monat hätte im Jahresverlauf gut ein Drittel eines Bruttomonatsgehaltes mehr zur

---

3 Um Missverständnissen vorzubeugen: Es geht nicht um 8 Prozentpunkte vom Einkommen, sondern um maximal 8 % mehr gegenüber der bisherigen Steuerschuld.

Verfügung, der (unverheiratete) Manager mit 50.000 Euro brutto pro Monat müsste aufs ganze Jahr gesehen etwa ein Viertel eines Monatsgehaltes mehr zahlen. Der höchste Steuersatz liegt in diesem Beispielfall bei 45 Prozent – aber erst in Einkommensregionen, die in den Millionenbereich gehen. Bei etwa 200.000 Euro zu versteuerndem Einkommen eines Singles läge der Steuersatz noch bei 40 Prozent – statt bisher 38,5 Prozent. Unterhalb von 9.000 Euro (Single)/18.000 Euro (Verheiratete) im Jahr würde wie bisher keine Steuer fällig.

Die hier genannten Werte sind nur beispielhaft. Mir geht es in erster Linie um einen für die Bürger verständlicheren Tarif: Wer soll bei welchem Einkommen welchen Steuersatz zahlen? Das würde auch zu einem nachvollziehbaren Ringen der Politik führen, wo die Grenze zwischen Minder- und Mehrbelastung liegen soll und wie hoch der Steuersatz maximal werden darf oder soll. Allerdings würde das Modell zu jedem Rechenexempel auch unbarmherzig mitteilen, wie hoch die Mindereinnahmen für die Kassen von Bund, Ländern und Gemeinden ausfallen würden. Der dargestellte Beispielsfall würde zu rund 15 Milliarden Euro Mindereinnahmen führen. So ein Szenario wäre nur realistisch, wenn die 15 Milliarden und noch dazu die notwendigen Gelder für Zukunftsinvestitionen durch die Schließung von Steuerschlupflöchern finanziert würden. Andernfalls wären die scheinbar Entlasteten am Ende wieder die Dummen. Was man ihnen an Erleichterungen in die linke Tasche steckt, würde ihnen über höhere Kommunalabgaben oder den Abbau staatlicher Leistungen aus der rechten Tasche wieder genommen.

Den Bürgern geht es um einen verständlichen Tarif: Wie viel Prozent werden bei welchem Einkommen fällig?

Der Einnahmeausfall aus einer Steuersenkung träfe ja nicht nur den Bundeshaushalt. Der Bund selber müsste lediglich 42,5 Prozent tragen. Durch den Verteilungsmechanismus auf Bund, Länder und Gemeinden und die in den Ländern unterschiedlich geregelte

Abb. 11: Headline der *Rheinischen Post:* »SPD will höhere Einkommen belasten«[4]

Weiterleitung eines Teils der Ländereinnahmen an die Kommunen tragen die Länder am Ende des Tages in etwa ein Drittel der Steuerausfälle und die Gemeinden ein Viertel. Im Klartext bedeutet Senkung der Einkommensteuer: Der Bund verspricht, Länder und Kommunen müssen den größten Teil davon halten. Wenn sie den Ausfall ihrerseits mit der Erhöhung von Steuern und Gebühren oder dem Abbau von Leistungen auffangen, bezahlen die kleinen Leute und die Mittelschicht ihre Steuerentlastung schließlich aus der eigenen Tasche.

Einen Beschluss des Deutschen Bundestages, die Einkommen-

---

4 *Rheinische Post*, 6.12.2016

steuer um 15 Milliarden Euro zu senken, müssten zum Beispiel allein die nordrhein-westfälischen Kommunen in einer Größenordnung von jährlich 750 Millionen Euro mitfinanzieren. Wer die Finanzlage vieler vom Strukturwandel gebeutelter Städte des Ruhrgebiets kennt, weiß, dass dort keine sprudelnden Steuerquellen für den Ausgleich der ausbleibenden Steuereinnahmen sorgen würden, für die sich eine Bundesregierung feiern ließe. In diesen Kommunen würden dann höhere Hebesätze bei Grund- und Gewerbesteuer, höhere Gebühren und/oder der weitere Abbau kommunaler Leistungen drohen. Es ist nicht schwer zu erraten, welche Schicht davon besonders betroffen wäre.

Wie man es dreht und wendet: Ohne klare Kante gegen Steuerbetrug und gegen das listige Verschieben von Unternehmensgewinnen in Steueroasen ist jedes Steuersenkungsversprechen unseriös.

Der damalige SPD-Chef Sigmar Gabriel war schon 2016 von meiner Grundsatzüberlegung zum Umbau der Einkommensteuer angetan. Er reagierte so, wie jeder Steuerzahler das auch täte: Er wollte Zahlenbeispiele, was das für verschiedene Haushaltstypen gegenüber dem seinerzeit geltenden Steuertarif bedeuten würde. Meine Beispielrechnungen landeten im Dezember 2016 in der *Rheinischen Post*. Sie machten deutlich, wohin die Reise hätte gehen können: spürbare Entlastung besonders der Haushalte, die auf jeden Euro angewiesen sind, verbunden mit einem moderaten Mehrbeitrag der oberen knapp 10 Prozent der Einkommen.

> **Ohne klare Kante gegen Steuerbetrug ist jedes Steuersenkungsversprechen unseriös**

*

Der Weg vom Dezember 2016 bis zum Bundestagswahlprogramm der SPD und erst recht bis zu den Sondierungsgesprächen mit CDU und CSU Ende 2017 zeigte einmal mehr, wie groß die Furcht war, als Steuererhöhungspartei diffamiert zu werden. Mein Ansatz verlief wie einige andere Vorschläge von Kolleginnen und Kollegen aus der gemeinsamen Arbeitsgruppe Steuern der Bundes-SPD zunächst einmal im Sande. Auf welche Methode sich diejenigen politischen Akteure, die den zunehmenden Fliehkräften der Gesellschaft entgegenwirken wollen, am Ende auch verständigen – ob es bei der nach meinem Dafürhalten intransparenten Grenzsteuerdebatte bleibt oder ob wir den Menschen klarer vermitteln, wer welche Absichten verfolgt: Diese politischen Akteure müssen endlich glaubhaft erklären, warum eine Korrektur der Lohn- und Einkommensteuer mit einer Entlastung der Kleinen und einem größeren Beitrag der Großen überfällig ist – und sie müssen diese Haltung auch beibehalten. Ich will an dieser Stelle nicht über andere Parteien urteilen: Der SPD jedenfalls ist diese unumstößliche Positionierung nicht glaubwürdig gelungen. Auch die Diskrepanz zwischen der Tonalität vor und nach Wahlen wird von den Menschen, die auf Wahlaussagen vertraut haben, als Bluff verstanden.

Etwa die Ankündigung, dass in Zukunft auch Kapitalerträge wie das Arbeitseinkommen besteuert und nicht mit einer für alle Einkommenshöhen gleichen Abgeltungssteuer belastet werden. Wenn am Ende nur Zinsen wie Arbeitseinkommen behandelt werden, Millionen an Dividenden aber nicht, dann schadet das der Glaubwürdigkeit, wirklich für ein gerechtes Steuersystem eintreten zu wollen. Oder wenn das Versprechen, die steuerliche Abzugsfähigkeit von Managergehältern in Millionenhöhe zu beschränken, wenig später sang- und klanglos aufgegeben wird. Dabei hat der Vorstoß des damaligen Kanzlerkandidaten Martin Schulz nichts an Überzeugungskraft verloren. Die Unternehmen sollen selbstverständlich weiterhin frei sein in der Gestaltung ihrer Vorstandsbezüge. Es muss auch gar keine fixe Obergrenze von 500.000 Euro Jahresgehalt geben, wie seinerzeit diskutiert. Aber wenn ein Manager beispielsweise mehr als das Zwanzigfache des durchschnittlichen Gehalts in seinem Unternehmen verdient, muss das nicht auch noch steuerlich als gewinnmindernd anerkannt werden. Zahlungen dieser Höhe sollte das Unternehmen dann wenigstens aus seinem versteuerten Gewinn leisten. Ein solcher Schritt in der größten Volkswirtschaft Europas bliebe sicher nicht ohne Folgen in den übrigen Mitgliedstaaten.

*

Zu glaubwürdiger Politik gehört es auch, dass die Bürgerinnen und Bürger nicht den Eindruck gewinnen dürfen, der Staat nehme es stillschweigend hin, wenn die Grundlagen für eine bestimmte Steuer entfallen, weil er auf die damit verbundenen Einnahmen nicht verzichten will. Das berühmteste Beispiel ist die Sektsteuer, die 1902 zur Finanzierung der kaiserlichen Kriegsflotte eingeführt wurde und bis heute existiert. Die Einnahmen des Bundes daraus betragen 2017 immerhin fast 370 Millionen Euro. Gegenüber den rund 18 Milliarden, die der Soli in den Bundeshaushalt 2017 spülte, fällt das aber kaum ins Gewicht. Kein Wunder also, dass sich der Soli wie kaum eine andere Abgabe dafür eignet, die Politik für ihre Unglaubwürdigkeit an den Pranger zu stellen. Zuerst war es der Golfkrieg des Jahres 1991, dann die Unterstützung für Mittel-, Ost- und Südeuropa und der Solidarpakt für die neuen Bundesländer, mit dem die Ergänzungsabgabe zur Einkommen- und Körperschaftsteuer begründet wurde. 2020, mit dem Auslaufen des Solidarpakts für die ostdeutschen Bundesländer, wird der Soli über 20 Milliarden zum Bundeshaushalt beitragen, ohne dass der Bund noch Verpflichtungen hätte, die direkt an diese Einnahme gekoppelt wären. Kein Wunder, dass die Forderung aufkommt, die Ergänzungsabgabe dann auch wieder abzuschaffen.

Der alte Soli gehört abgeschafft – der damit verbundene Beitrag hoher Einkommen aber nicht

Nun weiß jeder, dass weder die Probleme Ostdeutschlands noch die ähnlich gelagerten Strukturprobleme in Teilen des Westens mit dem Ende des Solidarpakts behoben sind. Wir wissen alle ebenso gut, dass mit dem demografischen Wandel und der Digitalisierung

Herausforderungen auf uns zukommen werden, die die Finanzkraft der öffentlichen Hände auf eine harte Probe stellen werden.

Eigentlich müssten wir uns auch endlich alle eingestehen, dass ein wesentlicher Grund für unsere sprudelnden Steuerquellen die Schwäche der anderen ist. Wir Deutschen gefallen uns im Klagen über die Rolle des Zahlmeisters für andere. Dabei profitiert unsere Wirtschaft davon, dass der Euro-Kurs von den schwächeren Mitgliedern der Euro-Zone gedrückt wird und unsere Exporte ankurbelt. Das blenden wir geflissentlich aus. Allein der gebremste Euro beschert uns ein enormes Plus an Gewinnen und Arbeitsplätzen – und damit Milliarden zusätzlicher Steuereinnahmen. Dazu kommen Minderausgaben infolge niedriger Zinsen, die ebenfalls durch die Schwäche anderer bedingt sind. Alle Welt bringt ihr Kapital in der Überzeugung nach Deutschland, dass es hier in einem der wenigen sicheren Häfen liegt. Das Überangebot drückt den Zins. Deutschland müsste rund 50 Milliarden im Jahr mehr für Zinsen bezahlen, wenn wir noch das Niveau vor dem Ausbruch der Finanzkrise vor zehn Jahren hätten.[5] Bei einem gesamtstaatlichen Haushaltsüberschuss von rund 37 Milliarden Euro, wie wir ihn 2017 hatten, kann sich jeder an fünf Fingern abzählen, auf welch tönernen Füßen die Finanzierung steht – auch wenn ein Zinsanstieg wegen der langfristigen Kreditbindung für Bund und Länder keine abrupten Veränderungen mit sich brächte. Bei vielen Kommunen sieht das schon anders aus. Deren Verschuldung besteht oft zu einem erheblichen Teil aus Kassenkrediten. Das sind Überziehungskredite mit Zinssätzen, die sich jederzeit ändern können.

Der Soli, das ist richtig, hat seine ursprüngliche Bestimmung verloren. Insofern ist die Debatte über seine Abschaffung auch konsequent. Der Verzicht auf die damit verbundenen Einnahmen wäre auf Dauer aber weder zu verkraften noch wäre eine weitere Umverteilung von unten nach oben gerecht. Die neuerliche Große Koalition hat sich dazu entschieden, den Soli zunächst für 90 Pro-

---

5 Deutschland spart fast 300 Milliarden Euro, *Handelsblatt.com*, 11.01.2018

zent der Steuerzahler abzuschaffen. Von ihnen stammt die Hälfte der Einnahmen – rund 10 Milliarden Euro. Die andere Hälfte zahlen die oberen 10 Prozent der Einkommensskala. Zur Erinnerung: Diese 10 Prozent verfügen auch über 37 Prozent des gesamten Einkommens!

Bliebe es bei der teilweisen Abschaffung, dann wäre wenigstens das erstmals seit Langem ein Umverteilungsbeitrag von oben nach unten. Aber die teilweise Abschaffung soll ja nicht alles sein, und sie ist ja nicht Ergebnis systematischer Erwägungen. Sie ist nur vorläufig geplant, weil ein Verzicht auf rund 20 Milliarden nicht zu stemmen wäre.

Das Zögern, auch die hohen Einkommen vom Soli zu befreien, hat postwendend die Initiative Neue Soziale Marktwirtschaft auf den Plan gerufen. Sie fordert in Werbeanzeigen die Soli-Abschaffung für alle. Rechtlich ist die Beibehaltung des Soli in seiner ursprünglichen Zweckbestimmung auch im Fall hoher Einkommen auf Dauer tatsächlich zumindest fragwürdig. Nach all den Steuergeschenken, die dieser Gruppe in den vergangenen Jahren gewährt wurden, muss es unter den Gesichtspunkten von Gerechtigkeit und langfristiger Finanzierbarkeit eines zukunftsfähigen Gemeinwesens aber zwingend einen Ausgleich aus derselben Steuerzahlergruppe geben. Die Politik muss sich schnell offen und ehrlich mit der Frage beschäftigen, wie auf den Soli nach Ablauf des Solidarpakts verzichtet werden kann, ohne damit eine neue Runde der Steuersenkung für hohe Einkommen einzuläuten. Die Einbeziehung des verbliebenen Soli in die Einkommensteuer wäre eine Möglichkeit. Mit dem schon beschriebenen Modell für eine Einkommensteuerreform ließe sich das problemlos umsetzen.

*

Ähnliches gilt für die immer wieder thematisierte kalte Progression. In dem Maß, in dem Lohnsteigerungen von der Inflation entwertet werden, darf es auch keine steigende Steuerlast geben. Es würde der Glaubwürdigkeit nicht dienen, wenn der Staat sie bei Millionen von Lohn- und Gehaltsempfängern stillschweigend hinnähme. Nun ist deutlich geworden, dass es die kalte Progression wegen kontinuierlicher Steuerentlastungen und einer historisch niedrigen Inflationsrate in Wahrheit so gut wie gar nicht gibt. Trotzdem ist sie ein ständiger Anlass für Empörung, weil nicht ausgeschlossen ist, dass es sie geben könnte. »Gefühlt« gibt es sie allemal.

Kalte Progression – ein Scheinproblem, aber ein gefühlt großes

Deshalb gibt es auch hier allen Grund für die Politik, mit offenen Karten zu spielen. Wir sollten den »Tarif auf Rädern«, also die kontinuierliche Anpassung der Steuersätze an die Preisentwicklung, mit zum Gegenstand einer ehrlichen Steuerreform machen. Allerdings sollten wir den Steuerzahlern nicht verschweigen, dass ein solcher Automatismus die vielen Einzelmaßnahmen, mit denen die kalte Progression in der Vergangenheit ausgeglichen wurde, überflüssig machen würde. Im Ergebnis würde sich wenig ändern. Aber die Angriffsfläche für »alternative Fakten« würde deutlich verkleinert, und das wäre in diesen Zeiten ja auch schon etwas.

*

Wenn auch in Zukunft besondere Lebenslagen und Kosten der Steuerzahler bei der Festlegung der Einkommensteuer berücksichtigt werden sollen, sind der Vereinfachung des Steuertarifs Grenzen gesetzt. Trotzdem könnte es leichter und schneller gehen, wenn wir die technischen Möglichkeiten bei der Abgabe der Steuererklärung konsequenter nutzen würden. In Deutschland hat der Anteil an Steuererklärungen, die online beim Finanzamt eingereicht werden, erst vor Kurzem die 50-Prozent-Marke überschritten. In den Niederlanden sind es schon lange über 95 Prozent. In Schweden schickt das Finanzamt eine Nachricht auf das Smartphone, in der es eine

Vereinfachung müssen beide wirklich wollen: Staat und Steuerzahler

Zahlungshöhe vorschlägt, die die Steuerzahler auf demselben Weg bestätigen oder beanstanden können. Diese großen Unterschiede zur Prozedur bei uns haben ihre Gründe auf beiden Seiten: beim Staat und bei den Steuerzahlern.

Wer seine Steuern in Deutschland online erklären will, muss enorme Hürden überwinden. Während die Authentifizierung in Skandinavien ähnlich vonstattengeht wie hierzulande das Home-Banking mit PIN und TAN, ist in Deutschland zunächst ein langwieriges Verfahren über den Postweg nötig, um die Berechtigung für eine Online-Erklärung zu erlangen. Schon da ginge viel mehr.

Der »Kunde« ist aber ebenso wenig frei von Verantwortung. Die Steuerzahler in Skandinavien und den Niederlanden sind weitaus eher bereit, steuermindernde Lasten als pauschale Abzüge zu akzeptieren, die für alle gleichermaßen gelten. Das erspart Bereithaltung und Vorlage von Belegen und ist im Online-Verkehr eine enorme Erleichterung. Wir Deutschen rechnen gern spitz ab, nicht Pi mal Daumen. Das macht es kompliziert. Auch dabei spielen übrigens unterschiedliche Wirtschaftsinteressen eine Rolle. Wenn in Deutschland etwa ein dienstlich genutztes Fahrzeug nur pauschal bei der Steuer berücksichtigt würde, stünden unsere Autohersteller ganz schnell auf der Matte und würden fragen, ob es der Politik eigentlich ganz egal sei, wenn dann statt eines Mercedes, BMW oder Audi ein Hyundai zum Einsatz käme. Die Niederländer und auch die Skandinavier bewegt diese Frage weniger. Dort ist die Abhängigkeit von der Autoindustrie weitaus geringer. Bei uns müssen sich Finanzämter im Alltag aber auch jenseits deutscher Autohersteller schon einmal mit der Klage eines Gewerbetreibenden auseinandersetzen, warum ihm das Finanzamt den vollen Kostenabzug für seinen Lamborghini verwehrt habe. Das empfand der Steuerzahler als ungerecht, zumal ein anderer Sachbearbeiter beim Vorgängerfahrzeug, einem Ferrari, kein Problem gesehen habe.

Dieser zugegebenermaßen skurrile, aber reale Fall steht exemplarisch dafür, wie weit wir in Deutschland von der Akzeptanz für pauschale Regeln entfernt sind. Ebenso deutlich wird, dass detailliertere Regeln nicht zwangsläufig mehr Gerechtigkeit bewirken, weil sie von Finanzamt zu Finanzamt und von Sachbearbeiter zu Sachbearbeiter auch zu sehr unterschiedlichen Auslegungen von Ermessensspielräumen führen – und ganz offenbar unterschiedlich hemmungslos in Anspruch genommen werden.

Insofern klingt es gut, wenn der aktuelle Koalitionsvertrag die »vorausgefüllte Steuererklärung« in Aussicht stellt. Bislang gab es allerdings immer wieder Proteste von datenschutzsensiblen Zeitgenossen, wenn der Staat anbot, schon einmal vorläufige Zahlen aus verschiedenen Datenbeständen in die Online-Steuererklärung zu übernehmen, die dann bestätigt oder korrigiert werden können. Auch das sehen Niederländer und Skandinavier ganz anders.

So konnte bislang nur der Wechsel von der Belegvorlagepflicht zur Belegvorhaltepflicht umgesetzt werden. In vielen Fällen reicht es künftig aus, Belege nur bei Nachfrage durch das Finanzamt vorzulegen. Hier tritt der Staat in eine enorme Vorleistung. Ob und wie weit der Vertrauensvorschuss missbraucht wird und zu neuer Ungerechtigkeit führt, werden wir sehen. Ohne eine relativ hohe Nachprüfungsquote und empfindliche Sanktionen im Missbrauchsfall dürfte es angesichts der eingangs beschriebenen Erfahrungen kaum gehen.

Mit der Bereinigung des Katalogs der vielen Abzugsmöglichkeiten – also mit einer grundsätzlichen Beschränkung auf die Ausgaben, die man hat, um seine Einkünfte überhaupt erst erzielen zu können – würde die Einkommensbesteuerung nicht nur gerechter, sie würde auch ein gutes Stück einfacher. Die verbleibenden Abzüge könnten

Staatliche Förderung darf hohe Einkommen nicht begünstigen

wirklich zu einem großen Teil pauschalisiert werden. Wenn etwas finanziell gefördert werden soll, muss das unabhängig von der Einkommenshöhe geschehen – als staatlicher Zuschuss, gegebenenfalls als Abzug von der Steuerschuld. Dann wäre es sogar möglich, im Wesentlichen das Bruttoeinkommen zur Besteuerungsgrundlage zu machen und die Steuersätze entsprechend zu senken. Ganz nebenbei würde die Online-Erklärung viel einfacher.

*

Ein Aufregerthema sind regelmäßig auch die Beiträge zu Renten-, Kranken-, Pflege-, Unfall- und Arbeitslosenversicherung. Für viele Menschen ist es das Gleiche wie mit den Steuern. Es sind staatliche Zwangsabgaben, ein Griff ins Portemonnaie, auch wenn sie gar nicht in die allgemeinen Haushalte von Bund, Ländern und Gemeinden fließen. Bei den oft zitierten Facharbeitern im Einkommensbereich zwischen 45.000 und 55.000 Euro Jahreseinkommen sorgen die Beiträge zur Sozialversicherung dafür, dass zusammen mit den Steuern tatsächlich fast die Hälfte an »den Staat« geht. Aber auch bei geringerem Einkommen sind sie ein erheblicher Teil der gesamten Abgaben. Die Entlastung dieser Einkommen könnte also nicht nur durch geringere Steuern, sondern auch durch eine gerechtere Verteilung der Sozialbeiträge erreicht werden. Aber Vorsicht: Sozialversicherungsbeiträge sind Versicherungsprämien. Wenn man sie senken will, geht das nur selten ohne Leistungsverzicht. Machen wir uns nichts vor: Was an Kostendämpfung denkbar ist, wird bei der Krankenversicherung durch die Kostenentwicklung der medizinischen Versorgung und bei der Rentenversicherung durch die alternde Gesellschaft in den nächsten Jahren mehr als aufgezehrt. Wirklich senken ließen sich die Beiträge nur unter mindestens einer der folgenden fünf Voraussetzungen:

Die Sozialversicherung braucht eine breitere Basis

1. Weniger Leistung, also schlechtere Gesundheitsversorgung und/oder niedrigeres Rentenniveau
2. Längere Lebensarbeitszeit, um eine günstigere Relation von Beitragszahlern zu Rentnern zu erreichen

3. Finanzierung eines Teils der Sozialversicherungsleistungen über Steuern, etwa für niedrige Einkommen oder für die Finanzierung von Renten, denen keine eingezahlten Beiträge gegenüberstehen (zum Beispiel die Mütterrente); dann würde aber die Steuerbelastung der Gesellschaft in dem Maß steigen, in dem die Beitragssumme zur Sozialversicherung sinkt
4. Breitere Beteiligung von Erwerbstätigen (Freiberufler, Beamte), von Maschinen/Robotern und Kapitaleinkommen an der Beitragspflicht
5. Deutliche Erhöhung der Beitragsbemessungsgrenzen und damit höhere Beiträge für Besserverdienende

Am Ende wird eine einzige Stellschraube nicht reichen. Die drei letztgenannten würden aber sicherstellen, dass auch die finanziellen Lasten der Sozialversicherung ohne Leistungseinschränkungen wesentlich breiter verteilt würden.

Warum sollte die Gewährleistung eines Rentenanspruchs für die Zeit der Kindererziehung nur von den beitragzahlenden Arbeitnehmerinnen und Arbeitnehmern finanziert werden? Würden diese Leistungen mit Steuergeldern finanziert, dann wären auch Top-Verdiener, Selbstständige und Beamte angemessen daran beteiligt. Das wäre eine wesentlich gerechtere Lösung.

Eine Anmerkung möchte ich als langjähriger Chef gewissenhaft arbeitender Beamter dazu aber machen: So sehr es dem Gerechtigkeitsgefühl vieler Zeitgenossen entsprechen mag, wenn auch die Beamten in die Sozialversicherungssysteme einzahlen müssten, sollten wir nicht ausklammern, dass eine solche Korrektur nicht ohne Kompensation bei der Beamtenbesoldung zu verwirklichen wäre. Wir können nicht ernsthaft beklagen, dass die Bezahlung in vielen Behörden nicht mehr attraktiv genug ist, um qualifiziertes Personal zu gewinnen, und gleichzeitig die Nettobesoldung verschlechtern. Man mag dazu stehen, wie man will: Ein

Kapitaleinkommen muss auch zur Sozialversicherung beitragen

erheblicher Teil der zusätzlich erzielten Sozialversicherungsbeiträge müsste durch einen höheren Beamtensold – also mit Steuergeld – ausgeglichen werden.

Was die Lebensarbeitszeit angeht, werden wir flexibler auf unterschiedliche Lebensentwürfe und unterschiedliche Anforderungen des Berufslebens reagieren müssen. Die einen wollen und können im Alter noch einem Beruf nachgehen, anderen sind die spezifischen Belastungen ihres Arbeitsalltags altersbedingt nicht mehr zuzumuten. Und je weiter sich die Gesellschaft teilt in die einen, die ihr Geld mit Arbeit verdienen, und die, die ihr Geld für sich arbeiten lassen, desto dringender wird es, Kapitaleinkünfte stärker an der Finanzierung allgemeiner Aufgaben einschließlich der Absicherung gegen Lebensrisiken zu beteiligen. Vor allem aber müssen wir darauf vorbereitet sein, dass die Digitalisierung vielleicht doch nicht – wie in optimistischen Szenarien vorausgesagt – im Saldo sofort zu mehr Arbeitsplätzen führt. Auf jeden Fall wird es durch das Eigentum an Robotern und künstlicher Intelligenz, die zunehmend menschliche Arbeit ersetzen, eine veränderte Verteilung der Einkommen aus Arbeit und Kapital geben. Damit werden sich Einkommen auch regional und global anders verteilen – und die Einkommens- und Vermögenskonzentration wird sich noch weiter erhöhen. Die Arbeitnehmerin und der Arbeitnehmer, die heute noch in einer inländischen Fabrik einen Arbeitsgang ausführen, wohnen in der Regel auch im Inland und zahlen hier ihre Steuern. Der Eigentümer eines hier arbeitenden Roboters kann gut und gern auf den Jungferninseln leben oder zumindest dort gemeldet sein. Ohne entschlossenes Gegensteuern würde sich die Last der Finanzierung des Gemeinwesens immer weiter auf das schrumpfende Einkommen aus Arbeit und Konsum – und damit auf Otto Normalverbraucher – konzentrieren. Das stellt uns vor neue Anforderungen an die Finanzierung der Sozialversicherung, aber auch an die Einnahmenerzielung über Steuern.

*

Die Mehrwertsteuer bewirkt das Gegenteil von Steuerprogression. Sie wirkt regressiv und macht bei einem kleinen Einkommen einen höheren Anteil aus als bei dem eines Millionärs. Daran ändert auch die Aufspaltung des Steuersatzes in 7 und 19 Prozent nur wenig. Die ursprüngliche Absicht, mit einem ermäßigten Steuersatz die Grundversorgung geringer zu besteuern und so die Belastung von Kleinverdiener-Haushalten zu senken, ist durch den bereits beschriebenen Wildwuchs an Ausnahmeregelungen über die Jahre pervertiert worden. Heute werden grob gerechnet rund 60 Prozent der Umsätze mit dem vollen und 40 Prozent mit dem ermäßigten Umsatzsteuersatz belastet. Zu den Steuereinnahmen tragen die Umsätze mit vollem Steuersatz rund 80 Prozent, die mit ermäßigtem zu 20 Prozent bei.

Niemand bestreitet ernsthaft, dass die Ausnahmen auf den Prüfstand gehören. Aber wer kein Traumtänzer ist, weiß, dass sie nur in wenigen Fällen wieder rückgängig zu machen sein werden. Jede Branche wird ihre Privilegien mit Zähnen und Klauen verteidigen und parteiübergreifend Unterstützung aus den Wahlkreisen und Ländern erhalten, in denen ihre Beschäftigten arbeiten.

Das würde erst recht für die Idee der Wirtschaftsforscher des Essener RWI-Instituts gelten, die die vollständige Abschaffung des ermäßigten Mehrwertsteuersatzes vorschlagen. 16,7 Prozent unterschiedslos auf alles würden für den Staat zu gleich hohen Einnahmen führen wie heute. Mit diesem Vorschlag fällt das RWI nicht zum ersten Mal als ein wissenschaftlicher Ratgeber auf, der eine weitere Umverteilung von unten nach oben offenbar für unbedenklich hält. Die Haushalte mit den niedrigsten Einkommen würden nämlich gegenüber dem Status quo bei circa 70 Euro Mehrausgaben im Jahr zu schultern haben, so die Essener Wissenschaftler.[6] Der Rat, die Mehrausgaben für Kleinverdiener durch eine Erhöhung des steuerlichen Grundfreibetrags aus-

---

[6] 16,7 Prozent Mehrwertsteuer auf alle Umsätze wäre transparenter und effizienter, RWI-Pressemitteilung vom 10.09.2014

zugleichen, geht indessen vollkommen am Ziel eines Ausgleichs für die Schwächsten vorbei, denn die liegen schon jetzt unter der Grundfreibetragsgrenze und zahlen gar keine Steuern. Genau diese Gruppe wäre dann die einzige, die für den Wegfall des ermäßigten Mehrwertsteuersatzes nicht einmal teilweise entschädigt würde. Die Kleinverdiener wären die Dummen.

Anders wäre es, wenn die Mehrwertsteuer insgesamt gesenkt würde. Die Folgen wären allerdings schwerwiegend. Mit jedem Mehrwertsteuer-Prozentpunkt weniger würden die staatlichen Einnahmen um mindestens 13 Milliarden Euro abnehmen. Theoretisch käme das aber wenigstens überproportional denen zugute, die nichts oder eher wenig verdienen. Wenn wir uns allerdings daran erinnern, dass die Senkung der Mehrwertsteuer für Hotels oder der niedrigere Steuersatz für Drive-in-Gastronomie gar nicht beim Kunden angekommen ist, lässt das nichts Gutes erwarten. Man müsste dann schon mit der Steuersenkung ein mehrwöchiges Preissteigerungsmoratorium erwirken. Alle Anbieter müssten zunächst die Preise um die Steuersenkung herabsetzen, damit in einem hinreichenden zeitlichen Abstand deutlich würde, wenn der Handel die Steuersenkung für sich vereinnahmt. Das wäre in der Tat ein ungewöhnlicher Schritt.

Mehrwertsteuersenkung hätte nur Sinn, wenn sich auch bei den Verbrauchern ankäme

*

Eine gerechte Reform der Einkommen- und Mehrwertsteuer und damit der beiden großen Blöcke des gesamtstaatlichen Steueraufkommens hätte unausweichlich sinkende Staatseinnahmen in großem Umfang zur Folge. Wenn diese Mindereinnahmen nicht zulasten des gesellschaftlichen Zusammenhalts und der Zukunft unseres Landes gehen sollen, müssen Mega-Vermögen und Mega-Erbschaften einen höheren Beitrag leisten. Zukunftsinvestitionen dürfen nicht von einem Glücksfall der Konjunktur abhängig sein.

Ob das Gegensteuern am besten durch die Reaktivierung der Vermögensteuer[7], eine konsequente Re-Novellierung der Erbschaftsteuer oder eine deutlich höhere Besteuerung sehr hoher Einkommen oder durch eine Mischung der drei Ansätze zu bewerkstelligen ist, bedarf eingehender Analysen und verantwortungsvoller Entscheidungen.

Die Debatte über eine Wiederbelebung der Vermögensteuer und eine wirklich gerechte Reform der Erbschaftsteuer ist nicht zu Ende

Niemand kann ernsthaft wollen – und niemand wollte es in den Verhandlungen über die Erbschaftsteuer –, dass unsere mittelständischen Unternehmen durch eine unangemessene Steuerforderung in ihrer Entwicklung beeinträchtigt oder sogar in ihrer Existenz gefährdet werden. Ich war viele Jahre meines Lebens Wirtschaftsförderer – als Wirtschaftsstaatssekretär in zwei Bundesländern und als Wirtschaftsdezernent in der viertgrößten deutschen Stadt Köln. Meine Gesprächspartner aus dieser Zeit und auch danach wissen, dass mir die Bedeutung des Mittelstandes für den Erfolg der deutschen Wirtschaft sehr bewusst ist. Es ging und es geht auch weiterhin um eine Güterabwägung: Auf der einen Seite steht die – wie nicht nur ich finde – berechtigte Erwartung an Erben, die das Glück hatten, in eine reiche Unternehmerdynastie hineingeboren worden zu sein, einen angemessenen Beitrag an die Allgemeinheit zu leisten. Dagegen steht das Interesse, die Dynamik unserer mittelständischen Wirtschaft nicht zu beschädigen. Auch das liegt im Interesse der Allgemeinheit. Daraus aber den Schluss zu ziehen, dass jeder Euro Erbschaftsteuer eine inakzeptable Zumutung und der drohende Tod ihres Unternehmens sei, ist skurril. Denn man kann die Steuerschuld ohne Weiteres zeitlich so verteilen, dass beides geht: der Verpflichtung für unser Gemeinwesen gerecht zu werden und die Entwicklung des Unternehmens nicht zu gefährden.

---

7 Siehe dazu verschiedene Vorschläge in der o. a. Stellungnahme von Katja Rietzler für die Bremische Bürgerschaft, IMK policy Brief, Februar 2018

Die Vergangenheit hat im Übrigen oft genug gezeigt, dass steuerfreies Erben eines Unternehmens lange noch keine Bestandsgarantie bedeutet. Ich kenne aus eigenem Erleben eine Reihe von Erben und Erbengemeinschaften, denen die lange Firmentradition nicht gerade eine Verpflichtung war, ihre Kräfte auch für die Zukunft des steuerfrei ererbten Unternehmens einzusetzen. Sie wollten weder Erbschaftsteuer zahlen noch unternehmerische Verantwortung übernehmen. Die Möglichkeit, ein traditionsreiches Familienunternehmen an einen Hedgefonds oder global agierende Wettbewerber zu verkaufen, hat manche Erben, nicht selten Erbengemeinschaften, den verantwortlichen Umgang mit der Aufbauleistung der Vorfahren schnell vergessen lassen. Es gibt eben auch bei Unternehmenserben solche und solche. Das darf bei einem etwaigen Entgegenkommen des Staates nicht außer Betracht bleiben.

Die allermeisten Familienunternehmer wissen, dass ein Unternehmen nur in einer intakten Gesellschaft Erfolg haben kann, und viele sehen die Erbschaftsteuer als sinnvollen Beitrag dazu. Ich habe viele Gespräche mit Unternehmenseigentümern geführt, die hinter verschlossenen Türen einen Beitrag ihrer Erben zur Finanzierung unseres Gemeinwesens für absolut in Ordnung hielten. Vor den Türen meldeten sich dann aber vor allem die oft nicht ganz uneigennützigen Lobbyisten zu Wort und erreichten am Ende eine Lösung, die dem Auseinanderdriften der Gesellschaft nicht wirklich entgegenwirkt.

Es gibt also gute Gründe, das Thema auf der Agenda zu halten – denn es gibt viel mehr Spielraum, gerechte Besteuerung und Verantwortung für familiengeführte Unternehmen zusammenzubringen, als das im novellierten Erbschaftsteuerrecht der Fall ist. Die im Abstand von zehn Jahren quasi uneingeschränkte Wiederholbarkeit von Schenkungen passt jedenfalls nicht in ein gerechtes Steuerkonzept. Und dass nur der vollständige Steuererlass und nicht auch eine zumutbare Stundung der Steuerschuld möglich sein soll, ist nicht einzusehen.

Handlungsbedarf bei der Erbschaftsteuer müsste für jeden auf der Hand liegen, der die Fliehkräfte in der Gesellschaft nicht vollkommen ignoriert. Das gilt auch für eine seriöse Diskussion über die Vermögensteuer. Nur zur Erinnerung sei gesagt, dass die Vermögensteuer 1996 – im Jahr vor ihrer Aussetzung – noch 4,6 Milliarden Euro und damit 1,1 Prozent zum Steueraufkommen beitrug. Auf heutige Verhältnisse übertragen wären das immerhin über 8 Milliarden Euro.

Nordrhein-Westfalen hatte schon vor der Bundestagswahl 2013 ein Konzept dafür vorgelegt, wie die seit 1997 ruhende, aber nicht abgeschaffte Steuer auf Millionenvermögen reaktiviert werden kann. Dabei würde es nicht um die Vermögensbesteuerung der »Mitte« gehen, auch nicht der oberen Mitte. Es ginge lediglich um eine stärkere finanzielle Beteiligung des oberen Prozents, das über ein Drittel des gesamten Nettovermögens privater Haushalte in Deutschland verfügt. Es ginge um Vermögen von über einer Million Euro im Fall eines Singles und über zwei Millionen Euro bei Ehepartnern bei einem Steuersatz von einem Prozent. Verheiratete mit einem Vermögen von 10 Millionen Euro hätten dann gerade einmal 80.000 Euro im Jahr zu zahlen. Trotzdem wäre damit ein Volumen von 10 Milliarden Euro pro Jahr zu generieren, das für Investitionen zur Verfügung stehen könnte, die allen – auch den Vermögenden – nutzen würde.

*

Es sei noch einmal festgehalten: Die Maßgabe, dass Einkommen in Deutschland nach der Leistungsfähigkeit progressiv besteuert wird, ist – wenn sie denn konsequent durchgesetzt wird – ein wichtiger Baustein für eine gerechte Verteilung der finanziellen Lasten, die ein handlungsfähiger Staat mit sich bringt. Daran gemessen zeigt unser vom Grundsatz her passables Steuerrecht enormen Renovierungsbedarf, wie die letzten Seiten gezeigt haben. Es ist wie ein Haus, das im Kern in Ordnung ist, aber über die

Jahre durch An- und Umbauten nicht nur unnötig unübersichtlich geworden ist, sondern auch extrem undicht. Die suboptimalen Umbauten und undichten Stellen sind ganz überwiegend die Folge massiver Einflussnahme von Interessenvertretern mit gutem Zugang zu den Entscheidungsträgern. Dabei haben die Hausherren das Heft des Handelns oft leichtfertig aus der Hand gegeben und sich Sachzwänge einreden lassen. Die daraus folgenden Zugeständnisse hatten fast immer die gleiche Konsequenz: eine besonders hohe Entlastung besonders hoher Einkommen und Gewinne und eine noch stärkere Konzentration von Vermögen in der Hand weniger Personen und Unternehmen.

Das Haus muss entrümpelt werden

Wenn wir den gerechten Kern des deutschen Steuersystems wieder zur Geltung bringen wollen, dann muss das Haus ordentlich entrümpelt werden. Die Umbauten, die dazu geführt haben, dass der Gedanke eines mit steigendem Einkommen steigenden Steuersatzes für die höchsten Einkommens- und Vermögensregionen Stück für Stück verwässert wurde, gehören allesamt auf den Prüfstand.

4. Steuerpolitik in einer sich ändernden Welt

Einfach zu den alten Regeln zurückzukehren, würde aber nicht zwangsläufig zu den Steuerwirkungen wie vor Jahrzehnten führen. Dazu hat sich im Lauf der Zeit viel zu viel verändert. Heute gibt es ungleich mehr Möglichkeiten, jede nur denkbare Lücke zu nutzen, um Geld an nahezu jeden Ort der Welt zu verschieben. Die Rasanz, mit der Produktion und Dienstleistung durch die Digitalisierung weltweit verknüpft werden, war am Beginn des Jahrtausends erst in Ansätzen erkennbar. Heute sind die Strukturen der realen und besonders der virtuellen Wirtschaft vollkommen andere. Das hat für die internationalen Geschäftsbeziehungen, für Investments, Produktion und Zahlungsverkehr viele Vorteile mit sich gebracht. Aber auch die Hemmungslosigkeit, von Finanzkonstruktionen Gebrauch zu machen, die mit realer Wirtschaft nichts zu tun haben und die den Geist nationaler Gesetze auf den Kopf stellen, erreicht immer neue Dimensionen. Die Finanzskandale und Bankenkrisen, die wir zwischenzeitlich erlebt haben, haben die Jongleure an den Finanzmärkten nicht davon abgehalten, schnell wieder in die gewohnte Spur zu kommen und neue Dienstleistungen anzubieten, mit denen private und unternehmerische Global Player sich ihrer finanziellen Mitverantwortung entziehen können. Das Ganze geschieht in einem internationalen Umfeld, das sich leider nicht durch Weitsicht und Solidarität der Staatengemeinschaft auszeichnet.

Gemeinsames Handeln der Staaten wäre wichtiger denn je

Dabei wäre gemeinsames Handeln in einer Weltwirtschaft, in der Raum und Zeit auf einen Punkt zusammengeschrumpft sind, wichtiger denn je. Heute kann ein Anbieter von China aus in Deutschland agieren, als wenn er vor Ort anwesend wäre. Google, Facebook und andere wiederum machen ihren Gewinn gar nicht mit den Leistungen, die sie primär ihren Hunderten von Millionen Nutzern anbieten, sondern mit der Schaltung von Werbung und dem Verkauf von Nutzerprofilen. Wie veranlasst man diese Giganten, ihre Wertschöpfung dort zu versteuern, wo sie wirklich entsteht? Die »Betriebsstätte«, an der die Wertschöpfung erfolgt, muss völlig neu definiert werden. Das geht tatsächlich nur in sehr beschränktem Umfang in nationalen Alleingängen.

Eine Lösung dafür, wie wir zu der Regel zurückkehren können, dass Steuern dort gezahlt werden, wo die Wertschöpfung erfolgt, könnte darin liegen, die Besteuerung global agierender Konzerne, die nennenswerte Umsätze im digitalen Geschäft machen und deren Standorte dadurch praktisch frei bestimmbar sind, künftig am Umsatz und nicht am Gewinn festzumachen. Solange Unternehmen ihre konzerninternen Verrechnungspreise quasi nach Gutdünken festlegen können, sagt der in einem Staat ausgewiesene Gewinn überhaupt nichts mehr darüber aus, wo die Wertschöpfung eines Unternehmens tatsächlich stattgefunden hat. Vor allem dann nicht, wenn der Nachweis darüber, wie Umsätze, Gewinne und Steuerzahlungen eines Konzerns weltweit verteilt sind (»Country-by-Country-Reporting«) nicht oder nur lückenhaft gewährleistet ist, von Staat zu Staat unterschiedlich gewissenhaft durchgesetzt wird und es nicht einmal zwischen den EU-Mitgliedstaaten eine allgemeingültige Vereinbarung darüber gibt, wie Unternehmensgewinne überhaupt ermittelt werden.

Den Umsatz anstelle der Gewinne zur Besteuerungsgrundlage zu machen und die Steuersätze entsprechend zu senken, ist zugegebenermaßen eine Hilfskonstruktion. Sie folgt dem Gedanken, wie ich ihn schon bei der Einkommensteuer vorgeschlagen habe: Die gewinnmindernden Abzüge vom Bruttoeinkommen – im Fall eines Unternehmens der Umsatz – werden für einzelne Branchen praktisch pauschaliert. Bei einer durchschnittlichen Umsatzrendite einer Branche von 20 Prozent entspräche ein Steuersatz von 5 Prozent auf den Umsatz einem Steuersatz von 25 Prozent auf den Gewinn. Es lässt hoffen, dass die EU auf diesem Feld Anfang 2018 in die Offensive gegangen ist und für die globale Digitalwirtschaft über eine Umsatzbesteuerung von zumindest schon einmal 3 Prozent nachdenkt. Leider liegen zwischen den Vorschlägen der EU-Kommission und der Zustimmung durch die Mitgliedstaaten erfahrungsgemäß Welten.

*

Aber auch für den Deutschen Bundestag gäbe es genug zu tun. Wenn innerhalb Deutschlands Gewerbesteuer-Oasen im Zusammenspiel mit Unternehmen ähnlich agieren, wie es die Niederlande, Irland, Malta oder Großbritannien im internationalen Raum tun, dann müssen wir die Frage nach einer angemessenen und fair verteilten Unternehmensbesteuerung auch innerhalb Deutschlands auf die Tagesordnung nehmen. Das Gewerbesteueraufkommen deutscher Kommunen ist heute extrem ungleich verteilt und korrespondiert vielerorts schon lange nicht mehr mit der Präsenz von – vor allem

Die rasante Veränderung des globalen Wirtschaftens braucht eine schnelle und flexible Steuerpolitik

großen – Unternehmen vor Ort. Die Kommunen bräuchten eine stabile Steuereinnahme, die nicht gerade dort zu einer Mehrbelastung der Wirtschaft führt, wo sie am schwächsten vertreten ist. Auch die Gewerbesteuer ließe sich auf eine breitere Grundlage stellen, indem mehr Wirtschaftsakteure in die Gewerbesteuerpflicht einbezogen und interkommunale Gewinnverschiebungen verhindert werden. Das haben die Grünen schon in ihrem Bundestagswahlprogramm 2013 sehr konkret gefordert.[1]

Wir stehen vor vielen neuen Umbrüchen. Im Zusammenhang

---

[1] Bündnis 90/Die Grünen: Bundestagswahlprogramm 2013, Kapitel D. Besser haushalten

mit Überlegungen für eine breitere Beteiligung an der Sozialversicherung habe ich bereits die Frage gestellt, wie sich die Digitalisierung auf die Verteilung der Arbeit und der Einkünfte aus Arbeit und Kapital auswirken wird, und darauf hingewiesen, dass sich infolgedessen auch die Besteuerung auf Arbeit und Kapital in Zukunft ganz anders verteilen wird. Ist die Besteuerung von Robotern[2], wie sie Frank Appel, der Chef der Post AG, vorgeschlagen hat, ein möglicher Ansatz? Oder ist das auch schon wieder überholt, weil künstliche Intelligenz nicht nur in real existierenden Robotern steckt, wie wir sie beispielsweise aus der Automobilproduktion kennen, sondern auch in sich selbst weiterentwickelnder Software für Produktionsabläufe und Dienstleistungen, für deren Einsatz gar kein Roboter im herkömmlichen Sinne nötig ist? Wie stellen wir unter diesen Bedingungen eine solide und gerechte Finanzierung unseres Gemeinwesens sicher?

Eines wird im Zeitalter der Digitalisierung jedenfalls genauso gelten wie in der Phase der Industrialisierung: Auch in Zukunft muss der Staat Bedingungen schaffen, damit die Teilhabe aller am Wohlstand möglich ist. Das setzt einen handlungsfähigen Staat voraus, und Handlungsfähigkeit kostet Geld.

Wie die Industrialisierung wird auch die Digitalisierung nicht per se für alle zu einem steigenden Wohlstand und zu Freiheit, Gerechtigkeit und Sicherheit beitragen. Dazu sind staatliche Handlungsfähigkeit und politischer Handlungswille nötig. »Digitalisierung first – Bedenken second« – einer der Slogans, mit dem die FDP im Bundestagswahlkampf 2017 warb – beschreibt die Geisteshaltung, in uneingeschränktem Vertrauen auf »die« Märkte einfach alles laufen zu lassen. Wie wir inzwischen wissen, hat der Datenskandal um Facebook und Cambridge Analytica manchem Oberliberalen zu denken gegeben. Wer in diesem Spiel

> **Auch im Zeitalter der Digitalisierung ist Gerechtigkeit kein Auslaufmodell**

---

2 Post-Chef will die Arbeit von Robotern besteuern, in der *Welt,* 10.7.2016

die Gewinner und wer die Verlierer sind, lässt sich leicht ausmalen. Wer jede Folgenabschätzung verweigert, legt den Grundstein für die nächste Krise. Es geht weder um »Bedenken second« noch um Vorrang für Bedenkenträger. Es geht um einen öffentlichen Diskurs, um verantwortlich handelnde Politik, um einen handlungsfähigen Staat und damit um die angemessene Einbeziehung der digitalen Wirtschaft in das Steuersystem.

Anders als in der Frühphase der Industrialisierung geht es im Zeitalter der Digitalisierung allerdings nicht nur um einzelne Staaten, sondern um die Staatengemeinschaft. Wenn es nicht zu einer global abgestimmten Steuerpolitik kommt – und danach sieht es leider nicht aus –, dann muss sich wenigstens Europa auf seine eigenen Stärken besinnen. In diesem Europa haben es die großen Mitgliedstaaten, allen voran Deutschland und Frankreich, in der Hand, mit gutem Beispiel voranzugehen. Das funktioniert aber nur, wenn auch sie ihre Hausaufgaben machen und es ihnen gelingt zu zeigen, dass am Ende eine Win-win-Situation für die Menschen in allen Mitgliedstaaten steht.

VI. Steuergerechtigkeit braucht eine starke Lobby

1. Mangelnde Sattelfestigkeit macht geschmeidig

Warum führten Korrekturen an unserem Steuersystem in der Vergangenheit fast immer zu besonders hohen Entlastungen bei den besonders Vermögenden und den besonders gut Verdienenden? Dass sie über größere Möglichkeiten verfügen, Steuerschlupflöcher zu nutzen, wissen wir bereits. Auch, dass ihnen eine bestens organisierte Lobby zur Seite steht, die den notwendigen öffentlichen und nicht öffentlichen Druck auf den Gesetzgeber erzeugt.

Aber warum haben sie damit auch bei Politikerinnen und Politikern Erfolg, die sich mehr Steuergerechtigkeit auf ihre Fahnen geschrieben haben? Nach Jahren intensiver Auseinandersetzung mit dieser Frage glaube ich, eine Antwort darauf zu wissen.

Für politisch Handelnde ist die staatliche Ausgabenseite wesentlich interessanter als die Frage, woher das Geld dafür kommt. Das ist nicht überraschend. Wer in die Politik geht, hat eine Mission, will etwas bewegen. Die meisten konzentrieren sich früher oder später auf ein Fachgebiet: Bildung, Infrastruktur, Soziales, Gesundheit, Wohnungsbau, Sicherheit, Wirtschaft, Umwelt, Kultur etc. etc. Allen ist gemeinsam, dass sie für die Verwirklichung der gesteckten Ziele Geld brauchen, meistens viel Geld. Auf der Verwendungsseite spielt die Musik. Da wird Politik greifbar. Da begegnet Politik den Erwartungen der Bürgerinnen und Bürger an den Staat.

Politik findet vorwiegend auf der Ausgabenseite statt

Für die meisten Politiker stellt sich die Frage nach der Gerechtigkeit deshalb vor allem dann, wenn es darum geht, wofür der Staat die Steuereinnahmen ausgibt. Der Grad sozialer Gerechtigkeit misst sich etwa daran, was für Familien, für Bildung, für Rente, Betreuung, für bezahlbaren Wohnraum oder den sozialen Arbeitsmarkt ausgegeben wird und wem wie viel zugutekommt. Wir wissen zum Beispiel, dass wir mehr Geld in die Bildung stecken sollten, weil sie das A und O für wirtschaftlichen Erfolg, für Integration und gesellschaftlichen Zusammenhalt ist. Es ist das Ergebnis so gut wie jeder Umfrage, dass die Menschen sich für mehr Lehrer, mehr Polizisten, bessere Bezahlung des öffentlichen Dienstes, für schnelles Internet in allen Regionen und für bessere Schulen und Straßen aussprechen.

Mit der Einnahmenseite staatlicher Haushalte beschäftigen sich die wenigsten Politiker gern. Einnahmen des Staates sind »Lasten« für Unternehmen und Bürger. Damit kann man schlecht bei den Wählerinnen und Wählern punkten – es sei denn, man verspricht eine Entlastung wie im Zusammenhang mit der schon beschriebenen steuerlichen Absetzbarkeit oder in Form einer allgemeinen Steuersenkung.

Diese Fixierung der Politik auf ein Mehr an Ausgaben und ein Weniger bei den Einnahmen hat eine Kehrseite. Bis auf ein paar Dutzend leidgeplagter Haushaltspolitiker beschäftigen sich die meisten Politiker nur ungern mit der Frage gerechter Einnahmeerzielung. Die Materie ist ihnen unangenehm – und ganz nebenbei auch zu trocken. Je weniger fundiert aber das Wissen über die Wirkung steuerpolitischer Entscheidungen ist, desto geschmeidiger wird man im Umgang mit den massiv auftretenden Interessenvertretern des großen Kapitals.

Korrekturen am Steuersystem vorzunehmen mit dem Ziel, der gesellschaftlichen Spaltung entgegenzuwirken und dafür einem Teil der Steuerzahler einen höheren Beitrag zuzumuten, ist besonders schwierig, wenn die einen sie nicht wollen und den anderen der Mut fehlt, heiße Eisen anzupacken. Wer regieren will, muss fürchten, als Steuererhöher an den Pranger gestellt zu werden – auch dann, wenn er beteuert, dass es ausschließlich um eine angemessen stärkere Beteiligung hoher Vermögen und hoher Einkommen geht. Die Sorge, man könne selbst dazugehören, zieht sich bis in Wählerkreise hinein, die mit einem monatlichen Haushaltseinkommen von 10.000 Euro oder einem Vermögen in Millionenhöhe nicht im Entferntesten etwas zu tun haben. Die Beeinflusser des Meinungsklimas haben ganze Arbeit geleistet.

*

Die Sorge, eine Angriffsfläche für einen Verriss durch die Gegenseite zu bieten, führt deshalb immer wieder dazu, dass die Forderung nach einer gerechteren Steuerpolitik schnell aufgegeben wird. Die Angst vor Gegenwind ist nun einmal umso größer, je weniger sattelfest man in einem noch dazu komplizierten Sachgebiet ist. In Kreisen der Finanzpolitikerinnen und Finanzpolitiker gipfelt das gelegentlich in einem etwas genervten Urteil über die Parteispitzen und Regierungschefs. Ich erinnere mich an den leicht resignierten Tonfall eines Finanzministerkollegen, der nach einer intensiven Steuerdebatte unter Fachkollegen sagte: **Vom dünnen Eis hält man sich lieber fern** »Wir haben jetzt alles vorwärts und rückwärts durchdekliniert. Unsere Arbeit ist getan. Jetzt können wir das Resultat guten Gewissens an die Regierungschefs abgeben, die dann frei von störendem Sachverstand entscheiden können ...« So wurde manch ausgefeiltes Konzept auf den letzten Metern einem schlechten Kompromiss geopfert oder zumindest weichgespült.

Die Generalisten an der Spitze haben großen Bammel davor, den unseriösen, aber geschickt formulierten und einleuchtend klingenden Parolen ihrer Gegenspieler in Talkshows oder Spitzengesprächen nicht standhalten zu können. Ein so kompliziertes Thema wie Steuern lassen sie dann lieber weg.

Die ungleiche Kräfteverteilung zwischen der Lobby des Geldes und den Vorkämpfern für eine gerechte Finanzierung unseres Gemeinwesens hat sich bis heute nicht geändert. Die Haltung der SPD im Vorfeld der beiden Bundestagswahlen 2013 und 2017 ist dafür geradezu ein Exempel. Auch bei den Grünen und den Gewerkschaften war Ähnliches zu beobachten. Rund ein Jahr vor den Wahlen gab es jeweils vollmundige Ankündigungen, die ungerechte Lastenverteilung bei den Einnahmen des Staates anzupacken und zu ändern. 2013 forderten die Sozialdemokraten zum Beispiel die Wiederanhebung des Spitzensteuersatzes auf 49 Prozent ab 100.000 Euro für Singles und 200.000 Euro für Verheiratete. Zusätzlich wurde zwar keine Abschaffung, dafür aber eine Erhöhung der pauschalen Abgeltungssteuer auf Kapitalerträge von 25 auf 32 Prozent gefordert. Außerdem war die Wiedereinführung der Vermögensteuer »auf einem angemessenen Niveau« geplant.[1] Mit näher rückendem Wahltermin wurde es immer stiller um das steuerpolitische Konzept des SPD-Kanzlerkandidaten Peer Steinbrück – auch deshalb, weil es der geballten Macht der Lobby Besserverdienender wieder gelungen war, die SPD als Steuererhöhungspartei für »die Mitte« dastehen zu lassen. Die Grünen traf dieser Vorwurf noch härter, weil sie sich angemaßt hatten, Singles mit mehr als einem zu versteuernden Jahreseinkommen von 60.000 Euro – das sind immerhin mehr als 70.000 Euro brutto – als Besserverdienende zu betrachten. Nach der Wahl 2013 war es nicht nur für Konservative und Neoliberale klar, dass die Steuerkonzepte der Grund für das schlechte Abschneiden von SPD und Grünen waren, die Spitzen der beiden Parteien nahmen die Interpretation selber bereitwillig an. (Dass die FDP mit der Forderung nach Steuersenkungen 2013 an der Fünfprozenthürde gescheitert war, wurde seltsamerweise erst gar nicht hinterfragt.)

Bei dieser Sichtweise war es kein Wunder, dass die SPD in den Koalitionsverhandlungen des Jahres 2013 der rigiden Abwehrhaltung von CDU und CSU gegen jede Form einer höheren Besteuerung hoher Einkommen und Vermögen nur mit sehr begrenzter Energie begegnete. Und obwohl es der Verhandlungsgruppe

---

1 Das Wir entscheidet. SPD-Regierungsprogramm 2013–2017

»Finanzen« gelungen war, Steuererhöhungen für Top-Einkommen wenn schon nicht zu vereinbaren, so wenigstens auch nicht auszuschließen, schien selbst dieser bescheidene Erfolg schnell vergessen. Aus der SPD-Führung hieß es anschließend immer wieder, mit CDU und CSU seien Steuererhöhungen ausgeschlossen worden. Dazu stand im Koalitionsvertrag von 2013 in Wahrheit nicht ein einziger Satz, der das belegt hätte. Fakt ist, dass es auf hoher Ebene vier Jahre lang keinen Versuch mehr gab, die Versprechen des Wahlprogramms überhaupt noch einmal anzusprechen. Für CDU und CSU war es in den Koalitionsverhandlungen des Jahres 2018 also absolut Erfolg versprechend, für die neue Legislaturperiode den ausdrücklichen Verzicht auf jegliche Steuererhöhung zu fordern. So steht es nun auch im Koalitionsvertrag. Wer meint, es hätte auch vorher schon gegolten, merkt gar nicht, dass in Wahrheit eine Position aufgegeben wurde – nämlich die im SPD-Wahlprogramm angekündigte stärkere Beteiligung großer Vermögen und großer Einkommen.

Keine Steuererhöhung! Das klingt erleichternd, aber es hat einen Haken. Nicht nur eine angemessene Besteuerung von Mega-Erbschaften und Mega-Vermögen, sondern auch die Schließung heute noch legaler Steuerschlupflöcher wäre für diejenigen, die Gebrauch davon machen, eine Steuererhöhung. Schon in den Verhandlungsrunden des Jahres 2013 war etwa für den heutigen bayerischen Ministerpräsidenten Markus Söder jeder Abbau unsinniger Steuersubventionen eine inakzeptable Steuererhöhung. Wenn es demnächst um konkrete Vorstöße gegen Steuerflucht geht, die ja auch im Koalitionsvertrag angekündigt werden, ist Streit also schon absehbar.

*

Meine Schlussfolgerung aus diesen Erfahrungen ist, dass ein wirklich standhafter Einsatz für angemessene Steuerbeiträge von Global Playern und Top-Verdienern nur in einem öffentlichen Meinungsklima zu erwarten ist, das diesen Einsatz fordert. Die

Konfrontation mit der Finanzlobby muss auf dem Feld der öffentlichen Debatte erfolgen. Solange allein die Lobby des Geldes das öffentliche Meinungsklima bestimmt, werden sich die politisch Handelnden an grundlegende Korrekturen des gesellschaftlichen Ungleichgewichts mehrheitlich nicht herantrauen.

Eine Episode aus dem Bundestagswahlkampf 2017 beschreibt das sehr eindrücklich. Als Martin Schulz 2017 zum Kanzlerkandidaten gekürt wurde, war der Fokus noch ganz darauf gerichtet, dass in Deutschland nicht reich wird, wer viel arbeitet, sondern wer viel erbt und viel zockt. Ein knappes Jahr vor der Bundestagswahl hatte der Kandidat die gesellschaftliche Ungleichheit und mangelnde Gerechtigkeit mit großer Resonanz auf die Tagesordnung gesetzt. Wenig später setzte wieder die massive Interessenpolitik derer ein, die ihre Privilegien mindestens verteidigen, ja besser noch ausbauen wollen. Und siehe da: Die steuerpolitischen Positionen wurden zunehmend unschärfer. Die Beobachtungen, die Markus Feldenkirchen nach seiner mehrmonatigen Begleitung des Kanzlerkandidaten im *Spiegel* veröffentlicht hat,[2] decken sich mit dem Eindruck, den ich als Mitglied der SPD-Arbeitsgruppe »Steuern« im Verlauf des Jahres 2017 gewonnen habe. Es war »der Apparat«, der den Kandidaten angesichts massiver Kampagnen gegen seine Person und seine Positionen auch nach innen abschottete und das Steuerthema weitgehend von der Agenda nahm, weil man Sorge hatte, gegen die Lobby der oberen Zehntausend nicht gewappnet zu sein. Und es war die Verunsicherung des Kandidaten selbst, die ihn davon abhielt, gegen internen und externen Widerstand bei einem ungemein wichtigen Thema zu bleiben, mit dem er glaubwürdig gestartet war. In Sachen konkreter Schritte für mehr Verteilungsgerechtigkeit hörte man die Luft im Verlauf des Wahlkampfes förmlich aus den aufgeblasenen Backen entweichen. Die

> **In der Steuerpolitik überwiegt die Angst vor der eigenen Courage**

---

2 Markus Feldenkirchen: Die Schulz-Story, *Spiegel*, 40/2017

Debatte über die Vermögensteuer wurde auf das nächste Jahr verschoben. Aus vielversprechenden Überlegungen, den Soli von einem West-Ost-Soli in einen neuen Generationen-Soli umzuwidmen und für die Sicherung des Altwerdens in Würde für alle zu überführen, wurde die Soli-Abschaffung auf Raten.

Als CDU, CSU und SPD die Möglichkeit einer Fortsetzung der Großen Koalition sondierten, fand sich im abschließenden Einigungspapier selbst von den bereits im Wahlprogramm abgespeckten Forderungen kaum etwas wieder. Die Steuerpolitik gehörte auch nicht zu den Themen, für die Nachverhandlungsbedarf in den Koalitionsverhandlungen angemeldet wurde. Einmal mehr bewies es sich, dass die Einnahmeseite nur dann interessant zu sein scheint, wenn es um ihre Kürzung geht. Neue Möglichkeiten der steuerlichen Absetzbarkeit hier, Umsatzsteuerbegünstigung dort. Die Frage, wie das Geld für politische Vorhaben gerecht eingenommen wird, ist in der DNA der meisten Politiker weit weniger verankert als die des gerechten Ausgebens.

2. Ohne gerechte Einnahmen keine gerechten Ausgaben

Gerechte Ausgabenpolitik geht nur, wenn das dafür erforderliche Geld auch gerecht eingenommen wird. Das lässt sich besonders gut am Beispiel der Abschaffung von Kita-Beiträgen und Studiengebühren illustrieren: Deren Finanzierung mit Steuergeld könnte die gerechteste Form der Finanzierung sein. Dann wären nämlich Unternehmensgewinne und hohe Einkommen angemessen an der Finanzierung beteiligt. Mehr noch: Die Finanzierung über Steuern würde nicht nur gewährleisten, dass starke Schultern mehr beitragen als schwache, sondern auch, dass auch kinderlose Steuerzahler und nicht nur Eltern die Investition in unsere gemeinsame Zukunft mitfinanzieren.

Wenn sich aber Top-Verdiener vor dem Steuerzahlen besser drücken können als Otto Normalverbraucher, wenn die Progression durch alle möglichen Varianten steuerlicher Abzugsfähigkeit und durch die Steuerreformen der Vergangenheit enorm abgeschmolzen ist und wenn stattdessen das Gewicht der Mehrwertsteuer zunimmt, die Kleinverdiener stärker belastet als Einkommensmillionäre, und wenn sich ganze Konzerne gar nicht mehr beteiligen, dann wird auch die Steuerfinanzierung öffentlicher Ausgaben ungerecht. Für die Kinder eines Top-Verdieners, der seine Einkommensteuern im Extremfall durch Übersiedlung in ein Nachbarland ganz umgeht, zahlen dann tatsächlich die Steuerzahler ohne Ausweichmöglichkeit die Kosten des Studiums an einer deutschen Universität. Deshalb ist die gerechte Gestaltung der Einnahmenseite eine zentrale Voraussetzung für gerechte Politik schlechthin.

Aber können Parteien es sich angesichts mehrheitlicher Zufriedenheit überhaupt erlauben, die Spaltung der Gesellschaft und die von ihr ausgehenden Gefahren für Demokratie und Zusammenhalt anzusprechen? Oder kann man nur dann auf das Vertrauen der Wählerinnen und Wähler hoffen, wenn man das Positive in den Vordergrund stellt und über Steuern besser gar nicht spricht? Kann man dem neoliberalen Standpunkt überhaupt widersprechen, dass es doch egal ist, wie reich die Reichen werden, wenn nur für die »kleinen Leute« genug dabei herausspringt?

Das kann man nicht nur, das muss man, weil die gesellschaftlichen Fliehkräfte die Abgehängten weiter zurückfallen lassen und die Mitte ausdünnen. Wer abgehängt oder verunsichert ist, ist umso empfänglicher für andere Spaltungsideologien, bei denen man sich ausmalen kann, auf der Gewinnerseite zu sein: »Alteingesessene gegen Zuwanderer« oder »Deutschland gegen den Rest der Welt«. Es ist eine irrige Annahme, dass das zur Überwindung sozialer Gräben führen könnte. Aber die Vereinfacher haben zurzeit Konjunktur. Mehr als Lust am Untergang haben sie noch nie zustande gebracht.

Die um sich greifende Neigung zur Abschottung ist eine Folge der gesellschaftlichen Fliehkräfte. Die Politik hat sie zwar immer wieder thematisiert, aber die wachsende Ungleichheit als Ursache immer wieder beiseitegeschoben und sich stattdessen lieber auf die gute Großwetterlage konzentriert. Sie hat zu wenig auf den Rand und auf die Gefahr geachtet, dorthin zu geraten. Menschen, die um auskömmliche Löhne, um bezahlbare Wohnungen und ein Altwerden in Würde fürchten, reagieren besonders sensibel, wenn sie den Eindruck gewinnen, dass sie angesichts der Krisen in anderen Teilen der Welt aus dem Blick geraten. Es ist höchste Zeit, dass der Staat dort massiv investiert, wo sonst Zusammenhalt, Stabilität und Demokratie akut gefährdet wären. Dafür brauchen wir zielgenaue und ausreichend ausgestattete Ausgabenprogramme; ihnen muss aber eine nachhaltige und gerechte Erhebung der dafür nötigen Einnahmen gegenüberstehen.

Es wäre ein folgenschwerer Fehler, sich darauf zu verlassen, dass die gute Konjunkturlage es erlaubt, Lösungen auf die lange Bank zu schieben. Weil die Gewinne vieler Unternehmen von Rekord zu Rekord eilen, weil die Einkommen besonders im oberen Bereich gewachsen sind, sprudeln die Steuerquellen in der Tat besonders stark. Das erlaubt es aber nicht, weiter so zu verfahren wie in alten Zeiten: mehr Gerechtigkeit und Zukunftssicherung ausschließlich zu einer Frage staatlicher Ausgaben oder staatlichen Einnahmeverzichts zu betrachten. Kaum jemand scheint aber sehen zu wollen, dass wir damit auf einen Riesenkonflikt zusteuern, der spätestens dann ausbrechen wird, wenn die Steuerquellen einmal aufhören zu sprudeln.

3. Plädoyer für mehr steuerpolitisches Basiswissen

Es wäre vollkommen unrealistisch, alle politischen Entscheidungsträger zu Steuer- und Finanzexperten zu machen. Das ist auch nicht notwendig. Es wäre aber enorm hilfreich, wenn allen, die es angeht, die tatsächliche Steuerbelastung der Bürgerinnen und Bürger und die tatsächliche Schieflage zumindest in groben Zügen bewusst wäre. Wie die Steuerbelastung der einzelnen Einkommensschichten wirklich aussieht, was ein mittleres Einkommen ist und wer tatsächlich von den Entlastungsvorschlägen profitiert, die die Lobby des Geldes »die Mitte« nennt, das wissen nicht nur die wenigsten Steuerzahler nicht, das wissen auch viele Politiker an entscheidender Stelle nicht. Und die, die es wissen, glauben, dass es der Rest der Welt sowieso nicht versteht und er Vorstöße für mehr Gerechtigkeit folglich auch nicht honoriert. Also bleibt alles beim Alten. Die Schere zwischen oben und unten öffnet sich weiter, hier und da eine kleine Korrektur, die am Ende aber weder den Missstand beseitigt noch dem wachsenden Unmut entgegenwirkt. Dringend notwendig ist deshalb, das Urteilsvermögen gegenüber denen zu schärfen, die ihre wahren Absichten hinter falschen Etiketten verbergen. Dazu wäre es dann doch hilfreich, wenn sich Politiker aller Fachgebiete etwas eingehender damit beschäftigen würden, wie die Eckdaten unseres Steuersystems wirklich aussehen und wo das Geld herkommt, das sie für ihre wirtschafts-, umwelt-, gesundheits-, bildungs-, sozial- oder verkehrspolitischen Vorhaben brauchen. Dann würden sie auch der Verteilungsgerechtigkeit auf der Einnahmenseite mehr Beachtung schenken.

Auch die Frage, wie die Bürgerinnen und Bürger unter dem erwartbar großen Theaterdonner der Gegenseite für den gerechten Umbau des Steuersystems gewonnen werden können, verdient wesentlich mehr Beachtung. Das alles sind enorm wichtige Bildungsaufgaben für den politischen Nachwuchs und nicht minder für das politische Establishment. Die Funktionsweise unseres Steuersystems ist aber auch eine Bildungsaufgabe für mündige Bürger. Sie muss in der Schule beginnen. Bürger und Politiker brauchen mehr Basiswissen über öffentliche Finanzen im Allgemeinen und Steuern, Abgaben und öffentliche Verschuldung im Besonderen.

Kurzum: Dass die wenigsten in die Politik gehen, weil sie sich dort mit Finanzfragen beschäftigen wollen, ist nachvollziehbar. Nicht nachvollziehbar ist, dass sie dann, wenn sie andere Schwerpunkte haben, nicht wenigstens eine haushalts- und finanzpolitische »Grundausbildung« absolvieren. Das würde manches erleichtern. Es würde zu mehr Standhaftigkeit gegenüber denen führen, die mit geschicktem Auftritt vor allem eines erreichen wollen: ihre Privilegien und die ihresgleichen zu sichern und wo eben möglich auszubauen.

Ich vertrete diesen Standpunkt aus langer eigener Erfahrung. Während der überwiegenden Zeit meines Berufslebens war ich Wirtschaftsförderer – mit Leib und Seele. Den Vorwurf der Wirtschaftsfeindlichkeit werden die Unternehmerinnen und Unternehmer, die mich kennen, nicht erheben – wohl aber werden sie berichten, dass ich nicht jeder Erwartung entsprochen habe, nur weil man mir einreden wollte, dass das wirtschaftliche Wohl und Wehe auf dem Spiel stehe, wenn nicht alle Wünsche der Wirtschaftsverbände erfüllt werden. Eine gerechte Gesellschaft und Wohlstand für möglichst viele Menschen geht einerseits nur mit wirtschaftlicher Dynamik und unternehmerischer Initiative, aber andererseits auch nur mit gut ausgebildeten, motivierten Arbeitskräften, guter Infrastruktur und einer Gesellschaft, die nicht auseinanderfällt. Niemand kann ernsthaft glauben, dass eine überreglementierte und gegängelte Wirtschaft für die In-

Der Sinn von Steuern ist erklärbar

novationen und die wirtschaftliche Dynamik sorgt, die ein Land wie Deutschland braucht, um sein Wohlstandsniveau zu halten und die Teilhabe daran auf eine breitere Basis zu stellen. Und niemand darf glauben, dass aus den Top-Etagen der Wirtschaft und ihren Interessenverbänden uneigennützige Ratschläge zur Steuerpolitik kommen. Es wäre eine hochgesteckte Erwartung, dass Unternehmen, die im harten Wettbewerb stehen und hohe Renditeerwartungen ihrer Shareholder erfüllen sollen, der Politik ausnahmslos Vorschläge machen, bei denen das Gemeinwohl über dem Streben nach einer Maximalrendite der Firma steht.

Der Mindestlohn ist ein Paradebeispiel dafür, dass Politikerinnen und Politiker Arbeitnehmerinteressen standhaft durchsetzen können und die Wirtschaft – anders, als von ihr vorher behauptet – daran nicht zugrunde geht, sondern am Ende selber davon profitiert. Wäre die Politik der Wirtschaft und den wirtschaftsnahen Forschungsinstituten gefolgt, hätten Millionen Geringverdiener trotz anstrengender Arbeit eine wesentlich kritischere Finanzlage – und viele Unternehmen noch höhere Gewinne.

Warum ging das in diesem Fall und warum ist Standhaftigkeit in Steuerfragen so schwer? An Themen, die die Arbeitswelt direkt betreffen, haben arbeitnehmerorientierte Politiker eine sehr ausgeprägte emotionale Bindung. Dort fühlen sie sich auf sicherem Terrain und lassen sich nichts vormachen. Beim Mindestlohn gab es mit den Gewerkschaften auch eine Gegenlobby zu den Unternehmerverbänden. Als anerkannte Tarifpartei mit verbrieften Rechten und Mobilisierungspotenzial haben sie großen Einfluss auf die Arbeitspolitik.

Bei Steuern ist das anders. Da gerät selbst der DGB in die Defensive. Vor der Bundestagswahl wurde es auch um sein diskussionswürdiges Steuerkonzept immer stiller. Von der FDP, der CSU und Teilen der CDU würde man ohnehin keinen Kontrapunkt gegen die Interessen derjenigen Wählerschichten erwarten, denen es um die Wahrung von Steuerprivilegien geht. Ob ein Vertreter »des Kapitals« die Ablehnung einer angemessenen Steuer auf riesige

Unternehmenserbschaften detailliert begründen kann oder nicht, ist dem Verband der Familienunternehmer, dem Bund der Steuerzahler oder der Initiative Neue Soziale Marktwirtschaft ziemlich egal. Hauptsache, er ist dagegen.

Anders diejenigen, die eine gerechte Beteiligung derjenigen fordern, die ohne eigenes Zutun Hunderte Millionen Euro erben. Sie sehen sich massiver Gegenwehr einer bestens organisierten Lobby gegenüber. Da reichen ein paar plakative Leitsätze nicht, um eine Talkshow mit Hardlinern von der anderen Seite zu bestehen. Davor fürchten sich viele. Das macht sie empfänglich für eloquente »freundschaftliche« Ratgeber, die – nicht selten früher selber einmal Politiker – in gut bezahlter Position Einfluss auf die Politik zu nehmen versuchen. So entsteht eine Gesellschaftspolitik, bei der der Blickwinkel der Wirtschaft alle anderen Elemente dominiert. »Marktkonforme Demokratie«, wie Bundeskanzlerin Angela Merkel es einmal nannte.

Wenn die vielen guten Ansätze für mehr Steuergerechtigkeit eine wirkliche Durchsetzungschance bekommen sollen, sind also nicht nur neue Ideen für Steuerarten, Steuertarife und die Schließung von Gesetzeslücken nötig. Wir brauchen auch neue Grundlagen und Strukturen. Ohne ein besseres Basiswissen aller in der Politik, aber auch bei den Bürgerinnen und Bürgern darüber, wo das Geld herkommt, das für die unterschiedlichsten Leistungen des Staates ausgegeben werden soll, wird die Querschnittsdisziplin »Steuerpolitik« eine Domäne von Lobbyisten der Finanzbranche und der großen Vermögen bleiben. Die scheuen sich nicht, den drohenden Kollaps der Staatsfinanzen durch den hohen Schuldenstand der öffentlichen Haushalte an die Wand zu malen, um dann, wenn Überschüsse da sind und eine Aufteilung auf Investitionen und Schuldentilgung möglich wäre, alles zu vergessen und gegen »den Staat« zu agitieren, der das Geld nicht herausrücken will. Gestern noch Stimmungsmache mit programmiertem Staatsbankrott im Fall steigender Zinsen, heute Überfluss, der endlich an die Bürger zurückgegeben werden soll.

Mit den Gewerkschaften, aber auch neben den Gewerkschaften ist eine deutlich stärkere Gegenlobby nötig, die manipulativen Kampagnen wirklich Paroli bieten kann und das auch öffentlich wahrnehmbar tut. Wer übernimmt es, den Menschen schon zwischen Ostern und Pfingsten zu sagen, dass ihr Beitrag zu unserem Gemeinwesen geleistet ist, statt zu warten, bis der Bund der Steuerzahler mit seinem nachweislich falsch berechneten »Tag der Steuerzahler« im Juli wahrheitswidrig behauptet, erst von jetzt an gehöre ihnen das sauer verdiente Geld ganz allein? Panama Papers, Paradise Papers und Steuer-CDs haben es geschafft, die Menschen zu erreichen und ihnen eine Vorstellung von der Schieflage in Sachen Gerechtigkeit zu vermitteln. Erst dadurch sind auch die schwerer zu erklärenden, aber nicht minder folgenschweren Cum-Ex- und Cum-Cum-Steuerskandale von einer breiteren Öffentlichkeit zur Kenntnis genommen worden. Wir sollten nicht verdrängen, dass ohne Whistleblower nichts davon ans Tageslicht gekommen wäre.

Langfristig Notwendiges kurzfristig mehrheitsfähig machen

Nur das schafft die Bereitschaft der Politik zu konsequenteren Gegenmaßnahmen. Schließlich ist es viel einfacher und angenehmer, Schritte zu unternehmen, die die Bürgerinnen und Bürger wollen, als erst erklären zu müssen, warum etwas gegen einen Missstand unternommen werden muss, der den meisten bis dahin gar nicht bewusst war. Der verstorbene Altbundespräsident Richard von Weizsäcker hat einmal gesagt, dass die Kunst der Politik darin bestehe, das langfristig Notwendige kurzfristig mehrheitsfähig zu machen. Genau darum geht es – auch in der Steuerpolitik!

4. Eine Lobby für das Gemeinwesen gegen die Lobby der Gruppeninteressen

Bei der Bekämpfung von Steuerbetrug und trickreicher Verschiebung von Kapital in Steueroasen ist es uns in diesem Jahrzehnt gelungen, eine hohe Zustimmung der Menschen zu erreichen. Mit dem Erwerb und der Auswertung von Steuer-CDs und der breiten Berichterstattung über die Panama Papers und ihre Hintergründe sind Art und Ausmaß des Betrugs an der Allgemeinheit für jeden greifbar geworden. Die Aktionen unserer Steuerfahnder und der investigativen Journalisten haben auch emotional etwas ausgelöst. Es ist uns gelungen, der populistischen Verunglimpfung von Staat und staatlicher Aufgabenerfüllung etwas entgegenzusetzen: die Empörung der Opfer des Steuerbetrugs. Oder anders ausgedrückt: die Empörung der Allgemeinheit.

So weit sind wir in der Debatte über eine gerechtere Lastenverteilung zwischen kleinen, mittleren und großen Einkommen noch nicht.

Die finanziell bestens ausgestattete und professionell aufgestellte Lobby für die Interessen der Finanz- und Wirtschaftswelt ist ein Faktum. Der Versuch, sie zu verhindern, wäre illusionär und rechtsstaatlich auch kaum durchzusetzen. Und eine wirkungsvolle Gegenlobby wird auch immer über weniger Geld verfügen als die Vertreter des großen Kapitals. Es ist aber möglich und dringend notwendig, viel mehr Transparenz der Lobbyarbeit in allen Spielarten zu schaffen. Der Sachverstand von Anwälten und Steuerberatern außerhalb der öffentlichen Verwaltungen wird zweifellos auch in Zukunft gebraucht. Aber es muss sichergestellt werden, dass es keine einseitige Einflussnahme gibt. Es gibt doch auch gemeinwohlorientierte Finanzprofis, die transparent eingebunden werden können. Der Staat braucht Leute, die auf seiner Seite stehen, aber wissen, was man täte, wenn man in den Diensten der Gegenseite stünde – so, wie die Entwickler von Sicherheitssystemen zum Schutz von Computern die Kenntnisse ausgewiesener Hacker nutzen.

Die oft viel weniger finanzstarken Organisationen wie Tax Transparency, Tax Justice Network, Lobby Control oder Oxfam, ja die Öffentlichkeit insgesamt muss die Möglichkeit erhalten zu erfahren, wo welcher externe Sachverstand in Gesetze und Verordnungen eingeflossen ist, damit sie in parlamentarischen Anhörungen besonders auf mögliche Interessenkonflikte achten und ein Gegengewicht bilden können. Sie brauchen sichtbarere Plattformen für ihre Arbeit. Eine Voraussetzung dafür ist, die »Footprints« aller Externen offenzulegen, die in Gesetzgebungsverfahren eingebunden waren.

Die überfällige Stärkung der Lobby für das Gemeinwesen gegen die Lobby der ohnehin Privilegierten gelingt nur mit mehr Öffentlichkeit. Auch für jede Bürgerin und jeden Bürger muss es Einblick in die Beteiligung von externen Beratern bei der Formulierung von Gesetzen und Verordnungen geben. Das ist eine gemeinsame Aufgabe von Politik und Medien.

Lobbyverbände, die sich mit werbewirksamen Kampagnen an die Bürger richten, müssen ihre Träger und Finanziers transparent ausweisen. Es liegt in der Mitverantwortung der Medien, dass deren Positionen kritisch hinterfragt und Gegenpositionen in die Berichterstattung einbezogen werden. Politik und Lobby-Kontrolleure können die Öffentlichkeit nur erreichen, wenn die Medien über Pro und Kontra der Erhebung von Steuern und ihrer Verwendung berichten. Es hat unbestreitbar ein Geschmäckle, wenn eine Seite mit teuren Anzeigenkampagnen und nachweislich irreführenden Sachverhaltsdarstellungen in der Steuerpolitik Wählermanipulation zu ihren Gunsten betreibt, wie das vor der Bundestagswahl 2017 und in der Zeit der Koalitionsverhandlungen Anfang 2018 der Fall war. Wir brauchen mehr Gegenüberstellung von Pro und Kontra. Es gibt im Netz wirklich gute und verständliche Erläuterungen zu Steuern – etwa in der Informationsreihe »Endlich verständlich« bei *Spiegel Online*. Es gibt auch gut aufbereitete und mit Fakten untermauerte Gegenargumente gegen gezielt verbreitete Steuermythen (*steuermythen.de*). Sie haben aber nur eine sehr überschaubare Verbreitung, weil »Krake Staat« und »Steuer-Wutbürger« knalligere Überschriften versprechen als der warnende Hinweis, dass die meisten Steuersenkungsversprechen am Ende nur für große Einkommen eine spürbare Entlastung bedeuten.

Mit den Steuer-CDs und den Panama bzw. Paradise Papers hat endlich auch die lange Zeit kaum zur Kenntnis genommene Bereicherung auf Kosten der Allgemeinheit für Schlagzeilen gesorgt und so den Nerv der Öffentlichkeit getroffen. Das hat die Finanzjongleure empfindlich gestört. Nur so sind die giftigen Reaktionen und die Versuche zu erklären, die Aufklärungsarbeit zu diskreditieren. Schon deshalb dürfen sich Politik und investigativer Journalismus diese Instrumente nicht aus der Hand nehmen lassen.

Insider-Informationen bleiben wichtige Stütze der Aufklärung

Erst wenn national und international eine lückenlose Information über Kapitaleinkommen an die jeweiligen Steuerbehörden erfolgt, ist Whistleblowern und Steuer-CDs der Boden entzogen. Dazu bedarf es aber keines Verbotes. Im Gegenteil: Whistleblower brauchen verlässlichen Informantenschutz. Wenn der automatische Informationsaustausch lückenlos ist, kann eine Steuer-CD nichts Erhellendes mehr enthalten. Tut sie es dennoch, dann ist das der beste Beleg dafür, dass die Information wohl doch nicht lückenlos war. Ich wage die Prognose, dass der Rückgriff auf Whistleblower und Informationen aus der »Finanz-Szene« auf nicht absehbare Zeit notwendig bleibt, weil Heerscharen hoch bezahlter Finanzprofis immer neue Produkte kreieren, mit denen lukrative Geschäfte auf dem Rücken der Allgemeinheit zu machen sind. Das